臺灣歷史與文化 研究輯刊

三 編

第 **14** 冊

被遺忘的大清「忠魂」
——清代苗栗堡客家義民信仰研究（下）

張 正 田 著

花木蘭文化出版社

國家圖書館出版品預行編目資料

被遺忘的大清「忠魂」──清代苗栗堡客家義民信仰研究（下）
／張正田 著 — 初版 — 新北市：花木蘭文化出版社，2013〔
民102〕
目 6+196 面；19×26 公分
（臺灣歷史與文化研究輯刊 三編：第 14 冊）
ISBN：978-986-322-476-1（精裝）
1. 民間信仰　2. 客家　3. 清代
733.08　　　　　　　　　　　　　　　　102017310

ISBN-978-986-322-476-1

9 789863 224761

臺灣歷史與文化研究輯刊
三 編　第十四冊　　　　　　ISBN：978-986-322-476-1

被遺忘的大清「忠魂」
──清代苗栗堡客家義民信仰研究（下）

作　　者　張正田
總 編 輯　杜潔祥
出　　版　花木蘭文化出版社
發 行 所　花木蘭文化出版社
發 行 人　高小娟
聯絡地址　235 新北市中和區中安街七二號十三樓
　　　　　電話：02-2923-1455／傳真：02-2923-1452
網　　址　http://www.huamulan.tw 信箱 sut81518@gmail.com
印　　刷　普羅文化出版廣告事業
初　　版　2013 年 9 月
定　　價　三編　18 冊（精裝）新臺幣 40,000 元

被遺忘的大清「忠魂」
──清代苗栗堡客家義民信仰研究（下）

張正田　著

目

次

表　次

第三章　枋寮義民祭祀圈與當地族群
分佈之關係

本章主要是談新竹枋寮義民祭祀圈在清代的歷史環境變遷，與清代當地族群之相關性，首先談枋寮義民祭祀圈的地理環境。

第一節　枋寮義民祭祀圈的地理環境與城鎮體系

枋寮義民祭祀圈在清後期有十四大聯庄（見緒論「附圖1」）〔註1〕，本文依地理環境，概將枋寮義民祭祀圈地區分為：一、南桃園西側與溪南大湖口地區（以下簡稱「桃園台地西南區」）；二、鳳山溪與頭前溪流域中上游河谷平原地區（以下簡稱「竹塹東側粵庄區」）；三、大隘地區（參「附圖1」）。茲分述如下：

一、桃園台地西南區

桃園台地範圍自淡水河流域以西至鳳山溪，包括桃園、中壢平鎮及湖口等台地，以及沿海之小型沖積平原，此台地係由大漢溪挾帶之沉積物堆積而成〔註2〕。本區概屬於桃園台地的中壢、平鎮、伯公崗、湖口等台地之一部，因屬整個桃園台地的西南側，故本文稱之為「桃園台地西南區」。大致上整個

〔註1〕 今觀音、新屋兩聯庄乃戰後民國65年（1976）才分立，清代時為「溪北聯庄」。故至清代晚期為止，枋寮義民祭祀圈為十四大庄。
〔註2〕 曾鈞敏‧林文勝‧蕭健雄，〈臺灣地區地下水現況與管理決策支援系統發展〉，《水文地質調查與應用研討會論文集》（臺北：經濟部中央地質調查所，2003），頁29。又陳正祥稱桃園台地為「桃園沖積扇」，見陳正祥，《臺灣地誌（下）》（臺北：南天書局，1993年2版），頁1107。

桃園台地，因地勢較高，雖有呈「東南／西北」向的老街、新街、觀音、社子、新庄子等溪流，但都因水流量不高而較缺乏溪流水利〔註3〕。故在清代時，當地農民多利用陂塘來灌溉農作，可見《淡水廳志》載：

> 淡北外港有旱田、水田之別。旱田仍賴雨暘爲豐歉；惟近港水田，實稱沃壤。蓋自內山水源錯出，因勢利導，通流引灌以時宣洩，故少旱潦。此陂圳之設，爲利最溥。……凡曰陂（一作埤），在高處鑿窪瀦蓄雨水，寬狹無定，留以備旱：此旱田之利也〔註4〕。

上引文中的「淡北」，乃當時泛指淡水廳治所在竹塹城以北地，最遠可遠至今基隆地區。文中所謂需做「陂」以備旱時耕作水力需求之旱田，則應多在今桃園台地一帶。又清末《新竹縣采訪冊・水利志・竹北堡陂》載：

> 竹北堡，自鳳山崎以北沿紅毛港大溪滑一帶，地高而燥，絕少水源。
> 農人隨地築陂，周廣數甲或十數甲者，所在皆有〔註5〕。

至戰後初，依地理學者陳正祥統計，光在當時的桃園縣境，竟有「溜池（陂塘）」達八千八百多個〔註6〕，這尚不含同樣也屬桃園台地一部分、今新竹縣境內湖口台地之「溜池」數目。故又據戰後初所修《新竹縣志》記載，光在新竹縣湖口鄉，「溜池」數目也高達八百處以上〔註7〕。是故廣修陂塘以利農作，是爲桃園台地、亦爲本區主要的地貌特色。

在清後期枋寮義民祭祀圈十四大聯庄中，本區包含了「溪南」、「溪北」、「大湖口」、「楊梅壢」等四大聯庄。若依施添福研究，本區「溪南」、「溪北」兩聯庄大部分地，都屬「土牛紅線」之西的「漢墾區」；「大湖口」、「楊梅壢」則屬平地原住民的「保留區」〔註8〕。本區隔著清代列爲「全淡（水廳）八

〔註3〕 黃旺成（修）・郭輝（等纂），《臺灣省新竹縣志（二）》（臺北：成文出版社，1983），卷三，〈土地志・水利〉，頁86：「紅毛港溪（即新庄子溪）：……無雨期間，則河床涸竭，皆旱溪也。」；〔日〕菅野秀雄，《新竹州沿革史（二）》（新竹：新竹州沿革史刊行會，1938），頁704：「（中壢郡境內）土質幾乎是酸性紅土，境內缺乏河川，不過僅有社子溪、老街溪、新街溪等小溪流。」原文爲日文，筆者自譯。

〔註4〕 〔清〕陳培桂（等纂），《淡水廳志》，卷三，〈建制志・水利志〉，頁80。

〔註5〕 〔清〕陳朝龍，《新竹縣采訪冊》（臺北：臺灣銀行經濟研究室・臺灣文獻叢刊第145種，1962），卷三，〈水利志・竹北堡陂〉，頁162。

〔註6〕 陳正祥，《臺灣地誌（下）》，頁1108。

〔註7〕 黃旺成（修）・郭輝（等纂），《臺灣省新竹縣志（二）》，卷三，〈土地志〉，頁7。又見李彥霖，〈陂塘到大圳——桃園台地水利變遷（1683～1945）〉（臺北：東吳大學歷史研究所碩士論文，2004），頁23～25。

〔註8〕 施添福，《清代臺灣的地域社會：竹塹地區的歷史地理研究》，頁185圖；或

景」之一的「鳳山崎」南臨鳳山溪，鳳山崎為清代竹塹平原往北向桃園台地
必經之地，康熙 58 年（1719）時所編《諸羅縣志》已載其地勢陡峭、險要難
行〔註9〕，自桃園台地南境，在地勢較高的鳳山崎上往南看整個竹塹平原，
視野極好，晚霞格外綺麗，故《淡水廳志》將「鳳崎晚霞」列為全淡八景之
一〔註10〕。又早在清初康熙末之際，也有史料記載，當時若越過陡峭的鳳
山崎後、至南崁為止的桃園台地情形為：「時有野番出沒，沿路無邨落，行
者亦鮮」〔註11〕，可見當時本區尚無漢人拓殖。而依林玉茹研究，本區在康
熙 50 年左右，設警備的塘汛兵力與南北向官道後，本區始漸有若干漢人入
墾。這條南北向官道，自竹塹城北向經平埔族竹塹新社〔註12〕再登上陡峭的
鳳山崎後，又分為東、西兩道。東道經楊梅壢、霄裡社可至艋舺；西道經沿
海的紅毛港、南崁塘可至八里坌〔註13〕。其後約當清中期的乾隆年間，逐漸
有漢人沿官道拓墾，漸次形成楊梅壢等庄店〔註14〕。又後來約到了的嘉、道
年間，前述的南北向官道中的東道，逐漸比沿海的西道更為重要，行旅漸多，
故在本區由南而北逐漸形成大湖口、楊梅壢、中壢等較重要街庄〔註15〕；再
到了清代後期的同、光年間，東道上的大湖口、楊梅壢、中壢已經成為頗具
規模的城鎮。但在西道方面，至此時仍相對不發達〔註16〕。由日後發展來

見柯志明，《番頭家——清代臺灣族群政治與熟番地權》，頁 18 圖。

〔註9〕　〔清〕周鍾瑄（主修）‧陳夢林（總纂），《諸羅縣志》，卷一，〈封域志‧山川
　　　　志‧山〉，頁9：「鳳山崎：其路崎嶇，多石難行也。」又《同書》，卷七，〈兵
　　　　防志‧水陸防汛‧陸路防汛〉，頁 118：「竹塹塘……北上南崁，有鳳山崎之險。
　　　　一路寂無人煙，陸路扼要之地。」

〔註10〕　〔清〕陳培桂（等纂），《淡水廳志》，卷二，〈封域志‧全淡八景〉，頁 40。

〔註11〕　〔清〕周鍾瑄（主修）‧陳夢林（總纂），《諸羅縣志》，卷十二，〈雜記志‧外
　　　　紀〉，頁 287。

〔註12〕　在今竹北市六家地區的新社里，這些竹塹社平地原住民接受漢人姓氏後，以
　　　　錢姓和衛姓等七姓為大姓，有「采田福地」，是平地原住民竹塹社群祭祀祖先
　　　　與祭祀福德正神的廳堂，相傳建於乾隆 25 年（1760）。又依〔清〕陳朝龍，《新
　　　　竹縣采訪冊》，卷五，〈碑碣（下）‧新社采田公館記〉，頁 291，則載竹塹社七
　　　　姓平地原住民是於乾隆年間遷到新社。

〔註13〕　〔清〕周鍾瑄（主修）‧陳夢林（總纂），《諸羅縣志》，頁 12～18 圖。

〔註14〕　林玉茹，《清代竹塹地區的在地商人及其活動網路》，頁 85～89。

〔註15〕　林玉茹，《清代竹塹地區的在地商人及其活動網路》，頁 91。林氏將清代竹塹
　　　　地區城鎮街庄依規模大小，分為「城市」、「大鄉街」、「鄉街」、「小市」等四
　　　　個等級，其區分標準詳該書，頁 80～81。當清中期此時，林氏將大湖口與楊
　　　　梅壢，定位為第三等級的「鄉街」。

〔註16〕　林玉茹，《清代竹塹地區的在地商人及其活動網路》，頁 94～100。當清後期

看，本區在清代中期的漢人拓殖勢力，主要以粵人居多，故發生於道光年間的淡水廳閩粵大械鬥時，本區作為粵人聚落的主要集居地，亦當淡水廳南北官道交通衝要之地，亦難完全倖免於兵燹〔註17〕。

附圖 3-1　清代康、雍、乾時竹塹地區市街體系圖

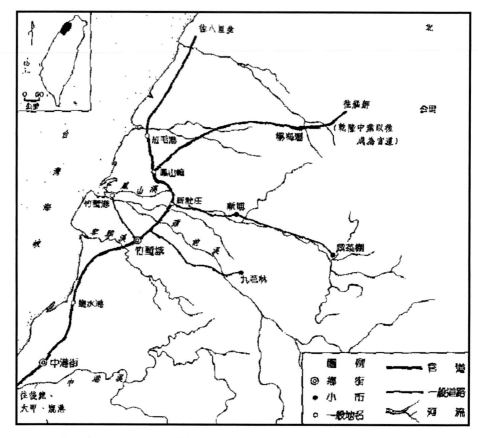

說明：本圖來源：林玉茹，《清代竹塹地區的在地商人及其活動網路》，頁82。

同、光年間，林氏將大湖口與楊梅壢以及中壢，定位為第二等級的「大鄉街」級城鎮。須注意的是，林氏所定義的第一級為「城市」，在整個清代竹塹地區，唯有竹塹城一城而已，故當以粵人為主的大湖口、楊梅壢以及中壢等三城鎮，已經發展為「大鄉街」等級時，該是本區僅次於竹塹城外的頗具規模城鎮。

〔註17〕黃榮洛，〈有關清代閩粵械鬥的一件民間古文書〉，頁139～143，頁140：「（道光6年（1826）五月）十二日，淡北以上，漳泉蜂然而起，數日之間（閩人）攻破粵人七十餘庄，被殺不計其數，所存新埔、九芎林堵禦而已。」又根據黃榮洛考定，這份古文書應是反應這場道光6年的閩粵械鬥事。

二、竹塹東側粵庄區

　　本區由鳳山、頭前兩溪流域所組成，地形以平原為主，兩溪溪流長且水量足，水利相對發達。清代時本區以粵人為主的漢人拓殖勢力，即是引兩溪之豐沛之水以修圳築良田〔註18〕。故本區農業水利是以修築圳溝為主，有別於「桃園台地西南區」在地勢高的台地上以築陂塘為主之方式，這皆是因地制宜使然。清代本區漢民利用兩溪豐足之水利修圳開田，也使清代中後期的本區農業，較「桃園台地西南區」興盛。此外本區也是竹塹城東面的平原腹地，在這地理優勢條件「拉力」之下，也會吸引更多的漢人移民入墾。

　　在清代枋寮義民祭祀圈十四大庄中，本區包含了「枋寮」、「新埔」、「五分埔」、「大茅埔」、「石崗子（即石光）」、「鹹菜甕（即關西）」、「六家」、「下山」、「九芎林」等九大聯庄。此外在頭前、鳳山兩溪之間又有「犁頭山系」〔註19〕，此山系呈東西向橫亙其中，將兩溪的中、上游隔開。此山系至日本時代大正9年（1920）後，為新竹郡與竹東郡的天然界線。犁頭山系之西口，即為犁頭嘴山，或俗稱犁頭嘴，其下方正面對著竹塹平原，背山面平原又坐擁兩溪之固，具一定軍事程度的形勝險地。故有學者認為，因為犁頭嘴的險要，也讓鳳山溪上的新埔街，在道光年間的閩粵大械鬥時，相對具有一定程度的軍事保護

〔註18〕　相關研究成果極豐，可見施添福等人諸前引書。或〔清〕陳朝龍，《新竹縣采訪冊》，卷一，〈山川志・竹北堡川・鳳山溪〉，頁48～49；又《同書》，卷一，〈山川・竹塹堡川・竹塹港〉，頁40～43；又《同書》，卷三，〈水利志・竹塹堡圳〉與〈水利志・竹北堡圳〉，頁143～154；157～159；〔日〕菅野秀雄，《新竹州沿革史（二）》，頁687：「新竹郡……地勢東面負山、西面面海，有頭前溪、鳳山溪兩大河川貫流其中，可灌溉達二萬五千五百甲的沃野。行政區劃分舊港、紅毛、湖口、新埔、關西、六家、香山七庄。」筆者按：此七庄中的六家、新埔、關西即屬本「竹塹東側粵庄區」。又《同書》，頁690～670：「竹東郡……西面是頭前溪（流域）一帶的沃野，緊鄰著新竹市與新竹郡六家、香山兩庄，並與之相呼應。」又《同書》，頁693：「芎林庄……水田一・〇二九甲，有灌溉發達的砂質土，也產良質米。」；又見戰後初期所修之黃旺成（修）・郭輝（等纂），《臺灣省新竹縣志（二）》，卷三，〈土地志・水利〉，頁80～86。

〔註19〕　此山系中有許多大小山，稱呼似不一，本文統用新埔當地耆老林柏燕稱呼法，但改稱「山脈」為「山系」。見林柏燕（主筆），《新埔鎮誌》（新竹新埔：新埔鎮公所，1997），頁83～84：「犁頭山：其山來自芎林山之東方，介於頭前溪、鳳山溪之間……此十餘公里之犁頭山系（林氏原文作山脈）、山勢平順、平均海拔約150公尺，犁頭嘴則僅餘50公尺。」林氏此語概是參考《新竹縣采訪冊》改寫。詳〔清〕陳朝龍，《新竹縣采訪冊》，卷一，〈山川志・竹塹堡山〉，頁28：「犁頭嘴山：在縣東十二里。其山自九芎林山東南方來，高十餘丈，縣亙數里，漸趨而下，勢漸低小，形如犁頭之尖，故名。」

力而未被閩人侵襲〔註20〕。

　　又依林玉茹研究，本區在乾隆末年左右，鳳山溪中上游之新埔與鹹菜甕（今新竹關西）、竹塹溪中游的九芎林，大致已出現庄店。本區這些新興小庄店，逐漸可透過溪流與竹塹城之間形成商品流通網絡〔註21〕。後到了嘉、道年間，本區的市街體系逐漸邁向成熟階段，其中以九芎林街與新埔街，是本區的兩大「大鄉街」級城鎮〔註22〕。其中九芎林可視爲頭前溪流域中游段的區域中心城鎮；新埔街則是鳳山溪流域中游段的區域中心城鎮。至於樹杞林（今新竹縣竹東鎮）在此時才初墾，當從屬於九芎林的市場圈一部份〔註23〕；而鹹菜甕街，則被林氏考定爲整個竹塹地區第三等級的「鄉街」級城鎮〔註24〕。值得注意的是，本區於此際已有前述的兩個「大鄉街」級城鎮，而「桃園台地西南區」雖坐擁南北向官道之交通要衝之優勢，但此時仍只有兩個第三等級的「鄉街」級城鎮，即大湖口與楊梅壢。可見清中期的嘉、道年間，本區經濟實力比「桃園台地西南區」來得強些。故在前述道光年間的淡水廳閩粵械鬥時，只有本區的新埔與九芎林等兩城鎮，有一定經濟實力抵禦住閩人勢力攻擊〔註25〕。本文限於有限資料，不可能真正分析這兩城鎮能成功抵禦住閩人勢力攻擊的所有歷史原因，但他們具有一定經濟實力，才可供養更多的防禦人力，也該是重要原因之一。

　　到了清後期的同、光年間，整個竹塹地區市鎮體系已趨成熟，原先「桃園台地西南區」的大湖口、楊梅壢兩個「鄉街」，已經成長爲第二等級的「大鄉街」級城鎮；但在本區（竹塹東側粵庄區），除舊有的新埔、九芎林兩個「大鄉街」級城鎮、以及一個「鄉街」級城鎮鹹菜甕外，又新成長了一個「鄉街」級城鎮，即是樹杞林街。故整體而言，到了清後期，本區經濟實力還是優於

〔註20〕林柏燕（主筆），《新埔鎮誌》，頁577。
〔註21〕林玉茹，《清代竹塹地區的在地商人及其活動網路》，頁85～87。
〔註22〕林玉茹，《清代竹塹地區的在地商人及其活動網路》，頁87～91。前已注引「大鄉街」是林玉茹氏定義竹塹地區的第二等級城鎮之稱。
〔註23〕林玉茹，《清代竹塹地區的在地商人及其活動網路》，頁91，又由此可見，道光年間成形的枋寮義民祭祀圈十三大庄，便沒有「樹杞林（竹東）聯庄」與當地的公號。因爲樹杞林繁榮是此後之事。
〔註24〕林玉茹，《清代竹塹地區的在地商人及其活動網路》，頁91。
〔註25〕黃榮洛，〈有關清代閩粵械鬥的一件民間古文書〉，頁139～143，頁140：「（道光6年（1826）五月）十二日，淡北以上，漳泉蜂然而起，數日之間（閩人）攻破粵人七十餘庄，被殺不計其數，所存新埔、九芎林堵禦而已」。

「桃園台地西南區」。

附圖 3-2　清代嘉、道時竹塹地區市街體系圖

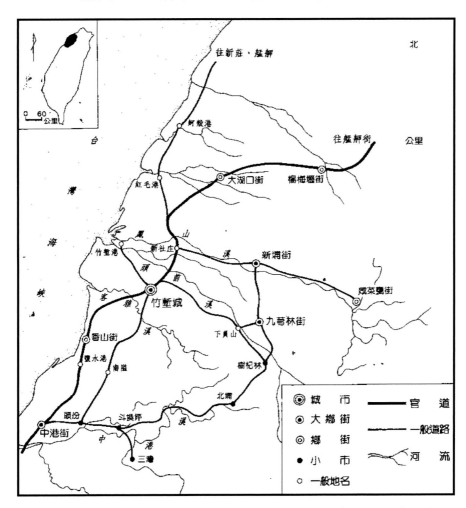

說明：本圖來源：林玉茹，《清代竹塹地區的在地商人及其活動網路》，頁 90。

　　此外再參考「附圖 1」，在清後期「竹塹東側粵庄區」內，枋寮義民祭祀圈十四大聯庄中，本區就佔了九個。這雖然與枋寮義民信仰本就發源於本區、故先在本區分化出若干聯庄的歷史有關。依黃卓權研究，到了道光 15 年（1835）時，枋寮義民祭祀圈已確立分化出扣除「大隘地區」外的十三大聯庄〔註26〕。

〔註26〕黃卓權，〈義民廟沿革及聯庄祭典區概述〉，頁 15。又因此際「金廣福大隘」方要去拓殖「大隘地區」，故此時該區漢人社會當然尚未成型，也尚未出現大

換言之,「竹塹東側粵庄區」九大聯庄與「桃園台地西南區」四大聯庄,是於道光年間確立,而此際的「竹塹東側粵庄區」經濟實力也優於「桃園台地西南區」,故當時前者的街庄數量也可能較多,聯庄數目也可能分化較細。所以本區的枋寮義民信仰圈之聯莊數較多,與本區在清代嘉、道時區域經濟實力較具優勢,有一定程度關係〔註27〕。

三、大隘地區

大隘地區指今新竹縣北埔、寶山、峨眉三鄉,是位於竹塹城東南向山區丘陵地。清代時實際統領武裝隘丁拓殖此地最力者,即「金廣福大隘」之北埔姜家勢力。相關本區之最早與最豐碩研究成果,當屬吳學明在民國75年(1986)出版之《金廣福墾隘與新竹東南山區的開發(1834~1895)》一書〔註28〕。該書根據北埔姜家古文書與其他相關史料,詳細考論「金廣福

〔註27〕 清代道光年間確立的枋寮義民祭祀圈十三個祭祀聯庄,也是反映出竹塹客家地區的十三個各別之區域經濟實力,在每個聯庄中,也都有傳統公號大家族負擔當時祭祀義民爺的龐大費用。但時至今日,原先「竹塹東側粵庄區」分化出的九大聯庄,個別面積本就沒「桃園台地西南區」四大聯庄來得大,加上隨著時代遷移,今日「竹塹東側粵庄區」的區域經濟優勢乃至各聯庄內的人口數,比起「桃園台地西南區」,也已不若清代的舊情況。故今日若輪到「竹塹東側粵庄區」的「小聯庄」逢該年義民祭時,該庄鄉民的經濟負擔就會遠比「桃園台地西南區」或「大隘地區」來得重,所以近幾年便有學者呼籲必須正視這個問題。又據黃卓權,〈義民廟沿革及聯庄祭典區概述〉,頁16所說:「(今日)有些大庄動輒二、三十村里,一些比較偏遠的小庄……不過區區數村里而已……(勞逸已不均,省略)……這恐怕是義民廟管理委員會的執事者與各聯庄傳統公號的家族後裔,未來必須認真因應的問題。」可謂語重心長。又筆者在2008年觀察「五分埔」聯庄輪到主祀的中元義民祭時,在祭祀當日遇到義民祭中「挷(挑)擔奉飯」隊伍群,筆者隨意與隊伍中某一人聊天,他跟筆者說道:「我兜五分埔正幾隻鄰定定,又係十五大庄底背盡細个庄子!我兜人正幾多儕?又堵好堵到(枋寮義民廟建廟)220週年,大家全部就恁到會死。」(譯:我們五分埔才幾鄰而已,是十五大庄中最小的庄,我們人才多少?剛好遇到 220週年,大家全都累到快死了)。考之黃卓權,〈義民廟沿革及聯庄祭典區概述〉,頁17~18,「表1-1:十五大庄輪值區及範圍」表,載「五分埔大庄」範圍僅有:今「新埔鎮五埔里全部及內立里一部份,關西鎮東平里。」僅有約兩個半里之面積,其下鄰數該也不多,故該人所言是事實。

〔註28〕 前章所引吳學明,《金廣福墾隘研究》一書,為吳氏早年已出版碩士論文(吳學明,《金廣福墾隘與新竹東南山區的開發(1834~1895)》(臺北:國立臺灣師範大學歷史研究所·專刊(14),1986))所修改後,在2000年再出版為《金廣福墾隘研究》之上冊部分;此外又另有下冊部分,彙集吳氏所著〈清代新竹姜朝鳳家族拓

大隘」之成立，是淡水廳官方在道光 14～15 年時〔註29〕，鑒於當時竹塹城南面之「番害」仍甚嚴重，因為原住民仍會由此片東南向山區，直接到竹塹城附近殺人〔註30〕。於是在官方主導下，糾集竹塹城內外閩粵兩族群有力家族，合資組成「金廣福大隘」（閩籍鄉紳在城內；粵籍在城郊，多為墾戶），以眾多隘丁武力對這片東南向山區原住民強行武力拓殖，漢人勢力才進入這片東南向的大隘山區，並也造成北埔姜家之崛起。此外，在竹塹城四個門中，主要是南門連接本區，也概在此時，南門才漸成為市街，是竹塹城東南西北四個城門中最晚成街者〔註31〕。

　　本區位於竹塹地區東南方的竹東丘陵地上，在地形方面，日本時代所修之《新竹州沿革史》載：一、北埔庄：「北埔盆地四周圍都是山岳丘陵環繞，月眉溪（今名峨眉溪）貫流於庄之中央」；二、寶山庄：「到處皆丘陵起伏，可見數條小溪流（按：皆客雅溪上游諸小溪），概括而言，土地地勢並不平坦」；三、峨眉庄：「無數的小山起伏，平地幾少，僅沿著月眉溪邊一帶有農耕地〔註32〕」。可見本區丘陵地形是山巒起伏不定，大抵只有月眉溪、與日本時代寶山庄境數條小溪可供耕作，地勢本就貧瘠而不利農耕。故在金廣福大隘尚未入墾前，因本區地勢不利農耕，較遲為漢人「水田化」，故向為原住民之傳統領域。但在漢人入殖後，本區便為枋寮義民祭祀圈中，最晚成為清代該祭祀圈的第十四大庄。而漢人入殖後的金廣福大隘公館所在地北埔，也成商品集散中心，北埔聯結大隘地區附近的隘路，也逐漸成為各庄之間的道路

墾史〉、〈清代竹塹城周姓族人研究〉、〈日治時代北埔鄉村社會的變遷〉三篇論文而成。

〔註29〕（清末日初）林百川（等），《樹杞林志》（臺北：臺灣銀行經濟研究室‧臺灣文獻叢刊第 63 種，1960），頁 127。又前引吳學明，《金廣福墾隘與新竹東南山區的開發（1834～1895）》，頁 40，考證金廣福成立過程可分兩階段：道光14 年 12 月，淡水廳分府李嗣業先給姜秀鑾一千銀圓，著粵籍人姜秀鑾建隘察雇隘丁以保衛廳治竹塹城。但因隘費龐大，至道光 15 年 2 月時，李嗣業又諭令粵籍姜秀鑾、閩籍林德修捐本生息，並在該月間公議招募廿股，計本銀萬餘元，由姜秀鑾負責粵庄十股、林德修負責竹塹城十股，後姜、林兩人，再簽契約變成三十股。

〔註30〕（清末日初）林百川（等），《樹杞林志》，頁 127：「溯先年金廣福者，乃塹城內閩粵合夥開店之號。昔因生番出至城外巡司埔殺人，淡防廳丞未如之何，乃給示諭責成粵人姜秀鑾、閩人周邦正倡首邀股，即將金廣福閩粵字號充為墾戶。」

〔註31〕林玉茹，《清代竹塹地區的在地商人及其活動網路》，頁 94。

〔註32〕〔日〕菅野秀雄，《新竹州沿革史（二）》，頁 693～694。

〔註 33〕，此後北埔也逐漸成為小城鎮。在前引林玉茹研究中，在清代後期的同、光年間，北埔已經被林氏列為第三等級的「鄉街」級城鎮〔註 34〕。故因為大隘地區已為漢人拓殖成功，在清光緒 3 年（1878）金廣福墾戶姜榮華提議下，大隘地區正式加入枋寮義民祭祀圈，並為其第十四大庄，接續九芎林聯庄之後輪值辦理祭典，並以「姜義豐」公號，擔任值年總爐主〔註 35〕。

附圖 3-3　清後期竹塹地區市街體系圖

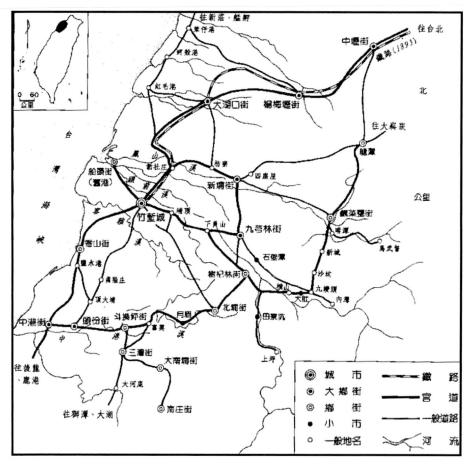

說明：本圖來源：林玉茹，《清代竹塹地區的在地商人及其活動網
　　　路》，頁 95。

〔註 33〕吳學明，《金廣福墾隘與新竹東南山區的開發（1834～1895）》，頁 260～262。
〔註 34〕林玉茹，《清代竹塹地區的在地商人及其活動網路》，頁 94～98。
〔註 35〕黃卓權，〈義民廟沿革及聯庄祭典區概述〉，頁 15～16。

第二節　淡新、竹苗分縣與枋寮義民祭祀圈之關係
（1731～1887）

參考「附圖1」概可知，枋寮義民祭祀圈大多分佈於扣除中港堡之外的清代新竹縣境客家庄內，而清新竹縣與淡水縣如何分其界線（以下稱「淡新分縣」）？淡新分縣的縣界，是否跟枋寮義民祭祀圈的北界有所重疊？以下將詳考。

在清前期康熙22年（1683）統領臺灣後，在臺灣設臺灣府並隸於福建省，府城設在今臺南，下設臺灣縣（治在今臺南，爲附廓縣）、鳳山縣（治在今高雄）、諸羅縣（治在今嘉義），當時漢人分佈重心皆在今南部，故臺灣中、北部都劃入諸羅縣境。但此後大陸漢人不斷有大量移民來臺，漢人拓殖方向也逐漸由南而北。隨當時臺灣島內漢人勢力不斷往北拓殖，僅約四十年間，到雍正元年（1723）時，清廷基於漢人北拓的現實面，乃割虎尾溪以北設彰化縣，並同時在彰化城內另設「淡水捕盜同知」。再九年後的雍正9年，又將大甲溪以北轄區的刑名、錢穀等地方治理權限，正式劃歸淡水同知管理〔註36〕，「淡水捕盜同知」改爲「淡水撫民同知」，於是淡水同知成爲大甲溪以北最高文職正印官，此即是設淡水廳之由來。此後到清後期光緒元年（1875），時爲總理船政大臣、督辦臺灣軍務的沈葆楨等人，向朝廷奏請添設臺北府（治在今臺北），並請將淡水（新設縣，附廓，治在今臺北）、新竹（治在竹塹，沿革於舊淡水廳治所）分爲兩縣爲止，長達約一百五十三年間，漢人移民仍不斷北拓，淡水廳轄區內的漢人新城鎮日漸增多。故在這約一百五十三年間，淡水廳轄區內城鎮街庄不斷增加，朝廷卻也未設新縣級單位，使後來的淡水廳同知，須半年駐於治所所在的竹塹城，又半年須移駐艋舺，以監管今日的大臺北地區。故在此一百五十三年間，淡水廳務事務逐漸呈浩繁之景〔註37〕。

一、「淡新分縣」的界線與枋寮義民祭祀圈關係

光緒初年的「淡新分縣」在區劃上如何重新劃分？按當時恭親王愛新覺羅奕訢等人向朝廷的奏議爲：

〔註36〕〔清〕范咸・六十七（纂修），《重修臺灣府志》（臺北：臺灣銀行經濟研究室・臺灣文獻叢刊第105種，1961），卷三，〈職官志・官制志〉，頁98～99。

〔註37〕〔清〕愛新覺羅奕訢（等），〈一二、軍機大臣弈訢等議奏臺北擬建一府三縣摺〉，《臺案彙錄壬集》（臺北：臺灣銀行經濟研究室・臺灣文獻研究叢刊第227種，1966），卷二，頁47載：「（淡水廳）同知半年駐竹塹衙門、半年駐艋舺公所，相去百二十里，因奔馳而曠廢，勢所必然。」

其（擬設臺北府之）附府一（附廓）縣，南劃中壢以上至**頭重溪**為界，計五十里而遙；北劃遠望坑（在今新北市貢寮區）為界，計一百二十五里而近。東西相距五、六十里不等，方圓折算百里有餘；**擬名之曰淡水縣**。自頭重溪以南至彰化界之大甲溪止，南北相距百五十里，其間之竹塹即淡水廳舊治也；擬裁淡水同知，改設一縣，**名之曰新竹縣**〔註38〕。

傳統中國對於縣級政區空間，向有「縣方百里」、又隨人口稠密與否而有所調整的統治概念〔註39〕，到了清代時，設縣級政區的空間概念仍如此。上引這份奏議，主要是先擬設新的「臺北府」，以府治附廓縣淡水縣為中心以「方百里」，則往西南向「五十里而遙」，概就在當時中壢南面的頭重溪一帶。故奏議中擬以該地做為淡新分縣之基本界線，即是引文中說「中壢以上至**頭重溪**為（兩縣分）界」〔註40〕。不過待兩縣分立之疆界確定後，按光緒5年（1879）所修《（光緒）臺灣輿圖》則載：「劃中壢以上至**頭重溪、土牛溝**，為淡、新交界〔註41〕」為基本空間座標。但這些似只是大原則，實際上淡、新兩縣之分界線，不可能僅只有這一兩地標，故以下將考當時縣界之分佈。

今日名為「頭重溪」之溪流，發源於今桃園縣楊梅市境內東南境，其源頭之山即今楊梅市與龍潭鄉之分界山，頭重溪流經清代頭重溪庄，再流經今楊梅市區北側，由東往西流，溪之北側即清代之高山頂庄。又本溪在今楊梅市區北側月眉橋附近，注入同樣是發源自今楊梅市內的社子溪。而今名社子溪者，則呈「東南／西北」流向，流出今楊梅市轄區後，便貫流入今新屋鄉境，往西北向續流，在今新屋鄉永安漁港附近注入臺灣海峽。然前引兩清代史料中所謂以頭重溪作為淡、新兩縣之縣境，只是一個大原則，因為今日楊梅市境內的頭重溪實太短，無法區別整個漫長的淡、新兩縣縣界。那淡新分縣偏西端，是否以社子溪為界？然實則再往西境，當時淡、新兩縣竟又不是以社子溪為西側之分界（詳後）。

〔註38〕〔清〕愛新覺羅奕訢（等），〈一二、軍機大臣弈訢等議奏臺北擬建一府三縣摺〉，《臺案彙錄壬集》，卷二，頁48。

〔註39〕〔漢〕班固，《漢書》（北京：中華書局，2000），卷十九上，〈百官公卿表七上〉，頁742：「縣大率方百里，其民稠則減，稀則曠。」

〔註40〕傳統中國古地圖，有將「南方」置於地圖之頂端者，與現代地圖畫法剛好相反。故頭重溪雖在中壢之南，但以這類古地圖而言，看起來就是「中壢以『上』」。

〔註41〕〔清〕夏獻綸（著），《（光緒）臺灣輿圖》（臺北：臺灣銀行經濟研究室‧臺灣文獻叢刊第45種，1959），〈淡水縣圖〉，頁38。

考光緒 15 年劉銘傳在臺灣實施土地清丈後，各縣廳所繪的《簡明總括圖冊》（本文使用臺灣銀行所編《淡新鳳三縣簡明總括圖冊》〔註 42〕）與〈新竹縣各堡分區圖〉〔註 43〕的當時新竹縣境沿臺灣海峽港口為：紅毛港（在今新竹縣新豐鄉）、蚵殼港（在今桃園縣新屋鄉，以上在社子溪以南）、許厝港（在今桃園縣大園鄉）、最北者也恰正是與淡水縣交界處，則為南崁港（在今桃園縣大園鄉與蘆竹鄉交界處，以上在社子溪以北）〔註 44〕。又上引兩圖冊中，南崁港附近淡、新兩縣界線，是以一條溪為界，此即今日南崁溪〔註 45〕。換言之，淡新分縣時沿海西端兩縣縣界，是以今日南崁溪為界，該溪位於社子溪以北。

（一）沿清代新竹縣界街庄考述

此處以前引兩圖冊為基礎，再參考「中央研究院 GIS 臺灣歷史文化地圖」網站目前研究成果，概可知清代晚期的光緒 15 年時之新竹縣境內，沿淡、新兩縣縣界由西北而東南向的街庄分佈。首先先述當時新竹縣的「大崙堡」境內沿淡、新兩縣縣界之各街庄如下〔註 46〕：

1、沙崙庄：在今南崁溪出海口西岸，今桃園縣大園鄉沙崙村與後厝村一

〔註 42〕臺灣銀行經濟研究室（編），《淡新鳳三縣簡明總括圖冊》（臺北：臺灣銀行經濟研究室・臺灣文獻叢刊第 197 種，1964）。

〔註 43〕〔清〕「新竹縣各堡分區圖」，《淡新檔案》，編號：11714-10，光緒 15 年。

〔註 44〕臺灣銀行經濟研究室（編），《淡新鳳三縣簡明總括圖冊》，頁 34，「新埔堡圖」；頁 36，「大崙堡圖」。以上古今地名比對，參考「中央研究院 GIS 臺灣歷史文化地圖」網站，網址：http://thcts.ascc.net/kernel_ch.htm。

〔註 45〕《淡水廳志》寫為「南嵌溪」，見〔清〕陳培桂（等纂），《淡水廳志》，卷二，〈封域志・山川志・川〉，頁 33。

〔註 46〕由前引《淡新鳳三縣簡明總括圖冊》的「大崙堡圖」與「新埔堡圖」以及《淡新檔案》的「新竹縣各堡分區圖」，可知當時街庄名。但是清丈當時，或許地方官府為「便宜行事」，使上引諸圖中各街庄的方位有許多錯誤。譬如有些庄明明在淡、新縣界邊境，圖上卻標錯位置，「貌似」不在邊境上；或明明不是位於縣界邊境，圖上也標錯位置「貌似」在邊境，徒使人困擾。其中尤以新竹縣之諸圖為最亂、淡水縣者則次之，用之當謹慎。故本文以下地名之排序，皆已參考前引「中央研究院 GIS 臺灣歷史文化地圖」網站等相關地名圖層，按實際地理方位，作過繁瑣之考證，才排序如下。

又，以下「沿淡新分縣界線」庄名，主要是依前引《淡新鳳三縣簡明總括圖冊》的「大崙堡圖」與「新埔堡圖」以及《淡新檔案》的「新竹縣各堡分區圖」所考，若雜參歷代方志，或可再考出新的街庄名。但本節主旨係在描繪出淡新分縣時之縣界分佈，而不在詳考沿線上的『每個』庄名與其變遷沿革」，故若因此漏考出一兩小庄，當無傷本小節主旨。

帶〔註47〕。

2、三塊厝庄：今桃園縣大園鄉埔心村之南境。

3、五塊厝庄：今桃園縣大園鄉五權村一帶〔註48〕。

4、橫山庄：今桃園縣大園鄉五權村橫峰村東南境。

5、照鏡庄：今桃園縣大園鄉田心村南境，今仍俗名照鏡〔註49〕。以上五庄，都在今大堀溪以北，此溪的中下游段，向為客、閩兩族群之大致分界線〔註50〕，此溪中下游段之北境大多都是閩庄，故上述五庄也不例外。以下則在大堀溪中下游段客閩分界線以南，大多為客庄。

6、大崙庄：今桃園縣中壢市月眉里一帶，這也是「大崙堡」地名由來〔註51〕。

〔註47〕 以下今地名，皆參考前引「中央研究院 GIS 臺灣歷史文化地圖」網站所附各歷史圖層，網址：http://thcts.ascc.net/kernel_ch.htm。

〔註48〕 按當時淡、新兩縣縣界由西向到東向，該先三塊厝庄再下來才是五塊厝庄，然《淡新鳳三縣簡明總括圖冊・大崙堡圖》卻是畫「先過嶺厝再橫山厝」，應是錯畫。本文依實際狀況，已依序調整。以下各街庄排序亦如是。

〔註49〕 無論是《淡新鳳三縣簡明總括圖冊・大崙堡圖》或《淡新檔案》的「新竹縣各堡分區圖」，皆未將照鏡庄畫在淡、新兩縣縣界邊境上，應有誤。按照鏡庄東北是橫山庄、西南是大崙庄，照鏡庄夾在其中，勢必緊鄰當時之淡、新縣界。

〔註50〕 廖文欣，〈聚落與宗教發展之研究：以桃園縣觀音鄉為例（1684~1990）〉（桃園中壢：國立中央大學歷史研究所碩士在職專班碩士論文，2008），頁93：「草漯區在觀音鄉之東北角，**指大堀溪以東地帶**，包括樹林仔、草漯、塔仔腳，範圍最小，卻是開發最早地區，乾隆年間與許厝港同時或稍後就開拓，草漯素來與大園有深厚感情，因**居民多為閩南語系**，而觀音鄉**其他兩區則以客家人為主**」。然今觀音鄉的大堀溪偏上游段有新坡、廣福、大同、大堀、崙坪五村，廖氏前引文認為是「閩客混居區」（前引文，頁105）。不過參考黃卓權，〈義民廟沿革及聯庄祭典區概述〉，頁 18 載今枋寮義民祭祀圈十五大庄的「觀音聯庄」所含村里範圍中，此五村內偏南側的大同、大堀、崙坪三村係屬觀音聯庄一部分，有祭祀枋寮義民爺風俗；而偏北的新坡、廣福則否。依此推估至少在清道光年間，今觀音鄉之大同、大堀、崙坪等三村境，該以粵人居多；新坡、廣福兩村該以閩人居多，所以大同、大堀、崙坪等屬於枋寮義民祭祀圈內，新坡、廣福兩村則無。故推論清道光時大堀溪偏上游段的粵、閩界線該在此。而廖氏認為此區五村為「閩客混居區」，可能是道光以後族群融合後之事。

〔註51〕 無論是《淡新鳳三縣簡明總括圖冊・大崙堡圖》或《淡新檔案》的「新竹縣各堡分區圖」，皆未將大崙庄畫在淡、新兩縣縣界邊境上，應有誤。按大崙庄東北是照鏡庄、西南是過嶺庄，大崙庄夾在其中，勢必緊鄰當時之淡、新縣界。

7、過嶺庄：今桃園縣中壢市過嶺里一帶〔註52〕。

8、青草陂庄：今桃園縣新屋鄉頭洲村一帶〔註53〕。

9、營盤腳庄：今桃園縣楊梅市上田里營盤腳一帶，恰臨社子溪北岸。依黃卓權研究，上述大崙、過嶺、青草陂、營盤腳等庄一帶，都屬枋寮義民祭祀圈的溪北聯庄之一部分〔註54〕。

10、陰影窩庄：今桃園縣楊梅市的員本、瑞原里一帶〔註55〕。依黃卓權研究，此處屬枋寮義民祭祀圈的溪南聯庄之一部分〔註56〕

11、水尾坪庄：今桃園縣楊梅市水美里一帶〔註57〕。依黃卓權研究，此處恰屬枋寮義民祭祀圈的楊梅壢聯庄之一部分〔註58〕。

　　以上時屬新竹縣「大崙堡」。又以下各個沿淡、新縣界街庄，則屬同縣「新埔堡」所轄：

1、楊梅壢庄：今楊梅市市中心區。

2、二重溪庄：今楊梅市市中心區偏東側。

3、頭重溪庄：今楊梅市市中心區偏東側，在二重溪庄之東。

〔註52〕按當時淡、新兩縣縣界由西向到東向，該先橫山庄再下來才是過嶺庄，然《淡新鳳三縣簡明總括圖冊・大崙堡圖》卻是「先過嶺厝再橫山厝」，應是錯畫。

〔註53〕無論是《淡新鳳三縣簡明總括圖冊・大崙堡圖》或《淡新檔案》的「新竹縣各堡分區圖」，皆未將青草陂庄畫在縣界邊境上，應有誤。按青草陂庄東北是過嶺庄、西南是營盤腳庄，青草陂庄夾在其中，勢必緊鄰當時之淡、新縣界。

〔註54〕黃卓權，〈義民廟沿革及聯庄祭典區概述〉，頁17～18，「十五大庄輪值區及範圍」表。又在民國65年（1976），枋寮義民祭祀圈的溪北聯庄又分立為新屋、觀音兩大庄，今上田里則屬新屋聯庄。

〔註55〕無論是《淡新鳳三縣簡明總括圖冊・大崙堡圖》或《淡新檔案》的「新竹縣各堡分區圖」，皆未將陰影窩庄畫在縣界邊境上，應有誤。按陰影窩庄東北是營盤腳庄、西南是水尾坪庄，陰影窩庄夾在其中，勢必緊鄰當時之淡、新縣界。

〔註56〕黃卓權，〈義民廟沿革及聯庄祭典區概述〉，頁17～18，「十五大庄輪值區及範圍」表。

〔註57〕無論是《淡新鳳三縣簡明總括圖冊・大崙堡圖》或《淡新檔案》的「新竹縣各堡分區圖」，皆未將水尾坪庄畫在縣界邊境上，應有誤。按水尾坪庄的西北是陰影窩庄、東向就是當時「新埔堡」的楊梅壢庄，水尾坪庄夾在其中，勢必緊鄰當時之淡、新縣界。

〔註58〕黃卓權，〈義民廟沿革及聯庄祭典區概述〉，頁17～18，「十五大庄輪值區及範圍」表。

4、矮坪子庄：今楊梅市瑞塘里一帶，在前項頭重溪庄之正南方。

5、老坑庄：今楊梅市永寧里東南境，在二重溪庄正南方。依黃卓權研究，
以上五庄，都屬枋寮義民祭祀圈的楊梅壢聯庄之一部分〔註59〕。

6、涼傘頂庄：今新竹縣新埔鎮清水里之東境〔註60〕。

7、北坑庄：在今新竹縣新埔鎮新北里附近。

8、南坑庄：在今新竹縣關西鎮東平里極北側三洽水附近、與桃園縣龍
潭鄉三水村霄裡溪之南岸境。又與北坑庄合統稱為「三洽水〔註
61〕」，因為三洽水本就是一個自然村，村中有霄裡溪（清代又稱直坑）
自東面而來、又有北坑溪自北面略偏西南向流入霄裡溪、另有南坑
溪自東南面而來，三水合匯於此，故稱之。但清代行政區劃，將此
自然村分屬新竹縣和淡水縣。見光緒19年（1893）所修纂之《新竹縣
采訪冊》載：

> 又有淡、新交界十餘里之水自東北方來，名北阬（北阬之西北屬新
> 竹縣竹北堡，北阬之東南、直阬之北，屬淡水縣桃澗堡）；三水匯
> 合之處，統名為三夾水（一作三合水）〔註62〕。

由引文可見，北坑溪之西北岸屬清代新竹縣，今仍同樣屬新竹縣新埔鎮地。
但北坑之東南面與霄裡溪之北側，當時屬淡水縣桃澗堡，又三洽水這個自然

〔註59〕 黃卓權，〈義民廟沿革及聯庄祭典區概述〉，頁17～18，「十五大庄輪值區及範
圍」表。

〔註60〕 該里西境，淡新分縣時代為汶水坑庄，此庄該不在淡新分縣邊境上，故以下
未列汶水坑庄。

〔註61〕 臺灣銀行經濟研究室（編），《新竹縣制度考》（臺北：臺灣銀行經濟研究室，
臺灣文獻叢刊第101種，1961），〈各堡莊名‧新埔堡〉，頁7寫作「三洽水」；
又〔清〕陳朝龍，《新竹縣采訪冊》，卷一，〈山川志‧竹北堡川〉，頁48載：
「（在直坑、北坑、南坑）三水匯合之處，統名為『三夾水』（一作『三合水』）」
故清代時此地名寫法至少有三種。
又《淡新鳳三縣簡明總括圖冊》，頁34，「大嵙堡圖」載兩縣交界處有「銅鑼
圈庄」，但《同書》，頁12，「桃澗堡圖」也載兩縣交界處亦有「銅鑼圈庄」，
兩個銅鑼圈庄其實都指同一地，即今龍潭鄉高平、高原兩村，故兩圖中必有
一誤；或許光緒15年當時，淡、新兩縣對此庄之隸屬也有爭議，劃界未清，
故兩堡之圖都各自劃出有該庄。本文依光緒19年所修之〔清〕陳朝龍，《新
竹縣采訪冊》，卷一，〈山川志‧竹北堡山〉，頁36：「礱鈎崎：在縣東四十里，
其山自淡水縣桃澗堡銅鑼圈東北方來，高二十餘丈。」將此「銅鑼圈庄」歸
淡水桃澗堡境，列於後文。

〔註62〕 〔清〕陳朝龍，《新竹縣采訪冊》，卷一，〈山川志‧竹北堡山〉，頁48。

村中，剩下者便是霄裡溪南岸，時稱南坑庄，今仍俗稱南坑。又依黃卓權研究，以上涼傘頂、北、南坑等三庄，應都屬枋寮義民祭祀圈的大茅埔聯庄之一部分〔註63〕。

9、煉寮北庄：《新竹縣采訪冊·莊社志·竹北堡莊》有載：「煉寮庄：在縣東四十四里。」按煉寮庄在今新竹縣關西鎮東平里西境之一自然村，今俗名老煉寮。又《新竹縣采訪冊·莊社志·竹北堡莊》載：「（後第10項之）拱子溝庄：在縣東四十七里〔註64〕。」拱子溝在今新竹縣關西鎮仁安里一帶，仁安里之西為大同里，可知煉寮北庄概在今新竹縣關西鎮東平至大同里附近偏北處山區，今當地有俗名「小北坑」之自然村，地望正在老煉寮東北側，與老煉寮同屬旱坑溪之溪谷流域中，故煉寮北庄該指此自然村。此外，今與「小北坑」同屬旱溪溪谷的上流，又有「大東坑」、「小東坑」兩自然村，其在淡新分縣當時，可能都屬煉寮北庄之一部。今之小北坑、大東坑、小東坑都屬東平里所轄。若如此，依黃卓權研究，清後期所謂煉寮北庄附近，應屬枋寮義民祭祀圈的五分埔聯庄之一部分〔註65〕。

10、拱子溝庄：今新竹縣關西鎮仁安里一帶。

11、南湖庄：即湳湖，今關西鎮東山里一帶。依黃卓權研究，拱子溝、南湖兩庄附近，應屬枋寮義民祭祀圈的關西聯庄之一部分〔註66〕。

（二）沿清代淡水縣界街庄考述

同樣當時清代淡水縣境內，沿縣界由西北而東南的街庄分佈，分別為（以下皆屬淡水縣桃澗堡）：

1、竹圍子庄：今桃園縣大園鄉海口、竹圍村一帶，在南崁溪東岸。

2、溪州庄：今桃園縣大園鄉菓林村一帶。

3、拔仔埔庄：《淡水縣簡明總括圖冊·桃澗堡圖》中寫做「掘子埔庄」，應是「拔」、「掘」兩字字形相近寫錯。拔仔埔庄在今桃園縣蘆竹鄉蘆

〔註63〕黃卓權，〈義民廟沿革及聯庄祭典區概述〉，頁17～18，「十五大庄輪值區及範圍」表。

〔註64〕〔清〕陳朝龍，《新竹縣采訪冊》，卷二，〈莊社志·竹北堡莊〉，頁88。

〔註65〕黃卓權，〈義民廟沿革及聯庄祭典區概述〉，頁17～18，「十五大庄輪值區及範圍」表。

〔註66〕黃卓權，〈義民廟沿革及聯庄祭典區概述〉，頁17～18，「十五大庄輪值區及範圍」表。

竹村偏南境〔註67〕。

4、大竹圍庄：今桃園縣蘆竹鄉大竹村、大華村附近。

5、新興庄：今桃園縣蘆竹鄉新興村附近。

6、中興庄：今桃園縣蘆竹鄉中福村偏北境一帶。

7、內壢庄：今桃園縣中壢市內壢地區諸里；日本時代大正 9 年（1920）則為中壢庄內壢大字。

8、水尾庄〔註68〕：今桃園縣中壢市水尾、忠福里一帶。

9、青埔庄：今桃園縣中壢市青埔里，有臺灣高速鐵路之桃園站在其西境。

10、洽子溪庄：今桃園縣中壢市洽溪里，有臺灣高速鐵路之桃園站在其東境。

11、芝芭里庄：今桃園縣中壢市芝芭里附近。

12、三座屋庄：今桃園縣中壢市三民里、五權里一帶，今有國立中央大學在此，該校校園東半部屬之。

13、雙連埤庄：今桃園縣平鎮市雙連里附近，今有國立中央大學在此，該校校園西半部屬之。

14、高山頂庄：今桃園縣楊梅市高榮、高山、雙榮、新榮里一帶。日本時代大正 9 年則為楊梅庄高山頂大字。

15、安平鎮庄：今桃園縣平鎮市平鎮里一帶諸里，日本時代大正 9 年則為平鎮庄安平大字。

16、八張犁庄：今桃園縣龍潭鄉八德村一帶。

17、三洽水庄：今桃園縣龍潭鄉三水、三和村一帶，可與前述「新竹縣新埔堡」之南坑、北坑對讀。又依黃卓權研究，本庄該屬枋寮義民祭祀圈的大茅埔聯庄之一部分〔註69〕。

18、銅鑼圈庄：今桃園縣龍潭鄉高平、高原兩村附近。

19、打鐵坑庄：今桃園縣龍潭鄉三林村之南境（北境則為清代光緒 15 年之三

〔註67〕〔日〕臺灣總督府臨時臺灣土地調查局，《臺灣堡圖》（臺北：遠流出版社復刻本，1996），第 28 圖，「南崁圖」。

〔註68〕臺灣銀行經濟研究室（編），《淡新鳳三縣簡明總括圖冊》，頁 12，「桃澗堡圖」，在內壢庄與水尾庄之間，又畫有中壢庄與中壢新街，按此二地在今中壢市市區附近，離當時縣界甚遠，故「桃澗堡圖」當有誤。內壢庄沿當時縣界的下個庄，該是水尾庄。

〔註69〕黃卓權，〈義民廟沿革及聯庄祭典區概述〉，頁 17〜18，「十五大庄輪值區及範圍」表。

角林庄）。

20、大坪庄〔註70〕：今龍潭鄉太平村，日本時代大正9年龍潭庄大坪大字。
　　今有石門水庫大壩在其東境。

　　茲將上述清代光緒15年劉銘傳土地清帳後，所得的淡、新兩縣分界與沿
線街庄分佈，繪如圖「附圖3-4」。

附圖3-4　清代光緒15年（1889）年淡、新分界圖

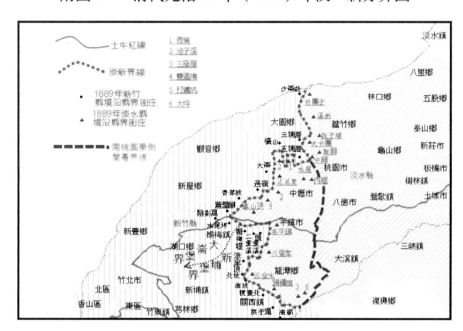

說明：1. 本圖依「中央研究院GIS臺灣歷史文化地圖」網站，
　　　　　網址：http://thcts.ascc.net/kernel_ch.htm 擷取，再由筆者所轉製。
　　　2. 矮坪子庄在頭重溪庄正南不遠處、老坑庄在二重溪庄正南
　　　　　不遠處，限於圖幅，本圖未標出。
　　　3. 照鏡庄在洽子溪庄（圖中標 2 號者）正北不遠處的清代新
　　　　　竹縣境，也在橫山庄之西南偏南處不遠，限於圖幅，本圖
　　　　　未標出。

　　若又將「附圖3-4」比較「附圖1」，可發現未納入枋寮義民祭祀圈的「南
桃園東側」客家區（三洽水庄除外）〔註71〕，其他各庄竟恰巧都在當時淡水縣

〔註70〕臺灣銀行經濟研究室（編），《淡新鳳三縣簡明總括圖冊》，頁12，「桃澗堡圖」
　　　　作大平庄，實應為大坪庄，故該圖中寫成音近字。又「大坪」當地，依序還
　　　　有二坪之地名。
〔註71〕淡新分縣時，三洽水庄雖被劃入淡水縣所轄，但其與極鄰近之南、北坑兩庄

境內；同樣是桃園台地上，已經納入清代枋寮義民祭祀圈十四大庄的「桃園台地西南區」客家庄，就被納入當時新竹縣境。這種巧合似乎說明了一件事情，即在清後期光緒年間，官方劃分淡、新兩縣各自轄區界線時，曾有過找尋兩縣「合理」轄區範圍的基本思維。此處所謂「合理」，是指當時兩縣之劃分，以兩縣轄區內能盡量「符合當地民情需要」，以便於清帝國統治為基本原則，後者同時也是當時清廷遭牡丹社事件後，派沈葆楨等人更積極治臺的基本政策之一。但為何同樣是客家庄，「南桃園東側」客家區一直未納入枋寮義民祭祀圈，且被當時清帝國眼中認為其比較屬於「淡水縣生活圈」而非「新竹縣生活圈」？是否也因為客家人的內部若干差異，而使「南桃園東側」客家區境內客家人傾向不加入枋寮義民祭祀圈有關？這問題將留待下一節討論。但目前「南桃園東側」客家三鄉鎮地區，概只有偏北側的一半左右面積，是屬於「中壢十三庄輪祀網絡」的宗教體系。在這個「輪祀網絡」中，是主祀媽祖的中壢仁海宮，跟主祀褒忠義民爺的平鎮褒忠祠等兩廟，「共有的」並「重疊的」輪祀圈〔註72〕。

　　以下以日本時代大正 10 年（1921）、大正 14 年（1925）兩年度時，分別對「南桃園東側」客家區內各大字境內之廣東籍、福建籍人口資料《新竹州第一統計書》〔註73〕、《新竹州第五統計書》，做如下表以供參考：

（被劃入當時清代新竹縣所轄），幾乎是屬同一自然村，故仍屬於同個宗教祭祀圈中，所以在義民信仰方面，三洽水也因此被納入枋寮義民祭祀圈的大茅埔聯庄之一部。

〔註72〕 由「附圖 3-4」可發現清後期淡、新兩縣劃分界線上，比較往西側突出的是「高山頂庄」。自日本時代大正 9 年起至今，仍屬於今楊梅市所轄的清代高山頂庄地區，當地至今仍未納入枋寮義民祭祀圈，而是屬於中壢平鎮一帶仁海宮與褒忠祠的「中壢十三庄輪祀網絡」。又這個「中壢十三庄輪祀網絡」其實也僅止於日本時代大正 9 年後的整個中壢庄和約半個平鎮庄，並非泛及整個「南桃園東側」客家區，詳陳雪娟，〈中壢十三庄輪祀網絡之研究〉（桃園中壢：國立中央大學歷史研究所碩士論文，2008），頁 7～8。又吳學明在其〈客家的地域社會與宗教活動──楊梅地區的土地開墾與義民信仰之歷史考察〉，「客家地方比較研究工作坊研討會」，新竹：國立交通大學客家學院，2007.10.5，頁 1～19（轉引自陳雪娟前引書，頁 7），一文中認為：高山頂庄之所以會納入中壢十三庄輪祀圈而未納入枋寮義民祭祀圈，主要是跟清代當時楊梅壢附近各大開墾家族勢力爭奪有關，清代高山頂庄之拓墾，主要是由當時安平鎮的黃宗廉家族主導，楊梅壢的家族勢力則沒機會入墾當地，故高山頂庄後來屬於清代的安平鎮、中壢之「輪祀圈」中。

〔註73〕 〔日〕新竹州（編），《新竹州第一統計書》（新竹：新竹州廳，1921）。

表 3-1　1921、1925 年「南桃園東側」各大字廣東籍人口與比例表

大正 9 年後街庄名／（今鄉鎮名）	大正 9 年後大字名	大正 10 年（1921 年）			大正 14 年（1925 年）〔註 74〕		
		在臺廣東籍人數	在臺福建籍人數	在臺廣東籍人比例（%）〔註 75〕	在臺廣東籍人數	在臺福建籍人數	在臺廣東籍人比例（%）
中壢庄／（中壢市）	後寮	699	371	63.48	637	369	63.32
	石頭	312	162	80.20	782	205	79.23
	中壢埔頂	757	710	68.86	1,777	678	72.38
	內壢	297	1,079	*36.94*	653	935	*41.12*
	水尾	816	352	81.41	1,758	301	85.38
	青埔	76	355	*32.77*	196	334	*36.98*
	興南	1,092	613	78.22	2,321	791	74.58
	三座屋	1,037	355	86.13	2,424	405	85.68
	芝芭里	350	329	69.98	752	276	73.15
	洽溪子	45	435	*18.54*	153	447	*25.50*
	大崙	1,021	934	69.98	2,753	671	80.40
	過嶺	377	30	96.40	873	7	99.20
	（總計）	6,474	5,725	70.17	15,074	5,419	73.56
平鎮庄／（平鎮市）	社子	357	85	80.77	377	99	79.20
	東勢	2,459	200	92.48	2518	168	93.75
	南勢	681	50	93.16	689	0	100.00
	山子頂	1,259	27	97.90	1,219	33	97.36
	平鎮	2,186	27	98.78	2,269	44	98.10
	北勢	1,446	93	93.96	1,468	117	92.62
	宋屋	2,560	57	97.82	2,612	70	97.39
	雙連陂	373	43	89.66	418	30	93.30
	（總計）	11,321	582	95.11	11,569	561	95.38

〔註74〕　本表加列大正 14 年資料，只要是因為本文下諸章所引者，多用此年資料（理由詳後），故本章亦列之，以供比對。但其實比較兩個年度，仍可見其間「粵人比」差別並不太大。

〔註75〕　本欄數字只單純計算「粵人比」，故《新竹州第一統計書》、《新竹州第五統計書》另有「內地人（即日本人）」、「其他漢人」、「生蕃」、「熟蕃」、「朝鮮人」、「外國人」等皆不計入之。又廣東籍人數少於 50%者（即福建籍多於 50%者），以「有網底斜體字」表之，以便區別。又，不能排除有汀州籍客家人被記為福建籍的可能性。

	黃泥塘	1,178	83	93.42	1,203	76	94.06
	烏樹林	947	0	100.00	1,072	17	98.44
	八張犁	1,420	4	99.72	1,441	5	99.65
	竹窩子	405	1	99.75	409	0	100.00
龍潭庄／ （龍潭鄉）	四方林	1,845	116	94.08	1,939	107	94.77
	龍潭	1,212	77	94.03	1,231	83	93.68
	九座寮	525	457	53.46	567	503	52.99
	泉水空	35	16	68.63	63	20	75.90
	淮子埔	334	92	78.40	312	105	74.82
	三坑子	1,313	198	86.90	1,359	195	87.45
	十一分	174	191	*47.67*	188	177	51.51
	大坪	950	160	85.59	949	74	92.77
	打鐵坑	371	26	93.45	374	29	92.80
	三角林	483	170	73.97	448	200	69.14
	銅鑼圈	2,253	381	85.54	2,371	292	89.03
	三洽水	2,633	28	98.95	2,518	21	99.17
	（總計）	16,078	2,000	88.94	16,444	1,904	89.62
楊梅庄／ （楊梅市）	高山頂	2453	54	97.85	2,507	45	98.24

資料來源：一、《新竹州第一統計書》，〈戶口‧現住人口〉，頁30～38。

二、《新竹州第五統計書》，〈戶口‧現住人口〉，頁30～33、36～39。

　　由上表可看出直到日本時代的一九二〇年代，南桃園東側境內各大字，絕大多數仍以廣東籍人居多數優勢。在大正 10 年粵人未過半的「內壢」、「青埔」、「洽溪子」、「十一分」等四大字，四年後到大正 14 年時，粵人比例都略有成長，其中「十一分」粵人比例已過半。

（三）作為淡新分界的土牛溝是指今何處？

　　此外，前引清代夏獻綸《（光緒）臺灣輿圖》中所謂：「劃中壢以上至<u>頭重溪、土牛溝</u>，為淡、新交界」的「土牛溝（俗稱土牛紅線）」，究竟是指哪一段的土牛紅線呢？土牛紅線分佈在整個北臺灣，長達約百餘公里，而前引《淡新鳳三縣簡明總括圖冊‧新埔堡圖》與〈新竹縣各堡分區圖〉等兩圖中，都將作為淡、新界線的「土牛溝」，劃在「頭重溪庄」附近，並以數個圓圈表之，顯示做為兩縣界得此段土牛溝其實並不長。但因為該兩圖都是示意圖，各街

庄方位實不甚明確，故若單閱兩圖，可能仍不能分清楚做爲淡、新縣界的該
段土牛溝，究竟是指整個土牛紅線中之哪段？然而若比對「附圖 3-4」，「頭重
溪庄」在「楊梅壢」正東方、「高山頂」南方，便可知土牛紅線也恰穿越「高
山頂庄」以南、「楊梅壢」與「頭重溪」等庄以北，與淡、新縣界差不多。故
可知《（光緒）臺灣輿圖》中所謂作爲淡、新分界重要地標的「土牛溝」，即是
指這一段土牛紅線。

　　然爲何當時清廷眼中與方志所載資料，多將高山頂以南、頭重溪以北的這
一截土牛紅線，作爲淡、新分界的主要依據之一呢？乍看之下，這一段土牛紅
線的兩側，貌似都是「風俗相近」的客家庄。但單就義民祭祀圈分佈來看，這
兩側的客家人，其實都分屬不同的祭祀圈網絡。頭重溪以西的楊梅壢聯庄，爲
清代枋寮義民十四大庄之一〔註 76〕；頭重溪以東與以北的安平鎮、高山頂，則
爲「中壢十三庄輪祀網絡」體系一部份。又再按前引吳學明〈客家的地域社會
與宗教活動──楊梅地區的土地開墾與義民信仰之歷史考察〉一文，作爲淡新
界線的這一小段土牛溝之兩側，在清後期是分屬不同的拓殖家族勢力範圍，如
高山頂庄乃當時安平鎮的黃宗廉家族主導所開墾，「生活圈」較接近中壢、安平
鎮一帶，反較不接近土牛線以南的楊梅壢〔註 77〕；甚至若按前引黃卓權所調查
之枋寮義民祭祀圈分佈圖來看，這小段土牛溝兩側的義民祭祀習慣也不同。故
清廷概以此爲據，將此段土牛溝分南北、與頭重溪庄分東西，視作當時淡、新
分界的主要空間地標，以爲較合理的政區空間區劃界線。

　　由本文考證可知，到了清後期，至少在官方眼中的認知，清代的竹塹地區，
理論上已經不包含桃澗堡地區了，否則應當會將桃澗堡劃入新設的新竹縣。這
與學術界普遍認知的清代竹塹地區範圍曾包含了桃澗堡，已有所差異〔註 78〕。

二、「新苗分縣」的界線

　　在清代中港堡境內，今仍可見義民信仰分佈，而清苗栗堡境內則義民信
仰薄弱，這現象是否與清代新竹、苗栗兩縣的界線有一定程度關係？以下將
詳論。

〔註 76〕　詳見賴玉玲前引相關著作。
〔註 77〕　轉引自陳雪娟，〈中壢十三庄輪祀網絡之研究〉，頁 7。
〔註 78〕　施添福，《清代臺灣的地域社會：竹塹地區的歷史地理研究》，頁 67：「本文所
　　　　　謂（清代）竹塹地區，其範圍南起中港溪，北迄南崁溪……包括清末的桃澗堡、
　　　　　竹北二堡、竹北一堡和竹南一堡等四堡。」

（一）新苗分界時造橋地區〔註79〕之隸屬爭議

在前述淡新分縣約十三年後的光緒 13 年（1887），劉銘傳向清廷奏請擬在新竹縣南境新設苗栗縣，到光緒 15 年，新、苗兩縣勘界畢，苗栗也正式設縣（以下簡稱「新苗分縣」）。清廷官方甚重視這條界線，因為這不僅將是新苗分縣後兩縣之縣界，同時又因為苗栗縣將隸屬於臺灣府，故此線也將是臺北府與新設臺灣府（府治今臺中市）的兩府府界。由光緒 15 年新苗分縣時其間有關「勘界」之公文往訪，可窺其中狀況，詳細可參《淡新檔案選錄・行政編初集（下）》的第二九六至二九八等案〔註80〕、或《淡新檔案》中案號 11714 等諸案〔註81〕。然由於檔案數多且內文過於冗長，茲不一一引文，故簡述過程如下：

當時新竹縣知縣方祖蔭本向上級呈擬以「沙崙崁」為兩縣之分界，而公文也輾轉到當時代理苗縣知縣林桂芬處，林桂芬遂前往當地查勘，發現「沙崙崁」該處，即苗栗保（即竹南二堡；保通「堡」字）與中港保（即竹南一堡）之「所謂舊保界」後，竟以「臺北（此指今北臺灣之意）之風猛烈異常」、「其沙鬆浮」、若要以為新苗分縣的縣界，「恐難經久」，故認為以此為界並不妥。且林桂芬又說「沙崙崁」距離苗栗縣城也不過才「八里」，並非是個合理的縣界。故林桂芬向上級建議：「中港保之中，有大溪一條，溪北距新竹縣城三十里；溪南離卑邑（即今苗栗市）亦有二十里。」所以林桂芬認為這條大溪似乎是更理想的兩縣縣界。同時林桂芬也以苗栗紳士劉廷珍等人曾秉稱「以沙崙難靠，不若中港溪之天生形塹。且溪南居民離苗（栗）較近，多願歸附，不願遠歸新竹」為當地民心所向輿論依據，向上級爭取改以中港溪為界。不過新竹知縣方祖蔭在得知林桂芬所呈案後，卻又呈文秉稱：如果按林桂芬所呈之案，那原有中港堡，勢必要切出三分之一轄區劃給新設的苗栗縣，則近來劉銘傳所推行的清賦政策所新得到的糧額、圖冊等資料，又都將逐一更換，徒添浩繁行政過程，故表示反對林桂芳所提案〔註82〕。

〔註79〕 爬梳史料，可發現新、苗兩縣衙所爭議地點，似大多在今造橋鄉「山線」一帶的造橋、豐湖、平興、大西等諸村之處，亦即清代造橋庄附近諸庄，這些大抵多是客庄。故本節所謂造橋地區，多指此處，而不含海線的閩庄。請詳後述。

〔註80〕 臺灣銀行經濟研究室（編），《淡新檔案選錄・行政編初集（下）》，頁 370～381。

〔註81〕 可檢索「臺灣大學數位典藏資源中心」網站：網址：http://www.darc.ntu.edu.tw/newdarc/。

〔註82〕 臺灣銀行經濟研究室（編），《淡新檔案選錄・行政編初集（下）》，第二九六案，光緒 15 年，〈臺北府查核新苗分界應以中港大溪為界，飭新竹縣會同苗

但當時劉銘傳與臺北府衙等上級方面，在參酌方、林之爭議後，批示當以中港溪為界最適當：

> 若以沙崙崁為界，逼近苗栗建縣之處，僅只八里，局勢太促，誠不如以中港大溪為界，北距新竹縣城三十里，南距苗栗縣城二十里，較為適中。且劃分疆域，向以溪水為貴，沙崙究係陸地，並無一定可以指實之區，縱有一、二處可指，而亦不能處處俱有。

同時又批示：

> 方（祖蔭縣）令所稱：以中港溪為界，竹南一保須截為兩。本府查方令前送清賦圖冊，竹南一保今已改名中港（堡），何妨將隸于苗（栗縣）者，名為「中港南保」；隸于新（竹縣）者，名為「中港北保」。前送清賦圖冊，係未分治以前之案，無所庸其更改。而界址既以溪為分，糧額應由縣劃清，各歸各征〔註83〕。

這批示已如此下來，新、苗兩縣之長官方祖蔭、林桂芬等人，便大抵按此大原則再做勘界。

不過前述的「沙崙崁」究竟指何處？參考約在光緒20年修纂成之《清苗栗縣志・封域志》載：

> 新竹城（往南）二十五里至中港街，尖站（新竹界）；三里至中港溪南沙崙（苗栗界）；十二里至後壠汛，宿站〔註84〕。

上引文這條路，為苗栗設縣前，從竹塹城往彰化縣城的舊官道，大約是走今日所謂沿海「海線」之地。這舊官道由竹塹城往南廿五里到中港街，即今竹南鎮西境中港附近，有提供來往官衙行人等打尖休息之驛站，此處仍屬清代新竹縣轄區。又再往南三里越過中港溪，到溪南岸，就是「沙崙」，當時此處已為苗栗縣境，又再往南十二里就是後壠汛（今苗栗縣後龍鎮），此汛有提供行人住宿之驛站。這是筆者目前查清代臺灣方志資料中，暫時所見唯一一條在這附近有載地名為「沙崙」之史料。

栗知縣，履勘定界，繪圖具覆〉，案號：11713～3，頁370～373。

〔註83〕臺灣銀行經濟研究室（編），《淡新檔案選錄・行政編初集（下）》，第二九六案，光緒15年，〈臺北府查核新苗分界應以中港大溪為界，飭新竹縣會同苗栗知縣，履勘定界，繪圖具覆〉，頁373。

〔註84〕〔清〕沈茂蔭，《臺灣省苗栗縣志》，卷二，〈封域志・道路志・外路原定官站〉，頁20。

不過筆者再根據「臺灣歷史數位圖書館」網站〔註85〕所載的民間古契約文書中，發現介於今後龍鎮北境與造橋鄉西境的「沙崙」之地，可再做以下詳考。筆者以「沙崙」為關鍵字在該網站做檢索中，發現今苗栗海線的後龍北境至造橋西境一帶，除了位於今日後龍鎮南境與西湖鄉交界的清乾隆51年〈頭、貳湖張音等三兄弟立杜賣盡根契人字〉〔註86〕所載的「東至沙崙」者，因地望不合當年新、苗分縣界之爭議處，而予以排除外，在清代臺灣新苗分縣後至少光緒16年以前之時期，至少尚有以下諸筆民間古文書史料：

表3-2　光緒16年（含）以前今後龍鎮與造橋鄉西境曾載「沙崙」之地之民間古文書表

名稱與年代	內　容　摘　要	出　　處
（一） 乾隆39年，〈林穆光兄弟仝立杜盡賣契字〉	兄弟林穆光、林添觀，有自己開墾得畑地壹所……座落土名旧社，東南俱至大溪；西至中水溝及馬力沙崙分水為界；北至賴娘彩圳溝為界。四至明白為界	國立臺灣大學，《臺灣歷史數位圖書館》網站，檔名：〈cca100003-od-ta_01835_000683-0001-u.xml〉
（二） 乾隆49年，〈後壠社白番右武乃等立杜絕賣根契〉	後壠社白番右武乃、烏牌等有承父遺下熟園壹所，坐落土名南海汊，東至沙崙；西至二重崙；南至浮山崙；北至海；四至界址踏明為界。	國立臺灣大學，《臺灣歷史數位圖書館》網站，檔名：〈cca100003-od-ta_01835_000512-0001-u.xml〉
（三） 乾隆54年，〈林用九立杜賣永絕契字〉	林用九，前年自己有向後壠社番明給埔地壹所，坐落土名後壠北勢坵尾沙墩。今因乏銀費用，愿將此園抽出西勢園壹所，東至現今與茅學生相爭界址之園為界；西至沙崙分水為界；南至溪為界；北至加□□園為界；四至界址踏明為界。	國立臺灣大學，《臺灣歷史數位圖書館》網站，檔名：〈cca100003-od-ta_01835_000667-0001-u.xml〉
（四） 嘉慶12年，〈顏得勝立永賣盡根契字〉	顏得勝，有明買過林山兄弟旱田壹所，土名坐落山仔頂，東至車路；西至沙崙分水；南至車路；北至吳番田為界；四至明白。	國立臺灣大學，《臺灣歷史數位圖書館》網站，檔名：〈cca100003-od-ta_01835_000492-0001-u.xml〉

〔註85〕「臺灣歷史數位圖書館」網站，或學界俗稱「THDL」網站，查詢網址：http://thdl.ntu.edu.tw/THDL/RetrieveDocs.phd

〔註86〕〔清〕乾隆51年，〈頭、貳湖張音等三兄弟立杜賣盡根契人字〉，國立臺灣大學，《臺灣歷史數位圖書館》，檔名：〈cca100003-od-ta_01835_000709-0001-u.xml〉。

（五） 同治 3 年，〈楊仕興等合立杜賣盡契底根字〉	楊仕興、楊捷興……等，全有承祖父遺下旱田併及埔園崙乙所，坐落土名後壠<u>山仔頂</u>帝爺廟口大路東南內上湖乙湖。<u>東至沙崙分水爲界</u>；<u>西至沙崙分水爲界</u>；南至謝家崙尖倒水爲界；北至黃家潭河田爲界。	國立臺灣大學，《臺灣歷史數位圖書館》網站，檔名：〈cca100003-od-ta_01835_000522-0001-u.xml〉
（六）光緒 2 年，〈網絃庄陳宗富立盡根絕賣田契字〉	陳宗富，因於咸豐拾一年間有向許歲明買過埔田一所……坐落土名<u>九車籠北勢苧蕉坑湖</u>，東至山尖到水爲界；西至大溝爲界；<u>南至黃家沙崙爲界</u>；北至張家橫岸水柳爲界；四至界址分明	國立臺灣大學，《臺灣歷史數位圖書館》網站，檔名：〈cca100003-od-ta_01835_000457-0001-u.xml〉
光緒 15 年新苗分縣後		
（七） 光緒 16 年 3 月，〈鄭有等全立鬮書分園契字〉	全立<u>鬮</u>書分園契字人長房鄭有、次房鄭寶來……有承祖父遺下應得大<u>鬮</u>書內埔園壹所，土名坐落後壠北勢<u>沙崙湖庄弟〔第〕三湖</u>，計五段。	國立臺灣大學，《臺灣歷史數位圖書館》網站，檔名：〈cca100003-od-ta_01835_000583-0001-u.xml〉
（八） 光緒 16 年 3 月，〈苗栗縣鄭財等全立分鬮合約字〉	苗栗縣鄭財、鄭萬……新竹縣北門外鄭益記即劍波，緣因財等承先人鄭福於乾隆年間，承買林偕蓬等，並鄭金記於咸豐年間歸管陳權等，合共埔園壹所，<u>坐落土名後壠海口北勢第參湖</u>，其界址東至沙崙；<u>西至沙崙</u>；南至車路；北至澎湖庄前水溝；四至界址分明。後因地運不齊，<u>被沙塡壓</u>，一切遍成荒坵，<u>五谷不登</u>，<u>變爲廢業</u>……現東界沙崙甚多，若後來沙崙飛盡，憑<u>鬮</u>頭各管，至張、許家爲界	國立臺灣大學，《臺灣歷史數位圖書館》網站，檔名：〈cca100003-od-ta_01835_000649-0001-u.xml〉
（九） 光緒 16 年 3 月，〈鄭有等全立鬮書分園契字（二）〉	全立<u>鬮</u>書分園契字人長房鄭有、次房鄭寶來……有承祖父遺下應得大<u>鬮</u>書內埔園壹所，土名坐落<u>後壠北勢沙崙湖庄第三湖</u>，計五段。	國立臺灣大學，《臺灣歷史數位圖書館》網站，檔名：〈cca100003-od-ta_01835_000653-0001-u.xml〉
（十） 光緒 16 年，〈鄭有、侄鄭文理等全立鬮書分園契字〉	全立<u>鬮</u>分園契字人鄭有、侄鄭文理、侄孫鄭清水等，有承先父分下應得埔園壹所，土名坐落<u>後壠北勢沙崙湖第三湖</u>	國立臺灣大學，《臺灣歷史數位圖書館》網站，檔名：〈cca100003-od-ta_01835_000678-0001-u.xml〉

| （十一）
光緒 16 年 3 月，
〈苗栗鄭財等全立分鬮合約字〉 | 苗栗鄭財、鄭萬……新竹縣北門外鄭益記即劍波，緣因財等承，先人鄭福於乾隆年間，承買林偕蓬等，並鄭金記於咸豐年間歸管陳權等，合共埔園壹所，<u>坐落土名後壟海口北勢第參湖</u>，其界址東至沙崙；西至沙崙；南至車路；北至澎湖庄前水溝；四至界址分明。後因地運不齊，<u>被沙塡壓，一切遍成荒坵，五穀不登，變爲廢業</u>……<u>現東界沙崙甚多，若後來沙崙飛盡</u>，憑鬮頭各管，至張、許家爲界 | 國立臺灣大學，《臺灣歷史數位圖書館》網站，檔名:〈cca100003-od-ta_01835_000701-0001-u.xml〉 |

綜觀上引史料（一）到（六），可發現「沙崙」在清代苗栗未設縣以前，並非指一固定庄名，也不呈線性分佈，成爲一縣界的代名詞。首先看史料（一），該「馬力『沙崙』」是在後壟舊社（今後龍鎮市區北龍里田心仔一帶）〔註87〕西側，可知今地乃在今後龍鎮市區偏西側處。史料（二）的「南海汊」在日本時代後龍庄苦苓腳大字，清代時曾有兵塘駐防之〔註88〕，而此「東至沙崙」，依地望可能是今後龍鎮北境苦苓腳一帶再往東接近今造橋鄉龍昇村、談文村一帶之某處沙地。史料（三）的「沙崙」則是在「後壟北勢垾尾沙墩」的西側，也就是今後龍鎮北境偏西側的海邊一帶。史料（四）與（五）皆在當時後壟的「山仔頂庄」，也就是日後的大山腳庄，今地乃在今後龍鎮北境海寶里、灣寶里至大山里一帶，此「沙崙」又在其西側，亦即近臺灣海峽之某處。尤其史料（五）的該筆土地，其東西兩至，竟都記載是「沙崙」，可見沙崙也確實非指一地，而是當時人對今後龍鎮北境到造橋鄉西境諸沙地的籠統稱呼。史料（六）該筆土地坐落在「九車籠北勢芎蕉坑湖」，按九車籠在今造橋鄉西境之龍昇村，該史料內的「黃家沙崙」也理應在此附近〔註89〕。綜觀以上，可發

〔註87〕 胡家瑜（主編），《道卡斯新港社古文書》，轉引自賴文慧，〈臺灣汀州客二次移民研究——以苗栗縣造橋鄉平興村謝姓家族爲例〉，頁 37。

〔註88〕 臺灣銀行經濟研究室（編），《臺案彙錄乙集》（臺北：臺灣銀行經濟研究室・臺灣文獻叢刊第 173 種，1963），卷二，〈二五、巡臺御史白起圖等奏摺〉，頁 67：「茲臣等細加查訪，緣後壟通事張方楷任意作威，遇事苛索，番人含怨已久，焚殺**南海汊塘兵**，係因嫁禍張方楷而起。」

〔註89〕 以上苗栗縣海線的古今地名考證，可參見施添福（總纂）・陳國川・翁國盈（編纂），《臺灣地名辭書・卷十三・苗栗縣（上）／（下）》（南投：國史館臺灣文獻館，2006）。

現清代苗栗設縣之前，海線的「沙崙」並非指一固定庄名，也不呈線性的地理分佈，而是泛指今後龍鎮西、北境，到造橋鄉西境的諸閩庄近海處之沙地。這也符合前引光緒15年〈臺北府查核新苗分界應以中港大溪爲界，飭新竹縣會同苗栗知縣，履勘定界，繪圖具覆〉史料中所謂：「沙崙究係陸地，並無一定可以指實之區」之語所述內容。

不過由史料（七）至（十一）可發現，當清代苗栗設縣以後不久的光緒16年左右，在今後龍鎮偏西側，確實已逐漸出現了一個新庄頭叫做沙崙湖庄。所謂「逐漸出現」，是因爲史料（七）至（十一）中，有些只寫「後壠海口北勢第三湖」，有些進一步寫「後壠北勢沙崙湖第三湖」，只有史料（七）與（九）兩筆，是寫明「後壠北勢<u>沙崙湖庄</u>第三湖」，似可見光緒16年前後，「沙崙湖庄」這庄名正在形成中，所以同時間的諸民間史料，記載仍不一。此「沙崙湖庄」在今後龍鎮之溪州里〔註90〕，這理應是「地名細分、精確化」後的歷史結果，時間點已在清代苗栗設縣之後。

附圖 3-5　清代竹苗兩縣邊界海邊有記載「沙崙」之地分佈圖

〔註90〕施添福（總纂）‧陳國川‧翁國盈（編纂），《臺灣地名叢書‧卷十三‧苗栗縣（上）》，頁135。

說明：1. 本圖中（一）至（十三）編號，為「表一」中十三筆民間古文書始料
　　　　所考沙崙之地所在的分佈地點。

　　　2. 綜觀以上（一）至（十三）史料之分佈地點，可發現清代苗栗設縣之
　　　　前，海線的「沙崙」並非指一固定庄名，也不呈線性的地理分佈，而
　　　　是泛指今後龍鎮西、北境，到造橋鄉西境的諸閩庄的海線近海處之沙
　　　　地。

　　　3. 本圖所繪出之鄉鎮乃今日鄉鎮乃至村里名，清代不存在焉，繪出以方
　　　　便讀者閱讀古今。

　　　4. 本圖依「中央研究院 GIS 臺灣歷史文化地圖」網站，
　　　　網址：http://thcts.ascc.net/kernel_ch.htm 擷取，再由筆者所轉製。

　　　又由史料（八）與（十一）記載，確實也反映出今後龍鎮西、北偏臺灣
海線處諸沙地，常飛沙不穩、地質不實的地理現實地貌，所以有「被沙塡壓，
一切遍成荒坵，五谷不登，變為廢業」、「沙崙甚多，若後來沙崙飛盡」等語，
這也可與前述清代代理苗栗知縣林桂芬查勘本地時，所呈報的「沙崙」一帶
「其沙鬆浮」，欲據以為竹苗兩縣縣界，「恐難經久」，能互相呼應。

　　　然這片海邊沙地的「沙崙崁」，根本也不可能如前引《淡新檔案選錄・行
政編初集（下）》或《淡新檔案》諸檔案中，林桂芬所謂的「距苗栗建縣之處，
僅只八里」，因為此八里乃華里，換算成公里數也才四公里。但以今日公里數
而言，該海線之地，距離今日苗栗市，至少約十餘公里也就是廿餘華里左右，
明顯與事實不合，這便是林桂芬所呈公文上所顯示的疑點之一。又林桂芬又
謂：「臺北（即北臺灣）之風猛烈異常」、「（靠海邊之沙崙崁）其沙鬆浮，欲據為
界，恐難經久」之語亦甚奇，海邊就算風再大，也不至於使海岸沙地、或海
邊某處「沙崙」地標會常常變動，就算眞如此，林桂芬強調這的動機是什麼？
又為疑點之一。則上引這些公文，林桂芬所指「沙崙崁」裏邊，究竟代表怎
回事？

　　　要解開這些謎題，可查考前引劉銘傳清賦後地方呈報、再經近人所彙編
的史料《淡新鳳三縣簡明總括圖冊》中之「中港堡圖」與「苗栗堡圖」兩圖
〔註91〕。在《淡新鳳三縣簡明總括圖冊・中港堡圖》裏，標示兩堡界線，
是自臺灣海峽邊開始（亦即所謂「沙崙崁」）往東，概是沿著今苗栗縣造橋鄉與
後龍鎮、頭屋鄉交界而定。此條由「中港堡方面」所呈報的堡線中，離今苗

────────────────

〔註91〕　臺灣銀行經濟研究室（編），《淡新鳳三縣簡明總括圖冊》，頁38，「中港堡圖」；
　　　　　頁40，「苗栗堡圖」。

栗市最近之處，概在清代牛欄湖庄南境（今造橋鄉豐湖村南境之造橋鄉界），其距今苗栗市確實大約八華里（約四公里）上下。若以此為兩堡堡界，則造橋庄附近就是屬中港堡所轄。但又見《淡新鳳三縣簡明總括圖冊‧苗栗堡圖》中，在今日所謂「山線」的造橋附近之最北處，也有標示「造橋庄」，顯示「苗栗堡方面」呈報清賦資料時認為：造橋庄該是隸屬苗栗堡的。不僅如此，苗栗堡方面所呈報該圖中，又在造橋庄以北一帶，竟留有一大片是空白、完全無庄名之處，而在此空白處之北，才標出兩堡之堡界，此顯示出當時苗栗堡方面認為，不僅造橋庄，連帶造橋庄偏北側附近的各小庄，也該隸於苗栗堡，但或避免爭議，遂使圖上留空白。比對兩圖，便可明白當時劉銘傳執行清賦時，中港、苗栗兩堡的地方人士，對「山線」的今造橋鄉一帶諸庄中各自的轄區，與雙方對堡界之認定，都明顯有爭議。又再見《淡新檔案‧22501案》中，可見早在清同治 13 年（1874）時造橋庄監生陳標輝（又名陳阿琳）控告熊飛侵占土地一案，在該案諸公文中，有時寫造橋庄屬於竹南一堡、有時又寫造橋屬竹南二堡〔註 92〕，便可知至少早在同治年間，造橋庄附近的行政區隸屬關係，就已經不清不楚。

　　這個爭議應該跟造橋庄地區的開發史之歷史背景有關，當清代，入墾造橋山線地區之不同的漢人勢力，要向「熟番」贌租或買賣這片土地時，有時是向中港堡的中港社贌租買賣，有時又跟苗栗堡的新港社贌租買賣。以下分述之：

　　首先由道光 12 年 10 月〈徐福春等合共拾六分等立合約字〉的民間古文書記載：

> 立合約字人徐福春、林阿吉、王裕記、葉阿騰合共拾六分等，合共出銀向新港社番劉文慶、土目林武力等給出山崗埔地壹所，坐落土名造橋大南坑尾雞油凸等處，自雞油東起由東一派青山倒水鬮王崎為界，內有大北坑壹所，由西興化林大龍崗崙路腳下雙合坑為界，其牛寮坑南至到別牛水倒北為界，西至東坑大崗頂直透造橋莊但水溝為界，四至分明〔註 93〕。

〔註 92〕〔清〕同治 13 年，〈造橋庄監生陳標輝為借名借契無□□業事〉，《淡新檔案》，案號：22501。又見林聖欽，〈清代淡水廳竹南一保街庄名的社會空間意涵——試論慈裕宮五十三庄宗教組織的形成〉，《地理研究》，50（臺北），2009，頁 21～46，頁 35。

〔註 93〕〔清〕道光 12 年 10 月，〈徐福春等合共拾六分等立合約字〉，國立臺灣大

按新港社是苗栗堡的「熟番」大社，這代表了苗栗堡新港社方面認為造橋庄一帶屬於他們勢力範圍的證據，而開墾漢人徐福春等，也向該社承租。又再看咸豐3年12月〈新港社番土目劉什班等立杜賣田埔山岡契字〉：

> 立杜賣田埔山岡字，新港社番土目劉什班，番差蟹茂生，甲首劉南芧、陳水成全眾社番等，情因通社承祖父經管公業，土名在倒別牛東片一帶田埔山場壹所，東至瞑張禮禎耕作埔園雙合窩為界；西至隨龍加東窩岡頂倒水為界；南至大雞油龍身大岡頂倒水為界；北至造橋新庄山埔毗連為界；又西南角在內車坪外車坪阿巧崎岡頂倒水為界；西邊前窩後窩大岡頂倒水為界；西北至倒別牛大車路為界；四至界址，仝中見面踏分明。係因社內公費無措，通社商議，將此公業出賣，儘問社內眾番等不能承領，前來託中引就于人謝扶持、謝增常、謝日進、謝可貴、謝智近、謝國賓、謝榮和、謝丙義、謝佳揚、謝福貴、謝登松、謝海祿、謝欽連、謝大富等承買，為謝申伯公蒸嘗祀典〔註94〕。

這份史料一樣是苗栗堡「熟番」新港社出面為賣方，而買方即是苗栗堡有名之「謝申伯公蒸嘗」，也就是歷史上開墾苗栗平原一帶的有力姓氏謝姓人之蒸嘗，渠等在今日苗栗市，仍有座有名的「謝屋祠堂」之歷史古蹟〔註95〕。這代表了清代苗栗堡地區有力勢力，介入開墾造橋庄一帶的一歷史證據。

但由以下件民間古文書可知，也有若干民間開墾造橋庄之勢力，是認為造橋屬於中港堡內「熟番」中港社的祖遺地，而向中港社「熟番」贌租。此可見咸豐8年3月〈顏祖德等立賣盡根契字〉記載：

> 立賣盡根契字人顏祖德、顏祖成、顏祖庇，有承先父顏佛山買過中港社番荒山埔園壹所，比連參湖，坐落土名造橋口，東至造橋大溝為界；西至山尖倒水為界；南至菜瓜湖山分水田旱溝直透為界；北至林家祖坟來蔦墓山分水直透為界；四至界址，面踏分明，每年配

學，《臺灣歷史數位圖書館》網站，檔名：〈ntul-od-bk_isbn9789570000054_0010400104.txt〉。

〔註94〕 〔清〕咸豐3年12月〈新港社番土目劉什班等立杜賣田埔山岡契字〉，國立臺灣大學，《臺灣歷史數位圖書館》網站，檔名：〈cca100003-od-ta_01835_000378-0001-u.xml〉。

〔註95〕 賴文慧，〈臺灣汀州客二次移民研究——以苗栗縣造橋鄉平興村謝姓家族為例〉，頁50～93。

納番租谷貳斗正〔註96〕。

這份史料可見開墾承租人顏祖德等人的先祖顏佛山，是向中港社「熟番」購買造橋庄一帶土地，其之所以會向中港社「買過」，顯示他們當時認為造橋庄一帶是中港社「熟番」的祖遺埔地。由上引三件民間古文書史料可見，清代造橋庄一帶，究竟是屬於中港社還是新港社的祖遺地之認知不清楚，也是使不同的漢人開墾勢力，分別向中港、苗栗兩堡不同社的「熟番」贌租或購買開墾之歷史。而這也導致日後已墾成的造橋庄一帶，究竟該屬於中港堡還是苗栗堡管轄的轄區不清原因。

故新苗分縣時，方祖蔭、林桂芬雙方所爭者，實指今中港溪乃至南港溪以南的造橋鄉「山線」一帶各庄該如何分界問題，這也代表竹、苗兩地人的現實利益。在前引諸公文中，苗栗代理知縣林桂芬之所以突顯出「『海線』沙崙崁距苗邑才八里」一句，實是隱指清賦後，整個「中港堡方面」所「認定」的兩堡界線，但林桂芬又刻意不提之，只說「沙崙距苗邑才八里」來意旨。因為林桂芬若明顯在公文中提出，無異是間接承認了這條堡界是在造橋庄以南，也就間接承認了「中港堡方面」所「認定」的兩堡界線，則苗栗堡方面所認知的堡界不就隱然有理虧處？故林桂芬才刻意提海線的沙崙崁，又謂其不牢靠者云云〔註97〕，再轉而希望上級能以中港溪為界，以處理這長久未解決之雙方堡界不清問題。

當新苗兩縣分界之前，中港、苗栗兩堡的堡界不清問題，因當時兩堡都還算是同個縣份所轄（光緒元年前同屬淡水廳、其後又同屬新竹縣），就還不算是大問題。但既然上級已計畫要分為竹、苗兩縣，則中港、苗栗兩堡的堡界勢必要劃清，而這界線同時又將是臺灣與臺北兩府的府界，如此就攸關未來造橋一帶各庄該歸屬於哪個府衙與哪個縣份的大問題，以及造橋一帶各庄人未來在分縣後，該向哪個衙門繳納糧賦稅捐的現實利益。故新、苗兩縣分界，也代表了以往中港與苗栗兩堡分辨不清的堡界，確實已該釐清。

〔註96〕〔清〕咸豐8年3月〈顏祖德等立賣盡根契字〉，國立臺灣大學，《臺灣歷史數位圖書館》網站，檔名：〈cca100003-od-ta_01835_000401-0001-u.xml〉。

〔註97〕林桂芬在公文中屢屢強調今日「海線」其實無實際利益的「沙崙崁」之模糊地名，又謂其是「經不起風吹雨打的地標」云云，該是官場上公文往返遊戲規則中有意被突出之焦點，意在隱含今造橋鄉一帶諸庄實際的「地盤利益」。當然這並不是朝廷命官林桂芬之個人利益，而是林氏代呈當時苗栗堡人的現實地盤利益。

又林桂芬所提「劉廷珍」等人曾秉稱「以沙崙難靠，不若中港溪之天生形塹。且溪南居民離苗較近，多願歸附，不願遠歸新竹」為民心依據云云，則劉廷珍是何地人物？查《清苗栗縣志》、《淡新檔案》，可知其乃當時苗栗堡四湖庄（今苗栗縣西湖鄉四湖村）人，是光緒 6 年（1880）庚辰科恩貢生〔註98〕。劉廷珍等人上書，也代表了竹苗分縣時，苗栗堡當地仕紳對爭取造橋一帶現實利益的輿論。

又據學者研究指出，清代造橋庄一帶總理，長期都由苗栗街（貓裏街）人兼任，因此，光緒 15 年新竹與苗栗兩縣，最後會以中港溪及其支流南港溪為界，除了造橋等庄距離苗栗縣較近考量之外，也應與該處長期由貓裡街總理所經理的社會考量有關〔註99〕。又可見《淡新檔案》中〈書辦熊飛稟明淡水廳同知陳星聚墾業來歷及陳阿琳指東為西瞞抵抗霸情形〉一文寫：

> 書辦熊華……原住竹南二保（即苗栗堡或後瓏堡）造橋庄，這庄係華承父嘉慶十一年（1806）與外祖父徐積慶，招夥謝鳳藩、鄒朝芳等開墾。……（反控陳阿琳惡霸佔地，略）……時華疊投該地總保（貓狸庄總保，即日後苗栗街總理）謝鎮基〔註100〕、業戶劉記等到勘地界〔註101〕。

引文中說造橋庄是熊華外祖父徐積慶，於嘉慶年間招謝鳳藩、鄒朝芳等人開墾而成。謝鳳藩即是前章已述在乾隆晚年林爽文事件後，倡議建苗栗義民廟的該人士。又見《清苗栗縣志·謝鳳華列傳》載：

> 謝鳳華，字采梧，監生，籍嘉應州。乾隆年間，偕其弟鳳藩來臺，居貓裏墾闢田園，家財頗厚。其時貓裏草昧初開，街市、廟宇、道路、橋樑一一待舉，鳳華兄弟悉心籌畫，不惜貲財而整頓之〔註102〕。

〔註98〕〔清〕沈茂蔭，《臺灣省苗栗縣志》，卷二，〈選舉表·恩貢〉，頁 196；〔清〕同治 11 年，〈竹南二保四湖庄廩生劉廷珍□□□□□疊限抗延懇恩飭差押追統領事〉，《淡新檔案》，編號：21401-003。筆者用「劉廷珍」檢索「臺灣大學數位典藏資源中心·淡新檔案」網站時，發現此人乃同、光年間苗栗堡中相當活躍人物，可檢索到相關檔案至少有 18 筆資料。

〔註99〕林聖欽，〈清代淡水廳竹南一保街庄名的社會空間意涵──試論慈裕宮五十三庄宗教組織的形成〉，頁 35。

〔註100〕謝鎮基時為貓狸街總理事，又可見〔清〕同治 11 年，〈淡水分府周，造送淡水廳屬各保總理、董事姓名清冊〉，《淡新檔案》，案號：12213-4。

〔註101〕〔清〕同治 13 年，〈書辦熊飛稟明淡水廳同知陳星聚墾業來歷及陳阿琳指東為西瞞抵抗霸情形〉，《淡新檔案》，案號：22501-11。

〔註102〕〔清〕沈茂蔭，《臺灣省苗栗縣志》，卷十四，〈先正列傳·謝鳳華列傳〉，頁

由此可見清代乾、嘉年間，謝鳳華、鳳藩兄弟不但是開墾苗栗平原〔註103〕有力者之一，同時也參予了造橋庄的開庄事業。而同治13年間造橋庄熊華與陳標輝土地互控案，熊華也還得請苗栗街總理謝鎮基來勘地界以昭公信，也顯示造橋庄與苗栗堡之關係較深。

　　除此外，造橋開庄後，本地漢籍佃農，也曾同苗栗平原一帶各庄漢人般，向「新港社」平地原住民劉、解等「番頭家」繳納「番大租」〔註104〕。這也顯示造橋與苗栗平原同樣都是新港社番租體系下的一環，此又是造橋與苗栗平原關係較深之另一證。故待新苗分界時，苗栗堡人對造橋也多傾向爭取造橋庄附近能納入苗栗縣，或如當時林桂芬代轉劉廷珍等苗栗人所言：「（中港）溪南居民（指造橋一帶）離苗（栗）較近，多願歸附，不願遠歸新竹。」這史料也一定程度反映出當時苗栗堡仕紳與造橋庄人的輿論實情。

（二）新苗分界的縣界確定

　　既然劉銘傳與臺北府衙等上級已批下：「誠不如以中港大溪爲界，北距新竹縣城三十里，南距苗栗縣城二十里，較爲適中。」則新竹知縣方祖蔭與代理苗栗知縣林桂芬即就此大原則，再就縣界做新的勘定，得到以下：

> 卑職（方祖蔭、林桂芬）等遵（各層上級命令）即訂期，於（光緒15年）
> 十一月二十日，同赴□□，會勘得中港溪西通外海，東達內山。自
> 西至東，港口大溪一條，至<u>公館仔庄</u>等處，分爲中港南、北兩溪。
> 中港北溪至<u>溪心壩庄</u>，又分兩兩（應爲「爲兩」誤），過<u>牛欄堵庄</u>，<u>復
> 合爲一</u>。合而又分，<u>中間係南埔庄</u>。南溪迤南，北溪繞北，直抵東
> 北內山，溪道迂長，<u>難以分界</u>。又中港南溪至<u>六份仔庄</u>，亦分爲兩，
> 北至<u>大桃坪庄</u>，又分爲二。南溪兩條，均屬迤南，北溪一條，過<u>接
> 隘仔庄</u>，斜抵內山。當經卑職等三面會商，按照溪道形勢而論，<u>莫
> 如中港口達南港溪至六份仔、大桃坪，過接隘仔等庄溪流，爲新、
> 苗分界，最爲相宜</u>。各人意見相同，當於中港南溪之南邊，立碑爲

〔註103〕理論上清代大部分時間都該稱「貓裏平原」，不過清末設苗栗縣時，貓裏街已改名苗栗街，也因此稱苗栗縣，今地名仍同，故以下多用清末以來今名稱之。
〔註104〕詳見〔清〕光緒年間，〈光緒元年至五年爲止土目解潘鍾侵吞口糧租穀數額清單〉，《淡新檔案》，案號：17205-16；〔清〕光緒5年，〈新港社土目每年現收租佃並用費清單〉，《淡新檔案》，案號：17205-26。此外，關於「新港社」分佈空間問題，詳見第一章。

界，溪邊以南，歸苗栗縣管轄；溪以北，歸新竹縣管轄。計新竹縣
城起，至中港南溪止，二十八里；又自苗栗縣城起，至中港南溪南
邊止，二十二里。歸苗栗管者，名爲「中港南保」；歸新竹管者，名
爲「中港北保」〔註105〕。

按查《淡新檔案》中此公文雖有附圖，但其圖乃用傳統中國示意式的古地圖
繪製方式所做，不如查日本時代 1904 年的《臺灣堡圖》來得詳細。上引文中，
中港北溪即今稱中港溪，中港南溪即今稱南港溪，早在清末陳朝龍《新竹縣
采訪冊》時即已用此稱〔註106〕，故以下亦用今稱。查《臺灣堡圖》可知，中
港溪自下游往上游方向，過頭分街（今名頭份）再東〔註107〕、尙未到斗換坪（今
名斗煥坪）間，即有一小庄「溪心埧」（今訛音爲雞心壩）〔註108〕，中港溪到此
確實分爲東、西兩道水，西道才是主河道、東道其實即頭分附近有名之「興
隆圳」與「牛欄肚圳」〔註109〕，圳之東旁，今有大成高中在此。東、西兩道
水在今之斗煥坪正南側牛欄肚（在今大成高中南方）附近合一，又蜿蜒往東越過
今三灣鄉，到今南庄鄉南富村（清代名大、小南埔庄）一帶，即引文上說勘界當
時名爲「南埔庄」。

上引文中又說「中港北溪」到此「南埔庄」，又分南、北兩溪，然後「南
溪迤南，北溪繞北、難以分界」。然其實查《臺灣堡圖》可知並非如此，中港
溪流經「大、小南埔」之北，而「大、小南埔」之南，確實有一條「南埔圳」，
此圳是由中港溪引入、其下再從三灣街上流回中港溪〔註110〕，所以並沒有「南
溪迤南，北溪繞北、難以分界」的情形。如果說這段中上游的中港溪上，眞
要有「南溪迤南，北溪繞北、難以分界」者，那也應該在「大、小南埔」更
北四、五公里處的「大、小銅鑼圈」等庄處，該處有一條中港溪重要支流，

〔註105〕 臺灣銀行經濟研究室（編），《淡新檔案選錄·行政編初集（下）》，第二九八
案，光緒 15 年，〈苗栗、新竹兩縣會勘定界繪圖詳覆巡撫劉（銘傳）、布政使
沈（應奎）等〉，案號：11714-7，頁 379。
〔註106〕 〔清〕陳朝龍，《新竹縣采訪冊》，卷一，〈山川志·竹南堡川〉，頁 45～47。
〔註107〕 今頭份在清代名稱爲「頭分」，日本時代改名，以下地名方面，除非文中特別
指「今（之）頭份」時用今地名外，皆用清代舊名。但「頭份義民廟」乃今
名，故以下「頭份義民廟」或「頭份義民祭祀圈」則用今名。
〔註108〕 邱文光（主持）·呂榮泉（主編），《苗栗縣地名探源》，頁 65。
〔註109〕 〔清〕陳朝龍，《新竹縣采訪冊》，卷一，〈山川志·竹南堡川〉，頁 47。
〔註110〕 〔清〕陳朝龍，《新竹縣采訪冊》，卷一，〈山川志·竹南堡川〉，頁 45；再參
《臺灣堡圖》。

即是峨眉溪（清代又稱月眉溪）。峨眉溪從「大隘地區」流經今北埔、峨眉兩鄉
後，再蜿蜒流入中港溪者，公文上卻竟沒有提，已甚奇〔註111〕。加之以上公
文內，數次所提名爲「溪」但其實爲「圳」者，都是人爲所挖，以灌漑今南
庄、三灣、頭份等三鄉鎮中港溪兩側之田，又參諸《新竹縣采訪冊・竹南堡
川》，這附近的圳溝遠不只此，如南埔圳之北也另有北埔圳，互隔中港溪相鄰
不遠，兩邊「水田化」後的各庄頭，都屬同個生活圈〔註112〕。故上引公文中
所謂這些「分流水」，其實根本就非天然分道之溪水，而是人工的「圳水」，
方祖蔭、林桂芬等相關勘界者不太可能不知情。故這份勘界公文報告其實就
是跟劉銘傳等各級官署說明「中港北溪」不適合當兩縣縣界的理由。因爲今
頭份以東至今南庄一帶客庄，清中葉以後都逐漸形成爲同一個城鎮體系生活
圈，當地人也自不傾向爲中港溪切爲兩半後分屬兩個縣。又觀前引《淡新鳳
三縣簡明總括圖冊》中之「中港堡圖」與「苗栗堡圖」，顯示兩堡所發生轄區
爭議者，也不在所謂「中港北溪」即今日中港溪流域境內，故這裡並非以往
中港、苗栗兩堡發生轄區爭議的問題所在，只是方、林等勘界者，就上級交
代「誠不如以中港大溪爲界」一句，做更進一步詳細些的調查報告而已。所
以以下公文將講到中港南溪（即南港溪）時，就會特別強調其中哪一段，是林
桂芬等勘界者認爲最適合當縣界之地標。

　　上引文說：「中港南溪至六份仔庄，亦分爲兩，北至大桃坪庄，又分爲二。
南溪兩條，均屬迤南，北溪一條，過接隘仔庄，斜抵內山。」又說：「（新苗兩
縣縣界）莫如中港口達南港溪至六份仔、大桃坪，過接隘仔等庄溪流，爲新、
苗分界，最爲相宜。」則以下六份仔、大桃坪，接隘仔三地位今何處？查《臺
灣堡圖》，只有載大桃坪庄，其在南港溪北岸，即今三灣鄉大坪村北境（南境

〔註111〕前已述「大隘地區」是道光 14～15 年（1834～35）時由「金廣福大隘」入墾
　　　　原住民地區後，逐漸武力拓墾成的漢人街庄地，由最遲到光緒 3 年（1878）大
　　　　隘地區已加入枋寮義民祭祀圈、顯示當地漢人街庄體系已經夠成熟來看，光
　　　　緒 3 年到勘界的光緒 15 年，也已經十二、三年之久，林桂芬等勘界之傳統中
　　　　國最基層之縣官，理當知此溪之存在。
〔註112〕可參引自林玉茹，《清代竹塹地區的在地商人及其活動網路》所轉製之「附圖
　　　　3-1」、「附圖 3-2」、「附圖 3-3」，尤以「附圖 3-3」之時代，最接近兩縣勘界
　　　　年代，由該圖可知，清同、光時代，當地的頭分街、斗換坪街、三灣街、大
　　　　南埔街、南庄街等城鎮已成型，彼此沿中港溪連成一線，溪之南北兩側各小
　　　　庄若要至城鎮購商品，也都必須往這些城鎮，故今頭份鎮以東中港溪兩側各
　　　　客庄已成同個生活圈。

爲清代大坪林庄），另兩處六份仔、接隘仔則無記載。

　　首先試論「六份子」庄位於今何處：按查諸清代臺灣方志，目前僅見這附近只兩史料記載，即約在光緒 11 年（1885）所輯之《新竹縣制度考・中港堡》中有記載「六份庄」〔註113〕，以及劉銘傳清賦後不久之《淡新鳳三縣簡明圖冊・中港堡圖》也有劃出此庄〔註114〕。又由該圖中，可見六份子庄是畫在夾在大坪林庄與大桃坪庄之間的位置，但前已述《淡新鳳三縣簡明圖冊》有關清新竹縣各堡圖下各庄位置，其實方位幾乎完全不足爲據以判斷眞實地理位置。又，在此之前的清代方志，也幾乎都未載「六份子」庄，甚至約同時間的《新竹縣采訪冊・竹南堡庄》也未載〔註115〕，而僅載於上引兩清光緒朝史料。由此可見以下：一、「六份庄」清末葉很晚期才新興之小庄；二、也很可能只是當地人口很少的小庄，故約同時間之《新竹縣采訪冊》乃至約十年後 1904 年《臺灣堡圖》也都未載。但既然《新竹縣制度考》是載「六份子」庄在「中港堡」境，則必不屬清代苗栗縣境，且必在做爲新苗分界的南港溪以北。然遍查戰後所編《苗栗縣地名探源》、乃至近年新編《臺灣地名辭書・苗栗縣》，與此地望鄰近之《頭份鎮志》、《竹南鎮志》、《三灣鄉志》（以上都在清中港堡境）、乃至位於南港溪以南之《造橋鄉志》〔註116〕等四鄉鎮方志所有通俗小地名中，竟也無載「六份子」之相關地名。可見這清末葉新興的小庄名，後來也未成爲當地人眼中正式的通俗地名，故也未載於戰後所編各地名資料〔註117〕。

〔註113〕臺灣銀行經濟研究室（編），《新竹縣制度考》，〈各堡莊名・中港堡〉，頁 9。

〔註114〕臺灣銀行經濟研究室（編），《淡新鳳三縣簡明總括圖冊》，頁 38，「中港堡圖」。

〔註115〕〔清〕陳朝龍，《新竹縣采訪冊》，卷二，〈莊社志・竹南堡莊〉，頁 83～87。不過《新竹縣采訪冊》寫「通共竹南堡，莊六十六」，而《新竹縣制度考》寫中港堡共計一百零六莊，可見《新竹縣制度考》所載的中港堡境內庄數較詳細，較前者多了整整五十個庄，故會將「六份子」這類小庄頭也詳細記載，而《新竹縣采訪冊》所修就較粗略。

〔註116〕施添福（總纂）・陳國川・翁國盈（編纂），《臺灣地名辭書・卷十三・苗栗縣（上）／（下）》。張雙旺（等編輯），《造橋鄉志》（苗栗造橋：造橋鄉公所，2009）。陳運棟（主編），《頭份鎮志》（苗栗頭份：頭份鎮公所，1980）；又有頭份鎮志編纂委員會（編纂），陳運棟（總編），《(新修) 頭份鎮志》（苗栗頭份：頭份鎮公所，2002）。楊景淋（主修），《竹南鎮志》（苗栗竹南：竹南鎮公所，1982）。陳運棟文教基金會（編纂），《三灣鄉志》（苗栗三灣：三灣鄉公所，2005）。

〔註117〕按今獅潭鄉境也有一地名曰「六份」，但其在後龍溪上游區，故上引史料所指六份子，絕非指此處。又筆者曾請教出身於苗栗縣造橋鄉，國立臺灣師範大

　　那「六份子」庄究竟位於何處？或可由前林桂芬勘界之引文中「中港南溪至六份仔庄，亦分為兩，北至大桃坪庄，又分為二」一句，再比照《臺灣堡圖》考之。引文中說：南港溪往上游到這個「六份子」時，分為南、北兩溪，其中北側溪再東向到大桃坪庄，又再分為南、北兩條溪。則林桂芬等勘界人呈報說：前述兩條「南側溪」都「均屬迤南」，所以請以北側溪為縣界。那再參《新竹縣制度考・中港堡》已知「六份子庄」屬清代新竹縣中港堡所轄，便可知「六份子」庄，就在南港溪與「第一個南側溪」的北岸。再參《臺灣堡圖・造橋圖》〔註118〕，可知南港溪往東向上游的南側第一個支流溪，即今造橋鄉內最主要溪流之一的「造橋溪」。而「六份子」這個小庄，很可能就在今南港溪與造橋溪會合處的北岸。但由《臺灣堡圖・造橋圖》來看，這地方在1904當時，已被日本人新築的縱貫線鐵路穿越而過，且這兩溪交會處之「北岸」地，已沒有房屋街庄之跡〔註119〕。

　　此外，前引林桂芬、方祖蔭兩人呈報之縣界，在大桃坪之處這段，與後來的事實上的縣界，也有不符之處。按兩人呈報說：在大桃坪庄應該以「北側溪」接到「接隘子」庄為界。首先先述「接隘子庄」今位置：此庄即今三灣鄉大河村之「錫隘」，又名「楔隘」，在客家話中，「接」、「錫」、「楔」三字音相近，當是清代時因客家話音近而有多種寫法，其本字以「楔」字為最妥。相傳這地名是因清代設隘防線時，此處本未設隘寮，故後來又補之，所以地名就稱為「楔隘」〔註120〕。這類因為「修補隘防線不足」而取之地名，在今苗栗縣境內不特此處有之，在獅潭鄉和興村也另外有「楔隘」地名。從今三灣鄉大河村到獅潭鄉這一帶，都是清後期黃南球在內山勢力的拓殖範圍，故這類「修補隘防線不足」地名也重複使用。但林桂芬等勘界者所報「接

學歷史系邱添生教授聽過「六份子」這地名否？邱氏也表示：「從來無識聽過這地名，顛倒係前面講个『大桃坪』，細時候輒輒去搞。」（譯：從來未曾聽過這地名，反而是前面講的「大桃坪」，小時候常常去玩）。

〔註118〕〔日〕臺灣總督府臨時臺灣土地調查局，《臺灣堡圖》，頁96，「造橋圖」。

〔註119〕推測可能是日本人築鐵路前，已將「六份子」這個新興小庄頭給完全拆除，若如此，也難怪後人會不知有此地名。

〔註120〕梁召明（主持）・陳運棟（總編纂），《三灣鄉志》，頁199。又「楔」字本就有「補」的意思，國語語法多做名詞用，意旨拿來修補的東西；但客家話語法中，「楔」字更可當動詞，如「楔衫」（將上衣塞進褲子裏）、「楔入去」（塞進去）。不過，「接」字也有略有接補之意，寫作「接隘子」也未嘗不妥。然按今苗栗當地通俗客語唸法，其本字做「楔」為宜。

隘子」者，依地望而言應非今日獅潭鄉之「楔隘」，而是指今日三灣鄉大河村之「錫隘」。然若按林桂芬、方祖蔭兩人所呈報，此處縣界該要以大桃坪的「北側溪」（今俗稱桃坪坑溪）直透到今三灣鄉大河村之「楔隘」一線爲界。但實際上參《臺灣堡圖・三灣圖》〔註121〕可知，1904 年時，苗栗一堡（即清苗栗堡）與竹南一堡（即清中港堡），在此處兩堡之界，卻是以林桂芬等人所報的大桃坪之「南側溪」爲界。按實際上在大桃坪處的南港溪，應該是林桂芬等人所謂「南側溪」才是南港溪眞正主幹道，其「北側溪」即桃坪坑溪，溪水短小，只是丘陵地形上的一小野溪；而「南側溪」的南港溪主道上游，才會經過「楔隘」，不知爲何林桂芬等勘界者呈報時，竟誤報以「桃坪坑溪直透楔隘」一線爲界。實際上若按《新竹縣制度考・各堡莊名・中港堡》所載，後來竹苗分縣在此地劃界，應該還是以大桃坪之南側溪、也就是南港溪主幹道爲界，因爲清代臺灣末葉時「桃坪坑溪直透楔隘」這條線以南，至少已有「大坪林庄」、「二十四份庄」、「菴缸董庄」、「大河底庄」、「十股庄」、「八股河角庄」等庄〔註122〕，而這些庄在《新竹縣制度考》都載入中港堡境內，可知林桂芬等人呈報劃界公文後，實際上在後來做劃界的區分時，最終還是以南港溪主幹道，爲竹苗兩縣縣界。而且「大河底」、「十股」兩庄都約在「接隘子（楔隘子）」之正南境，加之《新竹縣制度考》仍將之記入清代新竹縣中港堡，可見兩縣縣界東端，最終也未以林桂芬等人呈報的「接隘子」爲界。故清代竹苗兩縣縣界之東端，概以《臺灣堡圖》所劃最準，亦即概以今日三灣鄉與造橋、獅潭兩鄉之鄉界，做爲當時竹苗分縣之東端縣界。

又這個「東端」的「實際上」竹苗分縣縣界，該是反映出清代黃南球在同治 5 年（1866）以後在大河底、大南坪等地之拓殖勢力有關，而黃南球又是在同治 5 年以「金萬成」墾號「起家」於中港堡的三灣地區，不久後就南拓

〔註121〕〔日〕臺灣總督府臨時臺灣土地調查局，《臺灣堡圖》，頁89，「三灣圖」。
〔註122〕臺灣銀行經濟研究室（編），《新竹縣制度考》，〈各堡莊名・中港堡〉，頁9。又「大坪林庄」即今三灣鄉大坪村；「二十四份庄」在今三灣鄉大坪村東北境，恰臨桃坪坑溪南側；「菴缸董庄」在今三灣鄉大坪村東側，又寫做「暗缸凍」；「大河底庄」即今三灣鄉大河村；「十股庄」在今三灣鄉大河村之東，今又分「上十股」跟「下十股」；「八股河角庄」在今三灣鄉大河村之西南，今名八股。以上地名皆參邱文光（主持）・呂榮泉（主編），《苗栗縣地名探源》，頁138～140；施添福（總纂）・陳國川・翁國盈（編纂），《臺灣地名辭書・卷十三・苗栗縣（下）》，頁 566～571；陳運棟文教基金會（編纂），《三灣鄉志》，頁 198～200。

大河底、大南坪等地。故當光緒晚期，官方最終仍將大河底、大南坪等地，劃入當時新竹縣中港堡，也是該遷就黃南球拓殖勢力範圍的現實〔註 123〕。

又前引史料中，劉銘傳等上級曾批下所謂：「歸苗栗管者，名爲『中港南保』；歸新竹管者，名爲「『中港北保』」一句。然根據學者考證，事實上待竹苗分縣確定後，也沒有再做這區分，歸新竹縣管的，仍叫中港保（堡）或竹南一堡；劃歸苗栗縣的也就是今造橋鄉境，也沒有另設「中港南保」，而都逕劃歸苗栗堡也就是竹南二堡所轄，否則《清苗栗縣志》該會記載此堡名稱〔註 124〕。

附圖 3-6　清代新苗分縣，東側之縣界圖

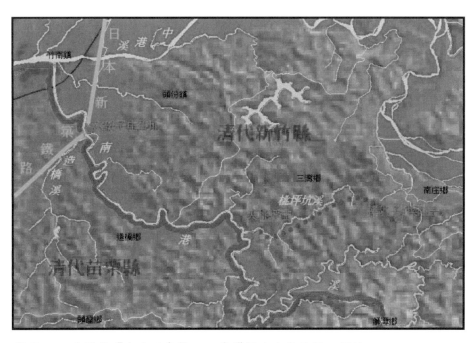

　　説明：1. 本圖依「中央研究院 GIS 臺灣歷史文化地圖」網站，
　　　　　　網址：http://thcts.ascc.net/kernel_ch.htm 擷取，再由筆者所轉製。

〔註 123〕詳黃卓權，《跨時代的臺灣貨殖家——黃南球先生年譜（1840～1919）》，頁
　　　　　59～66。又見《同書》頁 147，直到光緒 10 年，黃南球仍定居於中港堡的大
　　　　　坪林庄。但新苗分縣後的黃南球也已開始拓殖今獅潭與大湖等地，然後者兩
　　　　　地，在清代仍劃入苗栗縣苗栗堡，則應該是考量到當地距離苗栗街較近、較
　　　　　屬「苗栗堡生活圈」之因素。
〔註 124〕林聖欽，〈清代淡水廳竹南一保街庄名的社會空間意涵：試論慈裕宮五十三庄
　　　　　宗教組織的形成〉，頁 25。

2. 紅色實線為清末真正實行的竹苗分縣縣界，

3. 紅色虛線為方祖蔭、林桂芬所呈報竹苗分縣時，東端的縣界，但最後並未實行。

4. 圖中細黃色線為今鄉鎮界線，清代不存在，圖中仍畫出並標各鄉鎮之名以便閱讀。

（三）頭份義民祭祀圈、三灣南庄陪祀義民爺分佈與新苗縣界關係

頭份義民廟是清代光緒年間（詳後）自枋寮義民廟分香的廟宇，為今頭份鎮內與田寮永貞宮並列為鎮內兩大廟宇。頭份義民廟祭祀圈範圍，也類似南桃園東側的「中壢十三庄輪祀網絡」，是由主祀媽祖的頭份田寮永貞宮、跟主祀義民爺的頭份義民廟等兩廟，所「共享、重疊」的祭祀圈。今頭份鎮內這兩大廟的共同祭祀圈，恰止於今頭份鎮轄區內各里，並未超過鎮外；但今頭份鎮內的土牛里與蘆竹里（清代土牛與蘆竹湳兩庄），向為閩人居多，閩人不拜義民爺但拜媽祖，故唯此兩里不是頭份義民廟祭祀圈但仍屬田寮永貞宮祭祀圈內〔註125〕。所以今頭份義民廟祭祀圈，算是中港溪流域中最大的義民祭祀圈。

本廟創建年代，依日本時代的《寺廟調查報告書・新竹廳》史料記載：

> 義民廟在頭分庄，其是祀奉討伐朱一貴、吳福生、林爽文等匪亂之際戰死的粵族。當光緒 10 年（1884）8 月，（頭分一帶）瘟疫流行時，附近人民前往位於竹北二堡枋寮庄的義民廟，虔誠祈禱防止疫情擴大，果然使疫情中止。於是（頭分）人民感念義民爺的靈驗顯著，在光緒 13 年 9 月，由頭分庄張維垣等人發起募捐，共募集資金一萬餘圓，才在頭分建立了義民廟〔註126〕。

不過這個光緒 13 年 9 月之創建年代，似乎不合現今頭份義民廟管委會的歷史記憶，目前廟方認為是光緒 12 年所建，相較下是提早了一年〔註127〕。不過在

〔註125〕依頭份鎮耆老陳運棟、與在頭份義民廟服務數十年之耆老連紅總幹事等兩位先生口述。

〔註126〕〔日〕《寺廟調查書・新竹廳（手寫稿）》，頁 085117～085118。原文為日文，筆者自譯。

〔註127〕頭份義民廟管理委員會（印贈），《頭份義民廟中華民國九十七年農民曆》（苗栗頭份：頭份義民廟管理委員會，2008），頁 1，〈頭份義民廟管理委員會主任委員陳添松序〉。陳運棟，〈頭份義民廟簡史〉，《頭份義民廟中華民國九十七年農民曆》，頁 3～6。甚至見於近幾年新修之《頭份鎮志》也認為是光緒 12 年築該廟，詳頭份鎮志編纂委員會（編纂），陳運棟（總編），《（新修）頭份鎮志》，頁 490。

該廟方牆上，又有早在民國 68 年（1979）所刻之《頭份義民廟記》，則仍記載
爲：「光緒 13 年，頭份地區先賢進士張維垣、廩生陳萬青……等……乃建修
頭份義民廟於現址〔註128〕。」但 1897 年由日本殖民政府所任之新竹縣知事櫻
井勉，延請鄭鵬雲、曾逢辰所修之《新竹縣志初稿・典禮志・頭分堡廟宇》
則載：「忠義亭（即義民廟）：在頭分街，光緒 11 年建〔註129〕。」又見光緒 18
年時頭分街人陳國用〈頭分庄義民廟慶成福醮記〉載：

> 頭分庄義民廟，始作於丙戌歲（光緒12年），由進士張維垣、廩生陳
> 萬青……等諸鄉賢董理其事，越六載而廟成〔註130〕。

綜合以上，本廟創立年代，共有光緒 11、12、13 年等三說。

　　而今頭份鎮以西之今三灣、南庄兩鄉，除三灣鄉東北境之大銅鑼圈（即
清代新竹縣中港堡大銅鑼圈庄），有一獨立的小義民祠，與同鄉的永和村（即
清代新竹縣中港堡永和山庄）也有獨立的褒忠祠（並有附塚，詳後）外，並無別
的獨立義民廟。但兩鄉中有不少廟宇，或陪祀義民爺、或有祭祀代表義民
爺的黑色令旗。以下以「表 3-3」表示今三灣、南庄兩鄉境內義民信仰概
況〔註131〕：

〔註128〕頭份義民廟第一屆管理委員會，《頭份義民廟記》，纂刻於頭份義民廟牆上石
　　　　碑，1979 年 3 月。
〔註129〕（清末日初）鄭鵬雲、曾逢辰（輯修）・（戰後）臺灣銀行經濟研究室（重輯），
　　　　《新竹縣志初稿》（臺北：臺灣銀行經濟研究室・臺灣文獻叢刊第 61 種，
　　　　1959），卷三，〈典禮志・祠祀・頭分堡廟宇〉，頁 121。
〔註130〕〔清〕陳國用，〈頭分庄義民廟慶成福醮記〉，轉引自陳運棟（主編），《頭份
　　　　鎮志》，頁 258～259。不過本史料在《頭份鎮志》中，「頭分」兩字都被改爲
　　　　「頭份」，這並非清代地名原字，當是陳運棟因應今地名時，爲讀者閱讀方便
　　　　起見而改，今本文將其還原。
〔註131〕以下資訊爲廖經庭提供分享，廖氏並曾與筆者一起田野調查。

表3-3　今三灣、南庄兩鄉內義民信仰概況表（2008.4月調查）

今鄉名	廟名	所在地清代街庄名	所在地之今地名	鄉里相傳的創建年代、與方志記載年代	今之義民信仰概況
三灣鄉	五穀廟	三灣街	三灣鄉市街中心	廟方說法為咸豐元年（1851）。但據《新竹縣志初稿·典禮志》載為「光緒3年（1877）所創建。」〔註132〕	主祀：五穀大帝，右殿陪祀義民爺。右殿正中央上方神牌位為：「勅封褒忠義士暨列諸君之神位」右殿左方牌位為：「特授淡防分府記錄五次記大功一次李慎彝長生祿位」右殿右方牌位為：「特授淡屬竹日武三屯把總駐防三灣向仁鎰長生祿位」又本廟於2008年參加頭份義民廟主辦之「苗栗縣義民爺大會合」活動。
	文衡宮	內灣	內灣村	據《新竹縣志初稿·典禮志》載為「嘉慶25年（1820）建。」〔註133〕	主祀：關聖帝君，旁有義民爺令旗。
	蓮座宮	大河底（十五份）	大河村	廟方說法為同治4年（1865）	主祀：觀世音菩薩。附祀：義民爺，牌位為：「褒封　粵東忠義諸公之神位」。農曆7月16日至新埔鎮義民廟割香。
	褒忠祠	大銅鑼圈	銅鏡村	不詳，據說有百餘年歷史	獨立祭祀義民爺之小祠，主祀牌位為：「褒封　粵東褒忠義士暨列尊神位」。
	三元宮暨褒忠祠	永和山	永和村	廟方傳說是光緒3年。但《新竹縣志初稿·典禮志》載為光緒元年〔註134〕。	主祀：三恩主。廟之右殿祀義民爺〔註135〕。義民爺牌位為：「褒忠義士之神位」（在後，石牌）；「皇恩粵汀褒忠義士之神位」（在前，木牌）。廟旁又有「義塚」

〔註132〕（清末日初）鄭鵬雲、曾逢辰（輯修）·（戰後）臺灣銀行經濟研究室（重輯），《新竹縣志初稿》，卷三，〈典禮志·祠祀·頭分堡廟宇〉，頁122：「五穀廟：在三灣街，光緒三年建。」

〔註133〕（清末日初）鄭鵬雲、曾逢辰（輯修）·（戰後）臺灣銀行經濟研究室（重輯），《新竹縣志初稿》，卷三，〈典禮志·祠祀·頭分堡廟宇〉，頁122：「關帝廟：在上斗換坪街管內內灣莊，嘉慶二十五年建。」

〔註134〕（清末日初）鄭鵬雲、曾逢辰（輯修）·（戰後）臺灣銀行經濟研究室（重輯），《新竹縣志初稿》，卷三，〈典禮志·祠祀·頭分堡廟宇〉，頁122：「褒忠祠：在滷坑莊管內永和山莊，光緒元年建。」

〔註135〕據該廟耆老廖仁接先生口述，本來主祀三恩主的三元宮，和主祀義民爺的褒忠祠，乃相鄰又各自獨立的兩間廟，民國64年（1975）重修時方蓋在一起，故將褒忠祠記為清代獨立廟宇。

南庄鄉	永昌宮	南莊街	南庄鄉市街中心	廟方說法為〔日〕明治38年（光緒31（1905））	主祀：三官大帝。 附祀：天上聖母、至聖先師、註生娘娘、義民爺和福德正神等。義民爺在廟之左廂，牌位為：「褒忠義民爺香位」。
	永和宮	田尾	田美村	廟方傳說是〔日〕昭和元年（1925） 但《新竹縣志初稿・典禮志》載為清光緒19年〔註136〕	主祀：三官大帝、三恩主。 附祀：右殿奉義民爺，神牌位書：「勅封粵東褒忠義民爺爺暨列尊神之位」。
	三聖宮	圓林仔（下員林）	員林村	廟方說法為道光12年（1832）	主祀：關聖帝君。 附祀：城隍爺、義民爺等神。且義民爺是附於附祀之城隍爺牌位上右側，上書：「粵東褒忠義士　神位」 2008年農曆七月十四日，三聖宮義民爺返新埔枋寮義民廟進香。
	崇聖宮	小南埔	員林村	廟方說法為〔日〕明治35年（光緒27年）	主祀：關聖帝君。 附祀：三恩主、義民爺等。附祀義民爺牌位為：「粵東褒忠義民爺爺暨列神位」。
	文武宮	大南埔	南富村	廟方傳說是咸豐5年。 但《新竹縣志初稿・典禮志》載為道光25年建〔註137〕。	主祀：關聖帝君。 附祀：三恩主、五穀大帝。附祀義民爺牌位為：「勅封　褒忠義民爺之神位」。
	七星宮	（山地原住民區）	蓬萊村	民國62年（1973）	主神：三官大帝 附祀：左殿有觀音菩薩、媽祖、義民爺等。

資料來源：一、廖經庭原製提供；筆者再與廖氏田調後又做修補。

二、再參考《新竹縣志初稿・典禮志》與黃鼎松，《重修苗栗縣志・卷八・宗教志》，頁273〜280再做補充。

三、確定晚於大正年間（1912〜1925）以後之晚期廟（僅有南庄七星宮一廟），以淡色網底表之。

〔註136〕（清末日初）鄭鵬雲、曾逢辰（輯修）・（戰後）臺灣銀行經濟研究室（重輯），《新竹縣志初稿》，卷三，〈典禮志・祠祀・頭分堡廟宇〉，頁123：「永和宮：在田尾莊，光緒十九年建。」

〔註137〕（清末日初）鄭鵬雲、曾逢辰（輯修）・（戰後）臺灣銀行經濟研究室（重輯），《新竹縣志初稿》，卷三，〈典禮志・祠祀・頭分堡廟宇〉，頁122：「關帝廟：在三灣街管內大南埔莊，道光二十五年建。」

　　由上表再加上筆者田野調查資料可發現：頭份義民祭祀圈，是在清代中港堡範圍中最大者，遍及除土牛、蘆竹二里外之今頭份全鎮各里；至於今三灣與南庄兩鄉中的兩間獨立義民廟，與其他有陪祀義民爺、或有義民爺黑色令旗之廟，其絕大多數的祭祀圈，都幾乎同於清代晚期形成的街庄範圍，也很少超過兩街庄以上者。如大銅鑼圈褒忠祠，也只有今三灣鄉銅鏡村大銅鑼圈附近人在拜；同鄉的永和山三元宮暨褒忠祠，也只有今永和村人在拜；清代田尾庄的永和宮，則為田尾與四灣兩庄庄民所祭祀〔註 138〕。

　　頭份義民廟祭祀圈能成為中港堡地區最大者，若參諸「附圖 3-3」之林玉茹研究，可推測應該與清後期頭分街，已成清中港堡客家地區第一大客庄，亦被林氏定義為第二等級之「大鄉街」層級的大城鎮有關。故清代頭分街相對於周圍各小客庄，如山豬湖（又稱珊珠湖，今珊湖里）、尖山等，都有一定程度的「吸引力」。但這個「吸力」概僅止於清代「頭分街庄總理」與「後庄總理」的轄區範圍〔註 139〕。而學者又據《淡新檔案》資料做研究，認為：

> 在《淡新檔案》的記錄中，一些出現在同治末年、光緒初年的相關案件，常是**頭份街庄**與**後庄**兩個街庄組織的總理**聯名具稟**……後庄街庄組織的範圍，即位於田寮、頭份等北側不遠處，因此，後庄的街庄組織的出現，很有可能是在同治年間，從頭份街庄的街庄組織分出，之後可能又因為某些因素，於**光緒年間併回頭份街庄的街庄**組織中〔註 140〕。

故轄區只有「今頭份鎮後庄里、與山下里之一部分」〔註 141〕的後庄總理，可能在光緒年間又併回頭分街庄總理轄區。同樣約創建於光緒 11～13 年的頭份義民廟，其祭祀圈也很可能是反映出當時清代頭分街庄總理轄區範圍中所有客庄。故本地的義民信仰，出現「以清代頭分街為區域核心」之較大祭祀圈。

〔註 138〕《寺廟調查書・新竹廳（手寫稿）》，頁 085103～01。

〔註 139〕兩聯庄總理轄區範圍見林聖欽，〈清代淡水廳竹南一保街庄名的社會空間意涵──試論慈裕宮五十三庄宗教組織的形成〉，頁 29～36。其中「後庄總理」轄區極小，只有今「苗栗縣頭份鎮的後庄里、山下里一部份」，且出現時間似乎也很短。

〔註 140〕林聖欽，〈清代淡水廳竹南一保街庄名的社會空間意涵──試論慈裕宮五十三庄宗教組織的形成〉，頁 31。引文中「頭份」二字，依林氏本文用今名。

〔註 141〕林聖欽，〈清代淡水廳竹南一保街庄名的社會空間意涵──試論慈裕宮五十三庄宗教組織的形成〉，頁 31。

附圖 3-7　今頭份三灣南庄三客家鄉鎮之義民信仰概況分佈圖

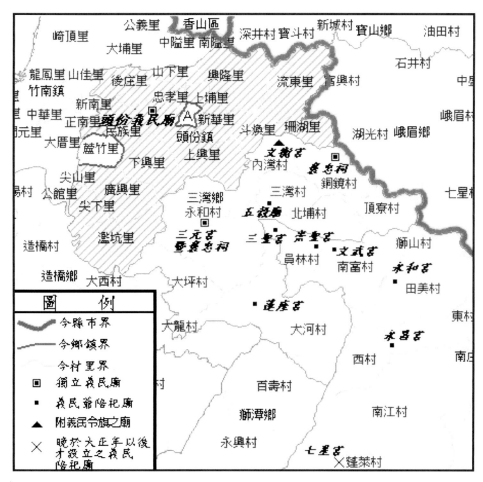

説明：1. 本圖依「中央研究院 GIS 臺灣歷史文化地圖」網站，
　　　　網址：http://thcts.ascc.net/kernel_ch.htm 擷取，再由筆者所轉製。
　　　2. 頭份鎮內 A 處，為土牛里，即清代土牛庄，為閩庄，不拜義民爺；
　　　　又鎮內蘆竹里亦同。
　　　3. 頭份義民祭祀圈以粉紅色斜線表之。

　　至於今三灣、南庄兩鄉境，各小廟「散見」於所在清代街庄，絕大部份都是清代「三灣等庄總理」的轄區街庄。「三灣等庄總理」轄區除含今三灣鄉境外，尚包含今南庄鄉的員林、南富、獅山等村境內之清代各大小庄。但推測因清晚期時三灣街本身城鎮商業能力，相對於頭分街並不強，所以三灣街的「城鎮吸引力」也相對無頭分街那樣大。依林玉茹研究，僅定義清晚期三灣街為第三等級「鄉街」級之小城鎮。又依林氏定義，同樣在清晚期「三灣等庄總理」轄區

境內的大南埔街，也是同等級「鄉街」級的小城鎮。換言之清晚期「三灣等庄總理」轄區中，三灣與大南埔兩街庄之經濟實力並不相上下。所以在清晚期「三灣等庄總理」轄區各街庄，亦即今三灣鄉乃至南庄鄉西北部境內，就不能像頭分街相對於「頭分街庄總理轄區」那般，出現「以三灣街爲區域核心」函攝整個「三灣等庄總理」轄區的統一祭祀圈。故這一帶各廟，俱有其獨立祭祀圈，且散布於清晚期「三灣等庄總理」轄區的各個街庄中。當地義民信仰也同樣如此，且多呈現「陪祀」而少有獨立的「主廟」之區域特色〔註142〕。又同樣的「義民陪祀」情況，也出現在清代之南庄街與其附近的田尾庄（今田美村）。

然而，無論「頭份義民祭祀圈」，或今三灣南庄鄉兩地「散佈」於各街庄、且多數是以「陪祀」形態爲主的各個「小規模義民祭祀圈」，其分佈都恰好同於清代竹苗分縣時的新竹縣中港堡境內，故在該縣界以北的中港堡人日後也接受義民信仰；而竹苗分縣後納入清代苗栗縣苗栗堡之造橋地區，就未見有義民廟。

綜觀以上，可見清代新竹縣境內的枋寮義民祭祀圈，北界恰與淡新兩縣分界相合，道光年間未加入該祭祀圈的「南桃園東側」客家區，也未被官方

〔註142〕三灣地區爲何會出現「唯二」的兩間獨立褒忠祠？目前並無進一步史料可論證，但推測如下：首論大銅鑼圈褒忠祠，此地已十分接近今新竹縣大隘地區，該區爲清代枋寮義民祭祀圈第十四大庄，或許是枋寮義民信仰較興盛的風氣，也感染了大銅鑼圈庄。其次是永和山褒忠祠，這是整個中港堡中，唯一有「義塚」之褒忠祠，當地人傳說：該廟之義塚與所埋骨骸，也是清代永和山庄庄民，與枋寮那邊的義民們一起出征「林爽文事件」後死難的「義民」遺骸之塚。按枋寮義民廟參予的最後一次民變爲戴潮春事件（同治元年至4年（1862～1865）），今該廟仍有「附塚」祭之。但就算是永和山庄民曾參予平變，也該不是林爽文事件，而比較可能是戴潮春事件。然而永和山褒忠祠乃創建於光緒元年或3年（1885或1887），與戴潮春事件相隔幾廿年，由此看來，永和山庄民參予平定戴潮春事變的可能性似乎也不大。不過，這個「義塚傳說」的歷史記憶，或許與永和山庄民會建立獨立義民廟，有相當程度的關係，但尚可能須進一步出土史料驗證。

又《寺廟調查書·新竹廳（手寫稿）》，頁085112，載「永和山義民廟」創建於日本文久3年（即清同治2年，1862）。此年代乍看之下，是很接近戴潮春事件之年代，但本調查書年代該做於大正4年之後（1915～），反而年代較早的《新竹縣志初稿》是載本廟爲清光緒元年所建。故以史料原始度而言，《新竹縣志初稿》較可信，《寺廟調查書·新竹廳（手寫稿）》記載之年代，可能只是大正時期當時調查者對永和山庄民做調查時，永和山民所反映出「本庄民曾對戴潮春事件出征過」的歷史記憶，但這記憶可能有相當程度的想像空間，故本文不取之。

視爲清代新竹縣生活圈之一部分，反而比較傾向淡水縣生活圈，而被劃爲淡水縣境內。而「南桃園東側」客家區中，其偏北境的十三庄，又自成一個「以祭祀觀音、媽祖爲主神」之仁海宮爲主的祭祀圈，該地區另有平鎭褒忠祠，清代當時其祭祀圈可能也雷同於中壢仁海宮祭祀圈。清代新竹縣南境的中港堡，則被官方視爲新竹縣生活圈，後來當地到光緒 11～13 年時也建有頭份義民祭祀圈、與分佈於各散村內的小規模義民祭祀圈，但他們也未加入枋寮義民祭祀圈十四大庄中。爲何如此？則待下一節分析。

第三節　潮惠兩裔客家人分佈與枋寮義民廟祭祀圈關係

清代枋寮義民祭祀圈有十四大聯庄，然爲何其北臨之「南桃園東側」北境之「中壢十三庄輪祀圈」、與南臨之中港堡的頭份義民祭祀圈，都未被清代竹塹地區枋寮義民祭祀圈納入第十五、第十六大聯庄呢〔註 143〕？是否與臺灣客家人內部的祖籍不同、腔調不同等風習差異有關？本文嘗試由北臺灣桃竹苗地區客家人的祖籍「府州別」分佈做一解析。目前在這方面資料，以前章所引日本時代昭和元年（1926）時對臺灣漢人祖籍之調查資料《1926 年漢籍調查》爲最早也是最詳者，其爲當時全臺灣境內各郡市、各街庄（約當今之鄉鎮）政區層級空間的漢人祖籍（詳細到府州別）分佈狀況所做的調查，概可一定程度反映出清晚期臺灣漢人祖籍在各個日本時代街庄之分佈狀況，包含北臺灣桃竹苗地區客家人爲主之街庄的「府州別」祖籍分佈亦同。而枋寮義民祭祀圈分佈，在日本時代 1926 年時，大致上是在觀音庄（約大堀溪以南）、新屋庄、楊梅庄（高山頂除外，以上中壢郡）、紅毛庄、湖口庄、六家庄、新埔庄、關西庄（以

〔註 143〕陳運棟與黃鼎松兩氏認爲，頭份義民信仰與苗栗義民信仰，在清代曾被當成枋寮義民祭祀圈的第十五、十六大庄，後來才獨立出來自己建義民廟。但這種說法似乎未見諸目前枋寮義民廟方所公佈的任何史料、與日本時代官方對臺灣寺廟調查的任何史料。至少筆者目前在苗栗義民廟方面相關人員方面進行訪談時，也未曾聽聞此說。甚至見頭份義民廟自己創廟不久後之史料，也未見清代頭分街人士有這種說法，此可見光緒 18 年頭分義民廟建醮公局總理、監生陳國用所題，〈頭分庄義民廟慶成福醮記〉，轉引自陳運棟（主編），《頭份鎮志》，頁 258～259。故此說似僅於陳、黃兩人之個人看法，尚未知其據史料之源。陳、黃二氏之說，可見頭份鎮志編纂委員會（編纂），陳運棟（總編），《（新修）頭份鎮志》，頁 490；黃鼎松，《重修苗栗縣志·卷八·宗教志》，頁 42～43。

上新竹郡）、竹東庄、芎林庄、寶山庄、峨眉庄、北埔庄（以上竹東郡）。

表 3-4　1926 年桃竹苗各街庄中各府州別祖籍客家人與比例表

（單位：百人）〔註 144〕

號名 街庄	福建省汀州府	廣東省潮州府	廣東省嘉應州	廣東省惠州府	客家人合計	汀州府比例	潮州府比例	嘉應州比例	惠州府比例
1	中壢庄	0	7	92	5	104	0.00	6.73	88.46	4.81
2	平鎮庄	0	27	80	6	113	0.00	23.89	70.8	5.31
3	龍潭庄	6	31	92	41	170	3.53	18.24	54.12	24.12
4	楊梅庄	0	17	107	78	202	0.00	8.42	52.97	38.61
5	新屋庄	0	0	11	163	174	0.00	0.00	6.32	93.68
6	觀音庄	0	8	5	88	101	0.00	7.92	4.95	87.13
7	紅毛庄	5	0	35	11	51	9.8	0.00	68.63	21.57
8	湖口庄	0	21	30	62	113	0.00	18.58	26.55	54.87
9	新埔庄	1	63	47	96	207	0.48	30.43	22.71	46.38
10	關西庄	1	50	129	28	208	0.48	24.04	62.02	13.46
11	六家庄	0	19	8	17	44	0.00	43.18	18.18	38.64
12	竹東庄	0	0	30	99	129	0.00	0.00	23.26	76.74
13	芎林庄	0	36	31	26	93	0.00	38.71	33.33	27.96
14	橫山庄	0	7	22	80	109	0.00	6.42	20.18	73.39
15	北埔庄	0	25	29	34	88	0.00	28.41	32.95	38.64
16	峨眉庄	2	8	22	33	65	3.08	12.31	33.85	50.77
17	寶山庄	0	3	3	88	94	0.00	3.19	3.19	93.62
18	頭分庄	4	13	106	21	144	2.78	9.03	73.61	14.58
19	三灣庄	0	7	53	15	75	0.00	9.33	70.67	20.00
20	南　庄	0	0	82	11	93	0.00	0.00	88.17	11.83
21	造橋庄	1	11	21	3	36	2.78	30.56	58.33	8.33
22	苗栗街	0	7	110	29	146	0.00	4.79	75.34	19.86
23	頭屋庄	0	0	34	29	63	0.00	0.00	53.97	46.03
24	公館庄	3	28	82	23	136	2.21	20.59	60.29	16.91

〔註 144〕本表中街庄名欄位有淺色網底者，爲大部分境內屬枋寮義民祭祀圈者，共計十四庄。

25	銅鑼庄	0	18	78	18	114	0.00	15.79	68.42	15.79
26	三叉庄	0	9	39	10	58	0.00	15.52	67.24	17.24
27	四湖庄	5	7	22	42	76	6.58	9.21	28.95	55.26
28	大湖庄	0	20	56	19	95	0.00	21.05	58.95	20.00
29	獅潭庄	0	3	52	0	55	0.00	5.45	94.55	0.00

　　上表只列出桃竹苗地區客家人居多之街庄中，福建汀州、廣東嘉應、潮、惠等四個府州籍之客家人口數，至於福建省其他府州籍漢人、以及其他省籍漢人之人口數則都不計入，以觀察上表廿九個客家庄〔註145〕內各籍貫客家之人口與比例。為何要觀察此？因為這三府州裔漢人，雖在清代臺灣，都被閩人歸類為「粵人」或「廣東客子」，其久之也多自會認為「粵人」、「粵東人」，這也是上小節可見很多粵庄義民廟神主牌，都會強調「粵人」、「粵東」的主因。因為這是面對清代臺灣閩人壓力下，各腔調客家人用來團結自己的最大公約數與認同符號。但因粵東三府州內客家話，其實彼此腔調差異甚大，有些幾至不太能互相溝通之地步〔註146〕。且粵東三州之地，面積廣大更甚臺灣，各州縣間風習、口音腔調間更難免有些差異。故藉此以觀察區域間客家人的內部差異，與各個義民祭祀圈之關係。

　　由上表可看出，屬於枋寮義民祭祀圈的十四個街庄，大致上的共同特點是：惠州府籍或潮州府籍者比篇略偏高，嘉應州籍者相對偏低。除此之外的其他地區客家街庄，嘉應州籍者比例大多偏高〔註147〕。

　　首先論南桃園東側三街庄「嘉應比」，幾乎超過 50%，其中中壢高達88.46%，平鎮次之，龍潭雖最低並只有為 54.12%，但若扣除「三洽水」一帶已納入枋寮義民祭祀圈者，實際上未納入枋寮義民祭祀圈的大部分龍潭庄境內之「嘉應比」可能會更高些〔註148〕。故總體而言，南桃園東側三街庄，是

〔註145〕本文未談之通宵、卓蘭等兩庄，亦不計入。

〔註146〕黃卓權，〈清代北臺內山開墾與客家優佔區的族群關係〉，頁 24～42；頁 36～37。又一般而言，北臺灣的嘉應州裔客家人所操客語腔，在臺灣多俗稱為「四縣腔」；惠州裔者則多來自清代廣東省惠州府的海豐、陸豐兩縣，這種所操之客語腔，在臺灣俗稱「海陸腔」；至於北臺灣的潮州裔客家人，在北臺灣所操之客語腔，多為清代廣東省饒平縣上饒地區之客語腔，這種腔調在臺灣俗稱為「饒平腔」。

〔註147〕以下嘉應州籍者比例，簡稱「嘉應比」；同樣惠州府籍裔比例簡稱為「惠州比」；潮州府籍裔比例簡稱為「潮州比」。而惠州府籍裔加上潮州府籍裔所佔比例，則簡稱為「潮惠總和比」。

〔註148〕三洽水地臨新埔庄，故 1926 年時很可能同於新埔庄般以惠州裔、即操海陸腔

以嘉應州籍客家人、操「四縣腔」客語爲主之地區。次論清代中港堡三客家街庄，也同樣是「嘉應比」相當高之地，三庄「嘉應比」都超過 70%以上，南庄更高達 88.17%。故清代中港堡三庄也是「嘉應比」相當高、亦以「四縣腔」爲主要通行客語之區。

附圖 3-8　日本時代桃竹苗客家 29 街庄中「嘉應比」圖

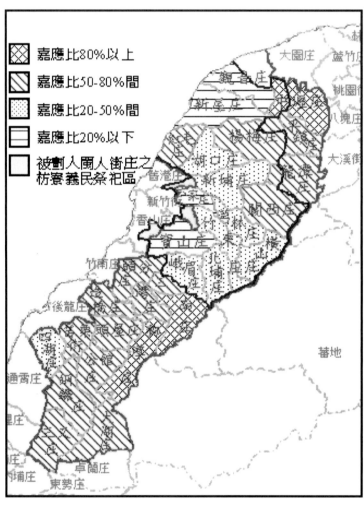

説明：1. 本圖依「中央研究院 GIS 臺灣歷史文化地圖」網站，
網址：http://thcts.ascc.net/kernel_ch.htm 擷取，再由筆者所轉製。
2. 紅色線中爲本文所論的日本時代桃竹苗客家 29 街庄；藍色線爲新竹枋寮義民祭祀圈。

客語者居多，也可能因此，在清代就被納入枋寮義民祭祀圈的大茅埔聯庄。

再觀枋寮義民祭祀圈的十四個街庄地區：普遍而言，本區十四街庄之「嘉應比」並不高，而是「惠州比」或「潮惠總和比」偏高之區。其中「嘉應比」低於 20%以下者，有新屋、觀音、六家、寶山四街庄，其中新屋、觀音、寶山的「惠州比」更高達 80～90%之強，顯示三地主要通行客語腔以「海陸腔」為主；又六家庄的「潮州比」，是本區十四街庄中最高者，達 43.18%，故至今竹北六家有名的林家家族內，其通行客語腔調仍是以饒平腔為主。

本區這種「低於 20%以下」之「低嘉應比」狀況，是在「南桃園東側」與清代「中港堡」乃至「苗栗堡」各街庄中所未能見者；又本區十四街庄「嘉應比」介於 20～50%間之相對低比例者，也佔大多數，共有湖口、芎林、新埔、北埔、竹東、橫山、峨眉等七街庄，佔全部十四街庄中之一半。然而其他地區有相同介於 20～50%的「嘉應比」情形者，僅見於清代苗栗堡地區的四湖庄一地。

又本區十四街庄之「嘉應比」能超過 50%以上者，唯有楊梅、紅毛、關西三街庄，算是本區之例外情形。首先論楊梅庄：因大正 9 年（1920）後，原屬南桃園東側的清代高山頂庄，此際被改為「高山頂大字」劃入楊梅庄管轄，而「高山頂大字」原是以嘉應州裔客家人為主之區，故會在本表中相對提高了楊梅庄的「嘉應比」。其實若扣除「高山頂大字」，真正被納入枋寮義民祭祀圈的楊梅庄其他地區，其「嘉應比」該會相對低一些。再論紅毛庄（今新豐鄉）：本庄「嘉應比」雖高，但其位於桃園台地西南區，北鄰新屋、東北接近楊梅、東臨湖口，又東南向西當接近枋寮、南向又鄰六家等「潮惠總和比」優勢區所包圍，自會感染了區域間的義民祭祀風氣。且紅毛庄本身上只是枋寮義民祭祀圈十四大聯庄中「溪南聯庄」之一部分，本聯庄範圍另有「潮惠總和比」偏高之湖口庄西北與西南境、楊梅庄西北境、新屋庄南境等大片地區〔註149〕，故在本聯庄範圍中，很可能還是「潮惠總和比」相對偏高之聯庄，實不能單以紅毛庄一地，觀察當地客家內部風俗差異問題。再論關西庄：關西鎮是今新竹縣境中唯一以「四縣腔客語」為主之鄉鎮，觀諸 1926 年關西庄之「高嘉應比」，便可知其歷史相因關係。但關西庄位於枋寮義民祭祀圈核心區的「竹塹東側粵庄區」東境，故本庄雖以嘉應州裔客家人為主，但仍容易受區域風氣影響，也使關西庄擁有枋寮義民祭祀圈中的關西與石光兩大聯庄

〔註149〕黃卓權，〈義民廟沿革及聯庄祭典區概述〉，頁 17～18，「表 1-1：十五大庄輪值區及範圍」表。

〔註 150〕。故今日枋寮義民祭祀圈中，除今關西鎮外，大多數是以「海陸腔」客語爲主要通行腔之地。

由此可見，枋寮義民廟祭祀圈基本上是以「潮惠總和比」較高優勢、亦即「嘉應比」相對弱勢的街庄所組成，其南北二鄰的「南桃園東側」三街庄、與「中港堡」之三街庄，雖會同被閩人眼中歸類爲粵庄或客庄，亦同樣有一定程度的義民信仰風氣，乃至其祭祀義民爺時也跟枋寮義民祭祀圈般有「挨（挑）擔奉飯」風氣，但可能因所操客語腔調差異，而未能被納入枋寮義民祭祀圈內。

而再往南向的清代苗栗堡境內（以苗栗街爲區域核心城鎮）之各客家街庄，其「嘉應比」不但幾乎都偏高，且本區內義民信仰又非常薄弱。即令是苗栗堡唯一一個「高惠州比」過半的四湖庄，今日當地也未見任何義民信仰風氣。

第四節　核心與邊陲──竹塹城閩南人與郊區客家人

清代臺灣族群關係史上，不僅粵、閩兩族群會以清代「廣東」、「福建」兩省籍認同作爲分類械鬥，閩人之間同樣也會分漳、泉來械鬥。而對於竹塹城附近的「郊區」粵人而言〔註 151〕，粵、閩間相互利用、與不同祖籍認同矛盾情感的族群關係，對自己的生存空間影響程度，更是息息相關。

竹塹城主要是以泉州籍閩南人爲主之大城，依林玉茹研究，不管在清代哪時段，竹塹城都是竹塹平原的第一大城市〔註 152〕。而內山「郊區」客家庄內各「大鄉街」或「鄉街」等級之城鎮、乃至其他客家小村落，仍有許多大宗商品貨物須至淡水廳治「核心」的竹塹城買賣，故清代中晚期，竹塹地區不分粵、閩兩籍街庄，已經形成爲同一個市鎮體系，但兩族群卻又分別在城中與「郊區」，各取其所須。又見《新竹縣采訪冊・客庄風俗志》載：

> 商賈：（清代新竹縣客庄多半是）山店村市，商賈貿易，少大宗之貨。

〔註 150〕但今日關西鎮最東端中，也仍有金山、錦山兩里未被納入枋寮義民祭祀圈中，其遲至日本時代隨客家人向原住民地區的馬武督社東向拓殖，逐漸建立客家庄後，當地客家人（據廟方傳說是己未年或大正 8 年，1919）才從枋寮義民廟分香自設義民廟，也就未納入枋寮義民祭祀圈中，此義民廟即今關西鎮金錦山義民廟。見「國立新竹生活美學館」網站：網址：http://www.nhclac.gov.tw/modules/wap/culture_3.php?id=96，擷取時間，2009/11/2。

〔註 151〕此處竹塹城附近的「郊區」，即指枋寮義民祭祀圈區，而與後面所說的清代對同業公會稱爲「郊」之意義，並未相干。

〔註 152〕參「附圖 3-1」至「附圖 3-3」，並圖中所引林氏研究。

　　凡布疋呢咿嗶吱及各色雜貨，**皆轉販自縣城**；竹南堡之中港街、頭
分街；或兼販自後壠、竹北堡之新埔街，或兼販自艋舺大稻埕。**大
抵小本經營，巨商大賈蓋寥寥矣**〔註153〕。

上引文爲清代竹塹閩人陳朝龍所修。又見約同時代竹苗一帶客家人林百川等
所修《樹杞林志‧風俗考》載：

　　（樹杞林堡之）商賈：臺灣商業，各大市鎮皆有水郊，即如臺北府之
南北郊，新竹之長和郊類是。**樹杞林堡爲新竹轄地**，無港口往來船
隻，**故無郊**。然該地所出之桄、茶、米、糖、豆、蔴、苧、菁等項，
商人擇地所宜，雇工裝販，由**新竹**配船運大陸者甚夥〔註154〕。

由上引文也可知，在日本時代初期，至少在竹塹地區的樹杞林堡（今竹東鎮附
近諸鄉鎮），也沒有「郊」這類的大型同業公會。因爲當時樹杞林堡出產的「土
產」，仍須透過竹塹城的「郊商」進行出口轉運。故相對於竹塹「城區」的閩
人而言，由於粵庄城鎮內之商賈貿易量相對較小，所以粵人本身是「大抵小
本經營，巨商大賈蓋寥寥矣」；又對粵庄的商販而言，貿易量也沒大到需要自
己組成「郊商」，故仍須到新竹城找當地轉口大商賈配船遠銷大陸。因此，清
代竹塹城做爲整個竹塹地區市鎮體系的核心都市，有以下兩時段的經濟功能
意義：一、道光14年（1834）淡水廳官方尚未號召成立「金廣福」，亦即「大
隘地區」未開墾之前，在竹塹城「郊區」的「桃園台地西南區」與「竹塹東
側粵庄區」兩區，已逐漸形成以粵籍爲主的小城鎮或聚落，其若有大宗或高
檔貨物需求、或內山土產須出口買賣時，仍須透過閩庄大城竹塹城中以閩籍
爲主的大商賈作貿易交換，亦即《新竹縣采訪冊‧客庄風俗志》引文中所謂
「（客庄所須大宗貨物）皆轉販自縣城」之意。也因此，在道光14年以前，整個
竹塹地區粵、閩兩族群接觸機會本就已經較多。二、在道光14年淡水廳官方
號召竹塹城區與郊區的粵、閩兩族群大家族，合作成立「金廣福」後，原本
漢人勢力一直未能成功入拓的竹塹東南方丘陵「大隘地區」，也逐漸納入整個
竹塹市場圈的一環，而該區也將成爲新的竹塹「郊區」客庄。同樣地，當大
隘地區客庄有大宗貨高檔貨物需求時，仍得前往竹塹城做貿易交換，對竹塹
城本身的商業需求而言，貿易量也可能相對增加。

　　故在整個清代臺灣時期，整個竹塹地區的粵、閩兩大族群接觸機會都相

〔註153〕〔清〕陳朝龍，《新竹縣采訪冊》，卷七，〈風俗志‧客庄風俗志〉，頁385。
〔註154〕（清末日初）林百川（等），《樹杞林志》，卷七，〈風俗考〉，頁98。

對較多，雖也會因利益需求而有相互合作之機，但也同樣會發生族群間不必要的誤會與矛盾〔註155〕。當粵、閩兩大族群間的矛盾，與不必要的文化誤會或刻板印象所造成的恩怨日漸積累時，只要有一兩件導火線事件，就容易釀成雙方的大規模械鬥，這就是清代道、咸年間淡水廳內數次閩粵大械鬥的重要背景原因之一。而清代臺灣時，整個竹塹地區乃至包含中港堡在內的之粵閩兩大族群，隨著道、咸年間以來當地數次的閩粵大械鬥後，竹塹城「郊區」的粵庄，也開始強化了「粵東」與「義民」，作為「自己」與「他族」區別的族群符號，是故竹塹「郊區」客庄義民信仰也日漸強化。這種歷史演變，將會在第五章論述。

　　至於大隘地區的拓墾，對竹塹「郊區」地區客庄、與中港堡客庄兩地之交通連結，乃至兩地義民信仰可能的歷史傳播過程，都相當重要。因為，在道、咸年間淡水廳緊張的粵閩關係歷史氛圍下，可能會使竹塹城「郊區」與中港堡兩地區的客家人，彼此交通上，就可能會選擇儘量避過閩庄，以免引發不必要的衝突。由「附圖3-2」到「附圖3-3」的交通路線歷史演變，可見竹塹城「郊區」與中港堡等兩地客庄，最迅速的交通連結有兩條道路：一、由客庄頭分街北往南隘直接到政治核心區的竹塹城後，迅速轉往東向或北向的竹塹「郊區」客庄；二、由頭分街往西北經大隘地區的北埔，再到樹杞林、九芎林。可是後條道路，在金廣福未成功拓殖大隘地區前，基本上就算有隘道也是相當危險，因為走此道得隨時面臨原住民「出草」之風險。如此剩下的交通道只剩前者，但若偶遇上粵閩關係一時緊張時，這條路也相對有其風險，因為本道路西鄰不遠就是閩庄的中港、香山，若又繼續北走，也須接近竹塹城後，才能轉往竹塹「郊區」的客庄。

　　故在金廣福未成功拓殖大隘地區前，竹塹城「郊區」與「中港堡」兩地的客家人，彼此間交通風險相對較多，也因此，兩地客庄就會出現「區域相

〔註155〕竹塹地區「城／閩」相對「郊／客」的這些族群間藩籬，甚至到日本時代仍被日本人翔實記載著。譬如〔日〕桃園廳（編纂），《桃園廳志》（桃園：桃園廳，明治39年（1906）），第四章，〈種族並表譽〉，頁83載：「然而（客閩）兩族自古不親和，各自為一團體，屢屢爭鬥……是故兩族相率各為一部落，言語風俗各異，<u>不相婚嫁，直至今日仍然</u>」。又〔日〕新竹街役場（編），《新竹街要覽》（新竹：新竹街役場，大正15年（1926）），第四章，〈民情風俗・閩粵關係〉，頁40：「自古以來閩粵兩族，言語習慣各異，移住臺灣當初（指清代臺灣時），就經常且不間斷地發生激烈的流血鬥爭。」（以上原文為日文，筆者自譯）。

對隔離」的狀況。這種「區域相對隔離」，很可能是導致日後兩地客家人間的祖籍成分有點不同，與所操主要通行客語腔調出現差異的歷史背景原因之一。同樣地，這也可能使枋寮義民祭祀圈在道光15年（1835）已分化出十三大聯庄時，中港堡客庄人士就算想加入之成為當時「第十四聯庄」，都有一定程度的困難性。

　　但是待大隘地區墾成、乃至光緒3年（1878）當地也成為枋寮義民祭祀圈「第十四聯庄」後，中港溪流域客庄似乎也因往北埔方向交通管道更順暢後，也逐漸感染了義民祭祀風氣。但，中港堡客庄為何卻仍沒能成為「第十五聯庄」？這可能就與客家人內部的祖籍分佈程度、與主要通行腔調不同有關。

　　至於中港堡地區與南桃園東側區兩地，就空間距離上而言，是竹塹城「郊區的『再郊區』」；又在客語腔調方面，又同樣是以操四縣腔為主，多少也與竹塹城的「郊區」也就是枋寮義民祭祀圈，區域風習還是略有不同。

第四章　被遺忘的大清苗栗「忠魂」
——並論桃竹苗各區義民信仰差異與其族群關係

　　本章主要是談桃竹苗地區客家庄內部，各別區域內義民信仰發達與否，與當地歷史上的族群關係之關聯性。本章各節安排上，仍以呼應本文主旨，即是以清代苗栗堡地區為主要觀察中心。清代苗栗堡客庄地區，又依南北向「關刀山脈」可分為東、西兩部份，「西部份」即為前章所謂「苗栗堡核心地區」，該區只有一間苗栗義民廟，祭祀圈今僅三個里小，本章將在第一節論述此區義民信仰相對不發達，與當地族群關係之關聯性；又關刀山以東的「東部份」，即「後龍溪上游區」義民信仰，以及其與當地漢原關係之關聯，則將在第二節論述。又相對於清代苗栗堡地區，義民信仰較為發達的枋寮義民祭祀圈與清代中港堡兩地，將於第四節論述其義民信仰之興盛，與該二地族群關係之關聯性。至於「南桃園東側」客家區，其距清代苗栗堡區最遠，也非本文最主要觀察中心所在，但要談整個桃竹苗客家區義民信仰問題，仍不能全捨之。限於篇幅，暫不能對「南桃園東側」做更深入個案研究，僅能就前人研究成果，於第三節談「平鎮褒忠祠祭祀圈」問題。

第一節　苗栗堡核心區族群關係與義民信仰

　　清代苗栗堡核心區，依「關刀山脈」可分為東、西兩部份，「西部份」即前兩章所述「後龍溪中下游段」與「西湖溪中上游段」兩地，俱為清苗栗堡

核心區。以下先觀察清代乾隆朝以降本區客閩族群關係之歷史變化：

一、苗栗堡核心區客閩族群關係

目前可見本區最早漢人拓殖古文書為〈乾隆十二年（1747）貓閣社總頭目八系米那貓呋干等立杜賣盡根斷契字〉，茲載如下：

> 立杜賣盡根斷契字人：貓閣社全族人^{代簽}總頭目八系米那貓呋干，有承祖先遺下貓閣社土地，東至嘉志閣大墩腳為界，西至西面山崗為界，南至南勢山崗為界，北至芒埔為界，四至界址分明。今同族人商議，有意遷讓托，中保引與漢人謝昌仁、謝永江、張清九、羅開千、湯子桂等官出首承買，三面議定，時值番銀伍仟大員正，其銀即日全中交收足訖，其園埔、山崗、窩坑，任從銀主前去墾闢、管掌，永為己業。呋干保有土地，是先祖所遺，與別社他番無干。如有來歷交加不明，貓閣社俱一力出首抵擋，不干銀主之事，日後貓閣社族人子孫不敢言貼。此係二比干願，各無反悔，端口無憑，立賣契一紙巾，付執存照。即日全中收過番銀伍仟大員正，完足再炤。
>
> 又批明番族得在伍年內，全數遷離契內之地，不得拖延，聲明批照。
>
> 又批明四址界內，立碑為記，互不欺犯。若有楚情，得歸返契，執番銀再照。
>
> 又批明貓閣社番，不得越界偷取牛隻、殺人等情，若有此情，任漢人重罰，批照。
>
> 又批明此契內土地，得保有水流、灌溉，貓閣社不可斷取水源，再照。
>
> 又批明漢、番兩族，得合睦相處。若有外族來侵，兩族得共同抵抗，不可旁觀，再照。
>
> 代筆人謝芳昌
>
> 保認中人　　　總通事萬甲
> 　　　　　　　林武力　　　　佛抵
> 　　　　　　　娘巴蚋斯　　　媽吻
> 　　　　　　　屯丁首潘有為

　　　　　　　　　在場見　彭祥瑤
　　　　　　　　　　　　　何子造

　　　　　　　　　　　　　　　　歐米系那未蓋（手摹）
　　　　　　　　　　　　　　　　巧立培技
　　立杜賣盡根斷契人貓閣社全社族人^{代簽}總頭目　八系米那口六千
　　　　　　　　　　　　　　　　什班尤加利

　　乾隆拾貳年拾月〔註1〕

這份古文書契就是學界俗稱的「紅契」（以下亦簡稱「紅契」），乃清乾隆 12 年位於苗栗平原的貓閣社（貓裏社與嘉志閣社之合社）原住民，將苗栗平原內的今苗栗市大部分土地（由契約中四至可知），讓渡給客家人謝、羅、張、湯四姓五家拓殖勢力之原始文件。依學者研究，此後這客家人中的四姓五家，可能經過鬮分後，分別拓殖今苗栗市境內地，各有自己勢力範圍。其中本契約中的謝永江拓墾當時社寮崗、嘉志閣、芒埔一帶；謝昌仁則拓殖墾內麻、芒埔一帶〔註2〕。又筆者對苗栗義民廟方進行田野調查時，發現社寮崗附近居住頗多謝姓，也有部分社寮崗謝屋人參予廟方事務，推估這可能與當初謝永江入墾社寮崗有關。筆者訪問社寮崗附近謝姓耆老時，頗多人都說他們社寮崗附近謝姓人，來臺祖並非同一人，大家是「共姓關係」。由此推論可能是謝永江入墾社寮崗一帶，以及謝昌仁拓墾內麻、芒埔一帶時，也都可能將粵籍同鄉同姓但無血緣關係的其他謝姓人，也帶入當地一齊拓墾。事實上清代苗栗地區謝屋人，後來也基於同姓關係，而發展「擬制血親」〔註3〕的宗親會，只要同是謝姓，不管是否同個祖先，都可加入。在清中後期苗栗一帶發展出謝姓宗親會的「異祖同姓宗親會」組織，其向為拓殖苗栗一帶的有力宗親會之一〔註4〕。苗栗謝屋人的祭祀祠堂，即是今苗栗市有名古蹟之「謝屋祠堂（謝家祠堂）」。據學者研究，今苗栗謝氏宗親會員遍佈範圍，即在清苗栗堡境

〔註1〕中央研究院民族所藏古文書，原件編號：ET2807。
〔註2〕依陳水木・潘英海（編），〈緒論：關於後壠社群古文書・第一節・從貓閣社「紅契」談起〉，收入兩氏（編），《道卡斯後壠社群古文書輯》，頁4～7，頁5；又可見苗栗市誌編纂委員會（編）・黃鼎松（總主筆），《苗栗市誌（上）》（苗栗市：苗栗市公所，1998），頁136。
〔註3〕同姓但無血緣關係之人群發展為「擬制血親」的宗族系統，在華南一帶都很常見，可見馮爾康，〈擬制血親與宗族〉，《中央研究院歷史語言研究所集刊》，68.4（臺北），頁943～986。
〔註4〕前章也有提及苗栗謝屋人也跟拓墾今造橋一帶歷史有關。

的今苗栗縣諸鄉鎮、與清代吞霄堡之今苗栗縣通霄鎮〔註5〕。

乾隆年間，苗栗謝姓人中又有謝鳳華、鳳藩兩兄弟，對當時苗栗的拓墾貢獻良多。見《清苗栗縣志・謝鳳華列傳》載：

> 謝鳳華，字采梧，監生，籍嘉應州。乾隆年間，偕其弟鳳藩來臺，居貓裏，墾闢田園，家財頗厚。其時貓裏草昧初開，街市、廟宇、道路、橋樑一一待舉，鳳華兄弟悉心籌畫，不惜貲財而整頓之。此地閩、粵雜處，氣類不相投，每致爭長競短，鳳華兄弟時為排解，事無論鉅細、人無論親疏，皆秉公調處。如彼此有不聽勸者，則以一己之金墊之，每竭囊内之貲財，以息他人之是非。當此之時，鮮不殷殷樂道，以為今之人幾無有釀禍端、興訟累者，實鳳華兄弟之力居多焉〔註6〕。

上引文可見清代乾隆年間，謝鳳華、鳳藩兄弟是開墾苗栗平原有力者之一，其弟謝鳳藩即倡議創建苗栗義民廟前身「社寮崗義民亭」之人。又由引文知，乾隆年間拓墾苗栗平原的族群，雖可能以客家人居多數，但也參雜些閩人。這些閩人可能來自後壠附近，也跟客家人一樣看中了苗栗平原之沃壤而前來開墾，所以乾隆時漢人入墾之初，苗栗平原附近尚「閩、粵雜處，氣類不相投」。當時苗栗平原在這樣的族群氛圍下，入墾客家人的族群意識也會類於中港堡乃至竹塹「郊區」般高漲。這也是為何在林爽文事變時，當地粵人鍾瑞生、謝尚杞等，會像竹塹「郊區」乃至「山豬毛」粵人（即今六堆客家人）般，響應朝廷號召組成義軍，征討以漳州閩人為主的林爽文軍隊。

要之，當漳人林爽文、乃至後來也是漳人的戴潮春等兩次大規模政治民變時，泉人組義民軍與粵人組義民軍助朝廷平定兩次動亂，兩族群發兵動機有很大不同，在於：一、泉人動機方面：泉人雖與漳州人同樣屬閩籍，但他們來臺後常發生利益衝突，故對泉人而言，漳人是宿敵，當漳人做亂時，泉人自需發義民軍自衛。但二、粵人發軍響應朝廷之動機，卻概有以下三點：（一）、因臺灣乃屬閩省之一部，故來臺粵人在臺灣府閩人眼中就是外人，平時遇利益糾葛時，不分漳人泉人都可能對粵人欺侮，此即所謂「治時閩欺粵」

〔註5〕 以上詳見賴文慧，〈臺灣汀州客二次移民研究：以苗栗縣造橋鄉平興村謝姓家族為例〉，第三章，〈謝姓家族發展史〉頁50～72，與第四章〈（謝姓）家族的凝聚與認同的維持〉，頁73～112。

〔註6〕 〔清〕沈茂蔭，《臺灣省苗栗縣志》，卷十四，〈先正列傳・謝鳳華列傳〉，頁204。

之故。所以在弱勢的粵人眼中，不管漳人或泉人做亂，居弱勢的臺灣粵人，更須要團結自保，以免漳、泉人趁亂入侵粵庄。又往往最佳的防禦就是主動攻擊，所以粵人也會攻擊閩庄，這就是「亂時粵侮閩」之重要原因。（二）、在朝廷眼中，不管漳、泉、粵，只要動亂規模大到已算是「政治問題」，朝廷就勢得平亂，而朝廷鎖定的「政治犯」，理論上就是「朝敵」。林爽文參予會黨，號稱「反清復明」，便已算朝敵，雖實際上林爽文軍嘴喊反清復明，卻往往先打泉州街庄公報私仇，長久看來難成氣候。但對臺灣粵人而言，閩人林爽文勢力一樣可能趁亂殺非我己類之粵庄，所以粵人更需要團結組義民軍助朝廷。又（三）、如前引〈羅華五文書〉所說般，平時粵人若受閩人欺壓時，即使要告官，往往又因衙門內衙役都是閩人居多而不見得能伸張正義。因為清代臺灣在光緒朝尚未設苗栗縣之前，所有府州級、縣級衙門，都設在閩人大街，粵人根本沒有屬於自己的「縣城」過。故清代臺灣各級衙門內衙役，往往充斥閩人勢力，其或常蒙蔽朝官，使粵人較難伸張正義。但若遇上「政治性民變」，出現朝敵，而這朝敵又是閩人的話，則臺灣粵人發兵助朝廷，即是基於身為「在臺弱勢者」，祈望能藉出義民兵助朝廷，使官方日後能多替粵人伸張正義之心理。以上是就清代在臺粵人與泉人發義民軍動機最大不同處。

但臺灣粵人對這種「被優勢閩人欺壓」的感受強弱，關鍵還是在某區域粵人是否較容易與優勢閩人族群接觸。如果某地粵閩兩族群相對較不常接觸，則該區粵人對閩人的情感隔閡，也可能將隨世代交替而相對降低。由上引文可知乾隆年間，因苗栗平原附近也有閩人勢力，其與粵人間，因語言風俗習慣不同，衝突難免。故當時苗栗平原客、閩兩族會「每致爭長競短」，須要粵籍的「謝鳳華兄弟時為排解」。而這種族群氛圍也使林爽文事變時，苗栗平原粵人鍾瑞生、謝尚杞等人主動號召粵人組織義民兵。但若之後苗栗平原上閩人逐漸淡出本區，且本區客家人接觸閩人機會日漸減少的話，本區客家人也可能會隨世代交替，逐漸降低「粵人弱勢感」。

苗栗平原客家人會逐漸變成區域優勢族群，很可能與第一章引〈乾隆六十年後壠社業戶道生通事嘉玉等與眾佃新置租斗立合約字〉一文中，乾隆 60 年時謝鳳藩等苗栗客家人跟新港社「番頭家」要求做廿個「新的標準石斗」並「永置於社寮崗」，也不再去閩庄後壠的公館納穀之舉有關。至少他們這個對「海外線」後壠閩庄做這個切割動作，對未來苗栗平原客家人佔區域族群優勢，具有歷史先驅意義。

　　又該〈乾隆六十年後壠社業戶道生通事嘉玉等與眾佃新置租斗立合約字〉
一文，除提及謝鳳藩外，另亦提及謝喬玉，而前引《清苗栗縣志・謝鳳華列
傳》又載謝鳳華、鳳藩兄弟，是乾隆年間拓殖苗栗平原的有力家族之一。又
再見第一章引《清代臺灣大租調查書・番大租・番社給墾字（六）・乾隆四十
一年二月》一文中，有謝姓之謝喬文、謝元表、謝振乾等謝屋人，推論他們
可能大多與日後謝姓宗親會的發展有關。謝屋人對清代苗栗平原發展史很重
要，本平原最重要水利措施之一，即灌溉苗栗平原西側（今苗栗市境）的「三
汴圳」，此圳一開始即是乾隆 20 年時由謝屋人的謝雅仁所捐造開墾，到嘉慶
13 年（1808）時，又為謝屋人的謝廷耀再次重修〔註7〕。乾隆朝時「三汴圳」
開築完畢後，苗栗平原西側始成沃壤，謝屋人前後主其事，也奠定謝姓在苗
栗的歷史地位。

　　又據賴文慧研究，苗栗謝姓所組的謝姓宗親會中，最重要的祭祖儀式與
歷史記憶之一，即是祭祀苗栗謝屋人於咸豐 11 年（1861）征討造橋那邊某場
「羅賴事件」時所死難的謝屋先祖。據賴氏研究指出，謝屋人口傳為「番匪」
的「羅賴」歷史事件，很可能就是咸豐 11 年閩客大械鬥時的粵籍羅慶二、
賴得六兩人〔註8〕。若是之，則苗栗謝屋人征討「羅賴」實極具歷史意義指
標。相較於乾隆 51 年林爽文事變後，苗栗粵人鍾瑞生等人發起粵人義民軍
征討林爽文，乃至乾隆 53～60 年間謝鳳藩倡修「社寮崗義民亭」等事，概
都因苗栗粵人還有較濃之「粵人意識」使然。可是到了約六、七十年後咸豐
11 年「羅、賴案」閩粵械鬥時，幾乎竹塹「郊區」、中港堡乃至吞霄堡客家
人，都因與鄰近閩庄相對無地勢阻隔，而被閩人侵擾，促使當地客家人團結
共抗閩人入侵。但此時苗栗謝屋人，卻選擇站在朝廷這邊，因為當時朝廷將
此次械鬥事件諉過於粵籍的羅慶二、賴得六二人，並宣布追捕之，而苗栗謝
屋人響應朝命，征討羅、賴等黨羽，並因此有所死傷。這顯示此時苗栗堡客
家人，對閩人的「不悅族群記憶」已開始逐漸淡化，故沒有站在「弱勢客家
人須團結」之角度，去幫助或包庇「已為朝敵」的羅、賴等殘餘黨羽，反而
是選擇站在朝廷的立場去追捕之，而這種選擇又成為苗栗謝屋人重要歷史記
憶之一。又苗栗堡客家人類似的歷史反應尚不僅此，由咸豐 11 年再往前溯

〔註7〕 〔清〕沈茂蔭，《臺灣省苗栗縣志》，卷三，〈建置志・水利志〉，頁 52。
〔註8〕 賴文慧，〈臺灣汀州客二次移民研究：以苗栗縣造橋鄉平興村謝姓家族為例〉，
　　　　頁 66～69。

約三十餘年的道光 6 年（1826）閩客大械鬥也有類似情況。該次閩客大械鬥
是淡水廳歷次閩客械鬥中最嚴重之一次，同樣捲入風潮的南桃園東側、竹塹
「郊區」、中港堡、吞霄堡中，凡客庄幾難倖免，俱為閩人所攻，抑或客家
人主動出擊閩庄以求自衛。故前引〈羅華五文書〉中，可看出當時竹塹「郊
區」的羅華五，對閩人極度蠻橫之控訴，與盡被閩人誣衊栽贓之事。但本文
第二章也以〈羅華五文書〉一文做過考證，發現在當時苗栗堡中，「海外線」
閩人械鬥武裝勢力，幾乎沒能往東越過「北大肚山系」，與該山系和後壠溪
交叉口上的新港社「番頭家」勢力範圍，入侵到苗栗平原。相反地當朝廷命
孫爾準渡海處理這次大械鬥，而官方又將這次大械鬥事件諉過於中港堡客家
人黃斗乃時，至少在苗栗平原上另個有力的客家人拓殖勢力，也是臺灣第一
個出了「父子雙舉人」的苗栗堡尖山莊劉屋人劉獻廷，此時同樣選擇站在朝
廷這邊，並因此獲軍功〔註9〕。道光 6 年距乾隆 51 年林爽文事變已近 40 年，
在苗栗平原的客家人拓墾勢力中，生於林爽文事變後之新生代劉獻廷，時年
約 37 歲，他就並未捲入粵人弱勢氛圍；再加上 30 餘年後的咸豐 11 年「羅、
賴案」閩客械鬥時，苗栗謝屋人同樣也未捲入粵人情結。故嘉、道、咸、同、
光各朝，對當時苗栗平原上客家人而言，即令當時會耳聞到「上背客」〔註10〕
發生了數次閩客械鬥事件消息，但因當時苗栗平原客家人並沒歷史背景條
件，去「親歷」這種為閩人勢力的死難經驗，故本地客家人因「優勢閩族壓
迫感」而產生的粵人情結，就會相對隨世代逐漸降低。

　　其次再觀察乾隆朝以降，很可能就居苗栗平原當地少數族群的閩人勢力
之衰微。前引〈紅契〉載乾隆初年謝姓等四姓五家客家人入墾苗栗平原後，
到乾隆末年苗栗平原附近，大致上是為客家人優勢區。不過見前引《清苗栗
縣志・謝鳳華列傳》，可知當時本區還是有少量閩人入墾。然有關清中期漢人
初墾苗栗平原時，有一說是早在乾隆中葉，有泉州籍林道公、與其子林沙連，
以及張姓之泉州人等，一起入墾苗栗平原東南角「泉州陂」之故事。這些泉

〔註9〕 臺灣銀行經濟研究室（編），《淡水廳築城案卷・淡水同知造送捐貲殷戶紳民
　　　三代履歷清冊底》（臺北：臺灣銀行經濟研究室・臺灣文獻叢刊第 171 種，
　　　1963），頁 98：「副貢生劉獻廷：年四十三歲……<u>道光六年分類案內</u>，以軍功，
　　　奉旨賞加副榜……<u>道光十二年</u>八月十三日底」。又〔清〕沈茂蔭，《臺灣省苗
　　　栗縣志》，卷十四，〈先正列傳・劉獻廷列傳〉，頁 202：「劉獻廷，貓裏街人……
　　　<u>道光六年閩、粵互鬥</u>，<u>黃斗奶</u>乘機率生番亂中港，<u>獻廷領鄉勇守禦有功</u>，總
　　　督孫爾準奏准賞加副貢生。時為臺灣道孔昭虔所見重，贈以扁額曰『一鄉善士』。」
〔註10〕 苗栗客家俗語，泛指今南桃園、新竹、乃至中港溪的外庄客家人。

州人或許因在苗栗平原上分不到平原中心的好土地，遂往東到當時還是「防番隘線」之前線，今俗名「隘寮下」或清代名為「蛤仔市」（今公館鄉市街附近）〔註11〕之附近拓墾，並留下了「泉州陂」（今公館鄉玉泉村、館東村一帶）之地名。然上傳說的「泉州陂」地理位置，在相距不遠的「蛤仔市」、「隘寮下」再偏西，若以上傳說年代真確，或可推測這些泉人可能是「半獨立」於苗栗平原客庄東南緣之外的泉人武裝拓殖集團。之所以推測其可能是武裝拓殖，乃因當清中期時，因「泉州陂」、「中心埔」位於苗栗平原東南方，接近「牛鬪口峽谷」，得隨時冒當時「牛鬪口峽谷」以東山地原住民之「出草」風險。由此看來，清中期這些苗栗平原上泉州人勢力之拓殖，反是為苗栗平原上的客庄做「防番」之先鋒部隊之一。而傳說到了道光年間，這些泉州人家園田產，竟被當時後壠溪鬧一場大水給沖毀殆盡，於這些泉州人只好放棄家業，遷移他處不知去向，故在今公館鄉當地留下「天亡福佬」傳說與「泉州陂」古地名〔註12〕。不過，若以上傳說年代是真，當地泉人勢力果真為一場「大水」，就放棄乾隆朝以來拓殖幾十年的田園而出走？似可存疑。

〔註11〕 在今公館鄉市街中心附近。清中期，該隘正式名稱是「蛤仔市隘」與「大坑口隘」兩官隘，見《淡水廳志》，卷三，〈建置志・隘寮志〉，頁 47：「『大坑口隘』：官隘，本係中隘，後移入後壠堡內山橫崗，距城南五十五里苎中七隘之北。大坑口隘原設隘丁三十名，中隘原設隘丁十名，今仍四十名。『蛤仔市隘』：官隘，在後壠堡蛤仔山內橫崗，距城南五十里大坑口隘之北，今設隘丁二十名。」而「隘寮下」正指大坑口隘附近平地。

〔註12〕 以上泉人林家入墾之傳說，見臺灣省苗栗縣文獻委員會，《（戰後初）苗栗縣志・卷三・政事志地政篇》，頁 11～12、54；或黃國峰，〈清代苗栗地區街庄組織與社會變遷〉，頁 91。然上傳說未見諸清代各史料與方志，似始見於《（戰後初）苗栗縣志》。又該縣志另有一則閩人入墾傳說，據說也在乾隆朝，有泉人「郭金才」者亦率人入墾「中心埔」。然查〔清〕光緒 5 年，〈郭金海為踞地欺寨愈佔愈多呈乞飭拘訊究追還事〉，《淡新檔案》，案號，22416-01 號，可知其實應為清後期光緒 5 年，有泉州人「郭金海」入墾「中心埔」之沙州地，並與鄰近客家人梁天來起爭執而控告之案，故前引縣志關於「泉人郭金海」之傳說，與史實之年代、人名都有誤。不過由該 22416 案中泉人郭金海所稱：「（金）海與弟二人插居粵籍……奈泉籍插居粵庄，眾寡莫敵」一語，可見清晚期時苗栗平原客家人已形成成熟的區域族群優勢。此外又見邱文光（主持）・呂榮泉（主編），《苗栗縣地名探源》，頁 3 處載苗栗市被服場（今改為地方法院）對面山腰下有地名曰「學老排（即 hoklo 排）」，該書載：「此處原是河洛人（閩南人）聚居處。」但因未說明時代故難知是清中期還是晚期之入居閩人。然該處地勢偏高，若以農事而言，取水並不利，推估可能也是苗栗客家人居於區域優勢下，居區域少數之閩人只能選較劣之地耕居。又「學老排」極鄰近苗栗謝屋之「謝屋祠堂」。

又見道光年間淡水廳同知婁雲所頒〈莊規禁約〉一文中說：

　　道光十三年，塹北桃仔園一帶閩、粵各莊造謠分類，互相殘殺；塹
　　南銅鑼灣、**蛤仔市**等處靠山粵匪，無故焚毀閩莊，公然掠搶。本分
　　府曾隨同大憲，嚴密查拏，盡法懲辦〔註13〕。

由引文可知婁雲概也為廳衙內閩人衙役蒙蔽，故直稱粵人為「粵匪」。但可知
在道光 13 年時，蛤仔市一帶發生過閩客械鬥。若連結前述清中期時泉州人入
墾今苗栗平原東南面傳說，推論婁雲所謂道光 13 年蛤仔市的閩客械鬥，即是
本區已逐漸佔區域優勢的客家人，以武力將這些泉人逐出苗栗平原。爾後當
地客家人或因隱諱這場械鬥，才傳說他們是因家業為大水沖毀才搬走〔註14〕。

　　此外在戰後由陳漢初所著〈石圍牆越蹟通鑑〉〔註 15〕一文中，記載了位
於後龍溪中游「頭段」的石圍牆庄當地，相關於清代的閩粵械鬥歷史，該文
也為清代後龍溪中游「頭段」附近確實曾有泉州籍閩人居住做一證明。陳漢
初乃石圍牆當地人，然而因其在戰後時，才據鄉里傳說纂述此文，故對清代
的部分，概因時代久遠，年代記載多有誤（詳後）。

　　在清代後龍溪中游「頭段」附近有泉州閩人居住事，〈石圍牆越蹟通鑑〉
載：

　　本庄（石圍牆庄）開闢當時，蛤仔市（即公館一帶）（按：僅指今公館鄉
　　市街中心附近）、義民廟（該是義民埔之誤，詳後）、（關）爺埔（關字漏載，
　　茲補）〔註16〕，俱是閩人居住之地，由泉州陂以推整是泉州人〔註17〕。

〔註13〕〔清〕婁雲，〈莊規禁約〉，收入《新竹縣志初稿》，卷六，〈文徵〉，頁 234～
　　　　235。

〔註14〕至於婁雲，〈莊規禁約〉中說苗栗堡銅鑼灣也在此年發生過閩粵械鬥，然筆者
　　　　暫目前找不到相關傳說之記載。又見臺灣銀行經濟研究室（編），《臺案彙錄·
　　　　丁集》（臺北：臺灣銀行經濟研究室·臺灣文獻叢刊第 178 種，1963），〈四五·
　　　　兵部「為內閣抄出本部奏」移會〉，頁 148～149：載當時銅鑼灣情事是：「兵
　　　　部謹奏為遵旨核議具奏事：……又銅鑼灣民風剽悍，三灣之斗換坪逼近內山，
　　　　皆須移設汛防。請於鎮標左營調撥把總一員、步戰兵六十名，移駐銅鑼灣。」
　　　　文中是載當時銅鑼灣「民風剽悍」，但未說明一定是閩粵械鬥，或當時也可能
　　　　同「吳阿來事件」般是「客客械鬥」。

〔註15〕陳漢初，〈石圍牆越蹟通鑑〉，《苗栗文獻》，6，1996.06，頁 156～180。石圍
　　　　牆又做石圍墻，即今公館鄉石墻村。清代石圍牆庄正位於後龍溪中游「頭段」，
　　　　可參「附圖 1-3」。

〔註16〕關爺埔，在今公館鄉石墻村西北北境，今址可見：「內政部臺灣行政區域圖」
　　　　網站的「公館鄉圖」，網址：http://taiwanarmap.moi.gov.tw/moi/run.htm，擷取
　　　　時間，2010/08/24。

引文中所述蛤仔市，義民埔、關爺埔皆在石圍牆正北方，由北往南依序是蛤仔市，義民埔、關爺埔，此三庄也都在後龍溪中游「頭段」的舊東側河道以東；而石圍牆庄在其西。引文說蛤仔市、義民埔、關爺埔，在清中期漢人開墾時「俱是閩人居住之地」。不過其中義民埔庄是閩庄的說法實可疑，因為該處是清代苗栗義民廟的祀田，該庄也因此得名，而苗栗義民廟為苗栗客家人謝鳳藩等倡議所蓋，在乾嘉時代「苗栗堡核心區」尚有客閩情結的歷史氛圍下，該廟之「祀田」不太可能會租給閩人耕租並成為一庄，故疑陳漢初所言略有過論處。是故本文推估在清乾、嘉時，只概在蛤仔市、關爺埔附近，有泉州籍閩人參予開墾。

又〈石圍牆越蹟通鑑〉也在閩客械鬥方面，同一件事有兩載，卻將年代彼此記載錯誤。茲引如下：

> **道光六年**，黃貴麟假諭提兵入（石圍牆）庄，提盡（粵籍）男子，幸得庄民早醒其事，急速遁入山中逃避，不及走者，有徐阿西、黃阿美、邱玉外二人共五人……（即押入海中而死）。此時閩人（按：該是蛤仔市一帶泉州閩人）……豫早機謀通蕃（按：原住民）前來庄外埋伏，待黃貴麟退出，即時包圍本庄，欲將老幼婦兒格殺一空之意……有吳長雲之妻……不及入庄，被其殘殺……（庄中）幸有女中豪傑、巾幗婦人，**邱松楊之妻（邱贊文祖母）陳氏**急將大銃拖出，向柵門外引火打出，轟然一聲，打得閩蕃成巷，肉散屍飛……（泉州械鬥勢力）遂解圍而去。……**此次大難（後）**……**蛤仔市一帶閩人，覺醒此地難以事居，紛紛遷往他處**〔註18〕。

然陳漢初在該文頁175處又再述此事件時，卻誤將此事記為「**咸豐二年**，……致有黃貴麟假意提兵入庄……（同樣載邱松楊妻陳氏以大銃轟閩人以自衛事，略）」。由陳漢初將一事誤記為兩年代，可知陳氏在戰後寫此文時，因距清代已遠，故將年代搞混〔註19〕。但此故事可反映出清中期蛤仔市一帶，曾有閩人參與

〔註17〕 陳漢初，〈石圍牆越蹟通鑑〉，頁169。

〔註18〕 陳漢初，〈石圍牆越蹟通鑑〉，頁169。

〔註19〕 〈石圍牆越蹟通鑑〉一文中人物與年代搞混者尚不僅此，頁173處載：「（吳琳芳）至嘉慶二十九年（理論上是1824年，但嘉慶朝只到25年，或可能陳漢初想指出是道光4年？），突被鄉人劉猷廷（按：劉獻廷之誤）告訴，私造石牆城……被他告準，要執琳芳提府。幸得邵友廉（按：邵友濂之誤）府台尋臺……（吳琳芳）無罪而歸。」按邵友濂當臺灣省巡撫乃光緒17年（1891）年事，上距1824年有

入墾，並曾與石圍牆客家人發生械鬥事件。或許前述婁雲〈莊規禁約〉所指道光 13 年蛤仔市發生過一場閩粵械鬥，可能就是指〈石圍牆越蹟通鑑〉文中所述這件「蛤仔市、石圍牆」間的閩客械鬥。

　　故無論「泉州陂林家」之傳說是非真假，可知清中葉以來，苗栗平原乃至「苗栗堡核心區」客家人，越發佔區域族群優勢，所以道光 13 年時便以武力對本區相對弱勢的泉州閩人做的一次打壓。而當地閩人也如陳漢初所述「此次大難（後）……蛤仔市一帶閩人，覺醒此地難以事居，紛紛遷往他處」般，日漸淡出「苗栗堡核心區」。也漸因此，可呼應第二章說到苗栗堡客家人逐漸呈區域優勢後，開始以「客家人對客家人」，做內部分類械鬥之現象。

二、苗栗堡核心區義民信仰情況

　　清中期以降，苗栗堡核心區逐漸在客家人漸趨區域優勢、閩人相對弱勢的區域族群氛圍下，加上苗栗平原來自「海外線」閩庄械鬥勢力攻擊幾乎太少，故平原上的漢人拓墾勢力，即使在乾隆末時有謝鳳藩倡議修義民亭懸掛御賜褒忠匾之舉，但日後也因缺乏客閩間緊張氛圍，當地客家人也相對不傾向藉「粵東」跟「忠義」等符號，來動員本地客家人對抗「海外線」閩人。同樣，苗栗義民廟，也沒有發展出類似枋寮那般有「挷擔奉飯」習俗，這概是因為清代苗栗歷史上，並沒有須藉信仰形式動員庄民需求之故。

　　苗栗義民廟，除香火規模遠不如枋寮義民廟、以及沒有「挷擔奉飯」外，尚另有一特點，即該廟最重要主神牌位上，並不太強調「粵東」或「忠義」之類字眼。本廟正中央神主牌位書寫：「**褒忠義士眾姓諸公之神位**」、左側牌位寫：「**淡防分憲忠烈程公之神位**」、右側牌位寫：「**淡防幕府忠義壽公之神位**」。正中央神主牌是祀奉褒忠義士；左牌位祀奉的「程公」，則指林爽文事件時，為林爽文軍部將王作所殺之淡水廳同知程峻；右牌位祀奉的「壽公」則指壽同春。當林爽文事件時，淡水廳治竹塹城為林爽文勢力之王作所攻陷，淡水廳同知程峻殉職，身為程峻幕僚的壽同春，遂奔走呼籲淡水廳境漳泉閩粵各籍人組義民軍勤王，待義軍集結畢後，壽同春共率義民軍「一萬三千餘人」反攻並收復竹塹城，斬殺王作。概因壽同春先後統率義民軍征戰幾一年後，又為林爽文軍所殺〔註 20〕，故為當時的苗栗鄉民所尊敬，也可能因此，

約 67 年之久，實人物與年代之大誤。且嘉慶朝並無 29 年，亦是大誤。
〔註 20〕〔清〕周璽（主修），《彰化縣志》，卷十一〈雜識志‧兵燹志〉，頁 367～372：

而在該義民廟正殿左方立牌位祀奉之。如今竹、苗兩縣有祭祀壽同春之義民廟系統中，除苗栗義民廟外，尚有通霄鎮壽公祠。而苗栗義民廟主祀殉職於林爽文事變的程、壽兩公，也未見於枋寮義民廟乃至其於竹苗一帶分香之義民廟，是爲苗栗義民廟一大特色。

在清代方志史料中，記載林爽文事變時的苗栗義民軍首領鍾瑞生事蹟，比竹塹方面粵籍義民軍來得多，此可見《淡水廳志稿》、《淡水廳志》、《清苗栗縣志》之〈鍾瑞生列傳〉相關記載。鍾瑞生統領苗栗義民軍，首先於乾隆51年（1876）時先固守苗栗平原東、西側之「西山」與「南、北河」，穩定苗栗平原附近局勢後，再出兵「破大甲」、「平淡南」；第二年又選義民185名，先駐防埔心庄（今彰化埔心，清代亦爲粵庄），再往鹿港追隨閩安協統徐鼎士後，又再轉戰大甲、龍井（清代名龍目井），可知鍾瑞生功勳卓越與苗栗義民死傷甚多。故苗栗義民廟後方有義塚，即是埋這些骸骨。然有關平定完林爽文事變後的鍾瑞生史事，依《淡水廳志稿》載爲朝廷「恩賞八品、以府經歷補實缺用」；《淡水廳志》刪節前書後載：「奉旨賞瑞生府經歷」〔註21〕，故只見鍾瑞生所恩賞官品，卻未知日後去向，此後又不再見諸史籍記載。又苗栗義民廟方面也沒像枋寮義民廟祭祀陳資雲、林先坤等先人般，去祀奉鍾瑞生（乃至謝鳳藩）〔註22〕，且依筆者田野調查，鍾瑞生在苗栗一帶似無後裔，故連苗栗當地相關鍾瑞生之民間傳說亦付闕。

「（乾隆51年冬11月）十有三日壬子，幕賓壽同春等，起義克復淡水，擒僞官王作等正法。初，淡水賊王作、林小文等，既陷塹城，劫奪倉庫，僭居廳事……又掠被害同知程，幕友壽同春……（壽同春）潛遣人揚言『內地大兵已到』，賊多疑散，遂……糾合義民<u>一萬三千餘人</u>，收復塹城……（乾隆51年冬10月）十日甲辰……壽同春，勦賊被掠，不屈死。同春率義民勦賊，駐烏牛欄追殺賊眾，抵三十張犁（今臺中市北屯區），馬躓，爲賊所掠，罵賊不屈，賊支解之」。又見臺灣銀行經濟研究室（編），《欽定平定臺灣紀略》，卷六十二，〈（乾隆53年）六月初三日至初六日〉，頁998：「淡水廳幕友壽同春，係浙江諸暨縣監生，<u>年已七十餘歲</u>。在臺灣作幕年久，熟悉民情、地勢。當竹塹城失陷時，同知程峻先已被害，壽同春親赴各莊招集義民；於五十一年十二月內同官兵恢復竹塹城，擒獲賊目王作等四名。五十二年十月內徐鼎士渡大甲溪進勦，壽同春帶領義民駐箚烏牛欄。初十日出哨，進逼三十張犁地方，賊匪設伏衝突，義民潰散，壽同春馬躓被擒，罵賊不屈，被賊支解。」

〔註21〕〔清〕鄭用錫，《淡水廳志稿》，卷一，〈義民列傳·鍾瑞生列傳〉，頁70；〔清〕陳培桂（等纂），《淡水廳志》，卷九，〈義民列傳·鍾瑞生列傳〉，頁275。

〔註22〕因爲無此歷史背景條件之需求與必要。

　　筆者爲此曾做文獻比對與田野調查，先得知今公館鄉境之「七十分、中小義」附近，有苗栗義民廟方所有之「義民田」〔註23〕，而鍾瑞生即是「七十分庄」人，已屬巧合；再往之調查，又發現此田埔附近不遠，也恰有個「鍾屋伙房」。然該伙房鍾屋人卻與筆者說：「我們並非鍾瑞生之後裔」，又其正廳之鍾姓神主牌上，也確無鍾瑞生之名〔註24〕。以前述之恰巧，卻得此答案，暫只能做以下推估：平定完林爽文事變後的苗栗粵籍義民首鍾瑞生，或可能同「山豬毛」粵籍義民首曾中立般，「轉唐山（回大陸）」去了，但筆者目前暫無進一步證據證明之〔註25〕。

　　又本文緒論中已考苗栗義民廟乃乾隆 55 年，由當時貓裏仕紳迎褒忠御

〔註23〕又稱「義民埔」。見〔清〕沈茂蔭，《臺灣省苗栗縣志》，卷十，〈典禮志‧祠廟志〉，頁 161：「義民祀：在縣治北門外半里社寮崗莊。乾隆五十年，謝鳳藩等倡捐建造；同治二年，徐佳福等倡捐添建左橫屋，共九間。<u>祀田在蛤子市義民埔</u>，年收二百石，祀粵之陣亡義民。」該田埔即在蛤仔市西鄰之「七十分」、「中小義」一帶。

〔註24〕鍾屋人曾讓筆者看之，但要求不能拍照爲證。

〔註25〕曾中立「轉唐山」事，見鍾壬壽（主編），《六堆客家鄉土誌》（屏東：常青出版社，1973），頁 177。

又苗栗義民廟之義民埔恰位於鍾瑞生之「七十分庄」，其附近恰又有一鍾屋伙房，竟有如此巧事，筆者頗疑如下：若當年鍾瑞生曾「轉唐山」，可能類似前述苗栗謝屋人「同姓異祖」般，找同姓但可能無血緣關係之鍾姓人，幫忙代管其在「七十分庄」所闢田產，而今鍾屋伙房可能是該支鍾姓之後人，義民埔可能是鍾瑞生「轉唐山」前後，捐出原有之田給謝鳳藩創建苗栗義民祀之祀田。可惜以上推論，目前苦尋無史料可證，暫注於此供參考。

又筆者曾翻閱厚達約兩千頁之臺灣區鍾姓宗親總會，《鍾姓大族譜》（桃園中壢：百姓族譜社，1999 重印版），嘗試找「鍾瑞生」者，因清代方志都載鍾瑞生乃廣東鎮平縣（今蕉嶺縣）人，故遍查該族譜中所有祖籍自該縣者之眾多蕉嶺縣鍾姓人中，惟有一名「鍾瑞生」。《鍾姓大族譜》載這位「鍾瑞生」爲鍾姓「九讓公派下」第 18 世，而「九讓公」籍貫爲「廣東省蕉嶺縣金沙鄉霧嶺岌」。族譜載該鍾瑞生，生子新德、新桂、新錦、新權。又該族譜「九讓公派下」之系譜，註明乃由<u>鍾博文</u>、鍾木興兩位先生提供。此二人乃「九琳公派下」，「九琳公」與該位「鍾瑞生」之祖「九讓公」俱爲鍾姓第 15 世，「九讓公」與「九琳公」兩人爲堂兄弟，共同祖父是鍾姓第 13 世的夢儒公。筆者輾轉電訪到<u>鍾博文</u>，其告訴筆者說<u>他</u>與鍾木興都爲<u>蕉嶺縣來的</u>（筆者按：即「外省客」），而「九讓公派下」與「九琳公派下」族譜<u>都是他們從大陸帶來</u>。<u>鍾博文</u>說他也知道族譜上那位「鍾瑞生」，其子「鍾新錦」乃民國初年中央大學法律系畢；「鍾新權」也爲民國初年大學畢業生。故從中得知其父「鍾瑞生」乃清末時代人，不可能是乾隆時代那位「『七十分』的鍾瑞生」。故「找尋『七十分』鍾瑞生」線索因此又斷，僅注於此，供學界參考。

匾後，創建社寮崗義民「亭」以懸掛御匾，五、六年後之乾隆 60 年或次年嘉慶元年（1796）左右，再由苗栗仕紳謝鳳藩捐地蓋義民「祠」；後來到同治 2 年（1863）由徐佳福等倡捐添建增修左橫屋六間爲苗栗義民「廟」。故謝鳳藩建「祠」、徐佳福增修爲「廟」，是該廟兩大重要歷史階段。而由乾隆 55～60 年頃到同治 2 年，已歷經約七十餘年，這期間該廟香火狀況幾無史料無載。又同治 2 年時倡議增修人乃苗栗人徐佳福，而非由苗栗謝屋人主導，可推論謝鳳藩建「祠」以降七十餘年間，苗栗謝屋人也並未將苗栗義民「祠」視爲自己謝姓「家廟」，而未讓外姓人參與。

　　徐佳福是苗栗義民廟在清代歷史上的重要人物。其可見《淡新檔案》案號 17307-037，咸豐 6 年（1856）〈雞籠莊佃戶生員曾肇楨等爲防禦無資唇危齒驚催懇裁奪飭遵救危事〉一案，曾肇禎等人已稱徐佳福爲「貓裏總局」之「該生」，說其「所秉不實」、『該生』等餙詞聳聽」、「徐佳福居貓（裡）局」等語，可知徐佳福早在咸豐 6 年時，已爲「貓裏總局」當事人，也很可能是「貓裏總局」之總理或頭人之類；又案號 17307-039，咸豐 7 年〈淡水分府唐爲飭傳訊斷事〉也載其爲「貓裏總局徐佳福」；又案號 14101-026，同治 4 年〈淡水廳同知王爲諭飭約束收割米谷不准藉搶生端事〉中已明載其銜爲：「『貓裏總理』徐佳福、貓裏頭人劉翰（此人爲前述父子雙舉人劉獻廷之子，亦舉人）」；又案號 12212-1，同治 10 年〈總理、隘首、庄耆、舖佃戶等，保結銅鑼灣等處聯庄約首李逢年〉件中，有徐佳福戳記，載其銜爲「竹苗二保貓裏等庄總理徐佳福」；又案號 12213-4，同治 11 年〈淡水分府周，造送淡水廳屬各保總理、董事姓名清冊〉，又載其爲「六大庄總理」，而當時「貓裏街總理」則爲「謝鎮基」〔註 26〕。綜合以上，可知徐佳福在咸、同之際，爲貓裏聯庄總局主事者之一，並至少於同治 4 年時可確定其爲貓裏街聯庄總理。由此可知徐佳福在貓裏總局，掌權至少約 16 年之久，爲當時貓裏一帶（約同今苗栗市轄區）地方領導者。而由咸豐 6 年到其倡議增修苗栗義民廟的同治 2 年間，也經歷約 7 年，徐佳福該有其地方聲望，號召鄉親重修該廟。

　　清代苗栗義民廟管理單位，乃爲至今日仍存之「苗栗社寮崗義民祀典」〔註27〕，一般習簡稱「義民祀」（本文以下簡稱「苗栗義民祀」）。若依前引《清

〔註 26〕原「貓裏聯庄總局」似在此時左右，分爲「貓裏街聯庄」（轄區乃今苗栗市「南苗」一帶）與「六大庄聯庄」（今「南苗」以外之大部分苗栗市轄區）。
〔註 27〕苗栗社寮崗義民祀典，〈苗栗義民廟歷史照淡水廳誌義民行篇抄錄〉，收入《苗

苗栗縣志》載，此組織乃謝鳳藩建義民「祠」時即有之，故「苗栗義民祀」
至今約有 220 年之悠久歷史。又今苗栗義民廟之左偏殿，可見供奉「義民祀
典三百二十七位會友姓氏之神位」之木製大神牌位，並羅列「苗栗義民祀」
327 名「會友」之姓名〔註28〕。這份〈義民祀 327 會友〉名單中有若干重複
之姓名，但重複者並不多。據今「苗栗義民祀」方面耆老江漢仁口述：「據
說當年會友前輩們，若多出一份錢，香火神位就可多一條名字。」

又依江漢仁提供名冊，至 2006 年 8 月止，「義民祀」組織至今僅餘 28 名
「役員」，其都是依當年〈義民祀 327 會友〉名單世襲而來〔註29〕。而「苗栗
義民祀」的會員身分世襲制度，可能並非僅江漢仁記憶所及的日本時代以來
即如此。因為〈義民祀 327 會友〉名單，可能即是反映清代「苗栗義民祀」
就是採世襲制，其一方面在清代乾隆末謝鳳藩建廟以來的舊會友身分可世
襲，另方面百餘年來又不斷有新會友加入，而新會友身分同樣可世襲，故乾
隆以來百餘年間才會積累達 327 條姓名〔註30〕。此可由〈義民祀 327 會友〉
名單，再查清代苗栗相關史料可相佐證之。〈義民祀 327 會友〉名單中，有乾
隆末年倡議建廟之謝鳳藩、又有前引〈乾隆六十年後壠社業戶道生通事嘉玉
等與眾佃新置租斗立合約字〉一文之謝喬玉、又有「父子雙舉人」中「父舉
人」劉獻廷之父劉蘭斯〔註31〕，與可能是劉蘭斯之兄弟輩的劉桂斯，又有道

栗義民廟歷史及會友名簿並土地表示書》（苗栗：苗栗社寮崗義民祀典，民國
35 年鉛印本，未刊行，陳運棟氏藏贈，特此感謝陳氏）。然今該廟方又另有「苗
栗義民廟管理委員會」，其成立於民國 62 年（1973），與「苗栗義民祀」地位
平行。雖筆者搜兩造頗多相關資料，然已超過本文時間斷限，茲不累敘。
〔註28〕以下簡稱〈義民祀 327 會友〉，見「附錄一」。
〔註29〕「95.8.1 苗栗義民祀役員名冊」，2006，苗栗縣公館鄉江漢仁先生提供（見「附
錄一」）。
〔註30〕依「苗栗義民祀」諸位耆老口述，這 327 名單至日本時代仍存，理論上到戰
後也仍應如此世襲。但因日本時代昭和年間大地震，使苗栗義民廟震垮後，
當時義民祀長輩們直到戰後初才重建廟宇，（筆者按：當加上日本殖民政府於
昭和年間「寺廟整理」政策政策壓力下，使廟方 300 多位會友不敢重建廟宇。
「寺廟整理」政策，詳後一節再述）然時隔十餘年後的戰後初當時，「苗栗義
民祀」方面要重新登記 300 多位會友之後裔，希望這些後裔都能提出身分與
會友資格讓渡之證明，最後卻只有 28 位能成功登記完畢為「役員」，此 28 位
役員身分在近 60 年來又陸續世襲。然此段歷史早已超過本文研究斷限，茲不
再敘。
〔註31〕臺灣銀行經濟研究室（編），《淡水廳築城案卷・淡水同知造送捐貲殷戶紳民
三代履歷清冊底》，頁 98。：「副貢生劉獻廷……三代：曾祖父淑慶，祖父懷
琬，父蘭斯。」

光 13 年重修苗栗「三汴圳」水利之劉佳宙〔註 32〕，此概皆爲乾、嘉、道時代之苗栗人；又可考爲咸豐年間人，概有湯拔才、林臺伯、謝超儒、劉雅山、黃任發、彭朝助、傅正興、劉子康、林芹伯〔註 33〕、鍾永麟〔註 34〕、孫秀蘭、孫永海〔註 35〕等；可考概是同治年間人，概有同治 2 年倡議重修苗栗義民廟之徐佳福、又可見江福秀、黃桂麟〔註 36〕等；至於光緒年間，可考出大致活躍於光緒朝之劉維綱〔註 37〕、以及鍾阿興〔註 38〕、謝泰傳〔註 39〕等。由此可證，這份名單是累積清代百餘以來，「苗栗義民祀」不斷有新會友加入，而既有會友身分又可世襲於子孫，最終才形成〈義民祀 327 會友〉名冊。故〈義民祀 327 會友〉不是乾隆末謝鳳藩倡議建廟時代，就已有三百多名會友。然此份名冊，概一定程度也反映出清中期以降百餘年，苗栗平原地方上部分地方菁英之名單。

又依陳運棟提供之《苗栗義民廟歷史及會友名簿並土地表示書》，可知〈義民祀 327 會友〉分爲七個街庄爲基本祭祀單位，在每年舊曆 7 月 24 日至 8 月 1 日輪祀。這七街庄都是清代時苗栗平原上的街庄，分別是：嘉盛庄（即嘉志閣庄）、中心埔庄、芒埔庄、五谷岡庄、中車路庄、大田庄（即田寮庄）、苗栗街〔註 40〕。其中中車路庄和小圍牆庄、義民埔庄後來合爲中小義，即今公館鄉中義村〔註 41〕。茲將此清代七街庄繪圖如「附圖 4-1」：

〔註 32〕 〔清〕沈茂蔭，《臺灣省苗栗縣志》，卷三，〈建置志‧水利志〉，頁 52。

〔註 33〕 〔清〕咸豐 5 年，〈銅鑼灣附近佃欠清單〉，《淡新檔案》，案號：17405-004-1，列有這些人名，又前述劉蘭斯、劉桂斯名亦有在此。

〔註 34〕 〔清〕咸豐 11 年，〈竹南二保隘首張益安暨眾佃鍾永麟吳乾德等僉稟苔中七等庄原隘首邱福興慶弛隘務保舉金福安接充請給示戳由〉，《淡新檔案》，案號：17312-000。

〔註 35〕 〔清〕咸豐 6 年，〈苔中七等庄生員劉青史等爲人逃隘懸懇恩准給諭戳以專責成事〉，《淡新檔案》，案號：17307-001。

〔註 36〕 〔清〕同治 7 年，〈蛤仔市等庄同治七年分佃欠清單〉，《淡新檔案》，案號：17416-009-1，有這些人名。

〔註 37〕 〔清〕光緒 9 年，〈代理新竹縣正堂周爲諭飭派丁隨往勘運事〉，《淡新檔案》，案號：14410-18，載其爲光緒 9 年貓裏街總理。

〔註 38〕 〔清〕光緒 5 年，〈後壠新港社屯丁劉什班鍾阿興等爲恃勢橫吞串謀盜賣乞拘訊究追事〉，《淡新檔案》，案號：17205-013。

〔註 39〕 〔清〕光緒 11 年，〈謝泰傳爲串佃混收挾恨阻撓懇恩諭止拘訊以重隘務而專責成事〉，《淡新檔案》，案號：17327-003-1。

〔註 40〕 可參考〔清〕沈茂蔭，《臺灣省苗栗縣志》，卷三，〈建置志‧村莊志‧苗栗堡〉，頁 36～39。

〔註 41〕 邱文光（主持）‧呂榮泉（主編），《苗栗縣地名探源》，頁 192～193。

附圖 4-1　清代苗栗義民祀輪祀七街庄單位分佈圖

說明：1. 本圖所繪出之鄉鎮乃今日鄉鎮界（紅粗線），清代不存在焉，繪出
　　　　以方便讀者閱讀古今。

　　　2. 本圖依「中央研究院 GIS 臺灣歷史文化地圖」網站，
　　　　網址：http://thcts.ascc.net/kernel_ch.htm 擷取，再由筆者所轉製。

　　　3. 圖中**藍色部分**，為清代苗栗義民祀擁有田產（義民田）大致位置。
　　　　交叉線部分為苗栗義民廟所在之社寮崗庄。

由「附圖 4-1」可知，這七街庄可分兩部分：一是圍繞著苗栗義民廟所在

的社寮崗之一街三庄，即苗栗街、以及田寮、芒埔、嘉盛等三庄；其二是圍繞著「義民田」所在的三庄，即中心埔、中車路、五谷崗〔註42〕等三庄。換言之，「苗栗義民祀」的327會友所代表的七街庄，是分別以「社寮崗」和「義民田」為兩核心，所擴散出之兩片空間紐帶。

但這兩片空間紐帶，是否一定代表清代苗栗義民廟就有如此大小之祭祀圈？似乎未必，因為前已述〈義民祀327會友〉身分是世襲的，自清代乾隆末建該廟以降至1895年的百餘年間，若七街庄內某庄的第一代參予會員，其會員身分已世襲到第二、三、四代，則繼承者也有搬到「隔壁庄」的可能性。故這七街庄輪祀單位，概只能代表百餘年來，義民祀327會友「人的身分」之歷史延續性，與繼承後裔也可能往「隔壁庄」搬家之空間擴散可能性。故推估其可能是以「社寮崗」、「義民田」之附近人，百餘年來陸續加入〈義民祀327會友〉後，又同時不斷有「歷史延續」與「空間擴散」之結果。

不過可合理推測，清代苗栗義民廟可能存在另個以「義民田」附近庄之輪祀單位過，但依筆者田野調查，今已不存在，唯有社寮崗（北苗）附近三里，為今日該廟基本祭祀圈。

然即令此七街庄是代表清代苗栗義民廟祭祀圈分佈在這七街庄〔註43〕，其規模也遠不如枋寮義民廟那般興盛，或甚至是像中港堡頭份義民廟的香火面積之廣（一個頭分聯庄總理區）〔註44〕。究其背景原因之一，概在苗栗堡核心區的客家人，相對沒有機會去親歷清中期以降數次閩客大械鬥，親眼見鄉里同胞被閩人勢力攻擊之歷史背景條件。故不但百餘來苗栗義民廟方（乃至苗栗平原上其他廟宇）並未像枋寮義民廟方般，演化出用突顯「粵東」原鄉認同以區隔「閩籍」敵人，與「忠義」大我精神保衛鄉親；也當然沒有發展「挑擔奉飯」

〔註42〕「義民田」所在位置很可能與清代苗栗義民首、「七十分庄人」鍾瑞生，以及當時其鄰居、同樣也是義民軍發起人劉維紀、謝尚杞有關，此田產可能是三者之一捐出部分私田給廟方做祀田之用。可惜以上推論目前尚尋無直接史料可證，但可由其地理分佈做為旁證。

〔註43〕但至少在清代「苗栗街」（即今「南苗」）方面可能性甚低，筆者家族生長於「南苗」，從未聽過「南苗」鄉親曾大規模祭拜苗栗義民廟之傳說、更未曾目睹過南苗鄉親大規模往「北苗」義民廟祭拜之。

〔註44〕又清代苗栗街（今南苗）香火較盛廟宇之一，該是苗栗媽祖廟、三山國王廟等，見〔清〕沈茂蔭，《臺灣省苗栗縣志》，卷十，〈典禮志・祠廟志〉，頁160。詳見潘朝陽，〈臺灣傳統漢文化區域構成及其空間性──以貓裏區域為例的文化歷史地理詮釋〉之研究。

的社會動員需求。因此，苗栗堡核心區也就相對地缺乏歷史背景條件，去發展凝聚之「粵人」或「客家人」意識，來團結「粵人同胞」的區域宗教產物。

又苗栗義民廟方主祀之神，除與枋寮義民廟一樣，也主祀義民骨骸外，又更加重視眞正殉難於林爽文事變的「朝廷官方人物」——淡水廳同知程峻、與幕僚壽同春，此也爲該廟與「上背客」義民信仰最大不同處之一。

第二節　苗栗堡後龍溪上游區漢原關係與義民信仰

前章已就清末苗栗堡後龍溪上游區的「獅潭鄉」、「大湖鄉」兩地區，做漢人分佈與拓殖勢力之背景介紹，本節將述本區義民信仰區域特色，與其和清末漢原關係之關聯性。

一、獅潭義民信仰與黃南球勢力以及漢原關係之關聯

清末日初，黃南球自新竹枋寮義民廟分香，在獅潭設了獅潭義民廟；同樣，黃南球也在他勢力所能及的大湖之「南湖」一帶，自新竹枋寮義民廟分香設了南湖義民廟（詳後）。雖獅潭義民廟之初設，已超過清代臺灣的時間斷限，而到日本時代初期，已距清代臺灣時代約晚十二年（詳後）。然其設置之因，還是與清代以來本地漢原關係有莫大關係，是延續清代以來本地族群關係的社會文化產物，是故本文仍於此談之。

就獅潭義民廟信仰程度而言，此地雖有義民廟信仰，卻也不如「竹」地區那麼興旺，甚至也非獅潭一帶最大或最主要廟宇。獅潭一帶道教信仰，以獅潭仙山靈洞宮最有名，在《重修苗栗縣志·宗教志》中，將獅潭仙山靈洞宮列爲全縣第十重要廟宇〔註 45〕。然在獅潭義民廟方面，根據何恭成與黃卓權之說法，事實上在獅潭這一房的黃家勢力暫時中衰後，當地人也少人打理這間義民廟。依何恭成說法，其幼時所睹舊義民廟又破又小，已腐朽到經常滴水漏雨，連廟中神明地位僅次主神義民爺的左側陪祀「藥劑先師」牌位上姓名，都已長年被雨水滴到模糊不清。直到 1990 年左右，才有獅潭地方人士包含黃卓權等人倡議重建，獅潭義民廟遂有今之宏貌，「藥劑先師」牌位也才重做。而何恭成也說「藥劑先師」之姓名，也是自鄰近的獅潭仙山扶鸞降筆再求得的。

〔註45〕黃鼎松，《重修苗栗縣志·卷八·宗教志》，頁 47～50。

又在民國 87 年（1998）由獅潭鄉民曾桂龍等人所修的《獅潭鄉志》中，則述：

> 目前本鄉廟宇供奉的主副神大約以關聖帝君（三恩主）最多，媽祖
> 次之，觀音菩薩又次之，神農……等。茲分述如下：……〔註46〕。

上引文完全沒提到獅潭義民廟，這一定程度反映了該廟在當地人心中其實意義不大；且《獅潭鄉志》中前引「茲分述如下：」句後，乃爲該《鄉志》依當地信仰規模大小，一一介紹獅潭當地道教信仰，但竟將當地義民廟信仰排序到「第十」，且與「有應公」並列〔註47〕，這也一定程度反映出苗栗獅潭人對當地義民信仰並不太熱衷，且視義民信仰與有應公之類崇拜相同。

據黃南球曾孫黃卓權說法，因黃南球本人很相信義民信仰，使其拓殖範圍的「獅潭」乃至大湖之「南湖」一帶漢人，也跟著黃南球這位「黃滿頭家」一起信之。然爲何當年黃南球會引進義民信仰到「獅潭」一帶？除黃南球本人的信仰態度原因外，清末日初時「獅潭」客家人與原住民緊張的民族關係也是一因。據獅潭義民廟方提供之《獅潭義民廟簡史》記載：

> 黃南球率眾至獅潭開發，常遇山番（原住民）出草，殺人劫貨，庄
> 民常患瘟疫，家畜亦難飼養，故於光緒二十一年（西元一八九五年）
> 赴新竹縣新埔鎮褒忠義民廟恭請義民爺分靈現址（原爲一間小廟舍）
> 奉祀，從此神靈顯赫，地方安寧，尤其藥籤靈驗……於民國八十四
> 年（重建完工）……〔註48〕。

由上引文可知，至今留在獅潭客家人的記憶中，獅潭義民廟仍是因清末日初漢原關係緊張，漢人死傷頗多，加上瘟疫叢生，所以「黃滿頭家」才去枋寮分香請義民爺來庇佑。不過，引文中說該廟是光緒 21 年所設，但若根據較原始史料《寺廟調查書・新竹廳》記載，此廟遲至日本時代初期的明治 40 年（1907）5 月才創建，同年十二月竣工〔註49〕，時黃南球已六十一歲，而非早在 1895 年時所蓋〔註50〕。

〔註46〕曾桂龍（總編），《獅潭鄉志》，頁 101。

〔註47〕曾桂龍（總編），《獅潭鄉志》，頁 109～110。

〔註48〕不知撰人，《獅潭義民廟簡史》（苗栗獅潭：獅潭義民廟廟方提供，不知年代，但當在 1994 年以後。）

〔註49〕〔日〕《寺廟調查書・新竹廳（手寫稿）》，頁 085183。原文爲日文，筆者自譯。

〔註50〕黃卓權，《跨時代的臺灣貨殖家──黃南球先生年譜（1840～1919）》，頁 291～292。又黃氏在此也認爲獅潭義民廟是黃南球於明治 40 年，才親往新竹枋寮義民廟分香至獅潭建廟。

　　據前引獅潭義民廟耆老何恭成說法，獅潭義民廟祭祀圈僅及「獅潭」大字（即北四村），但依黃卓權說法，今獅潭鄉最北的百壽村其實地近今三灣，反而不很積極拜獅潭義民廟，故實際上該廟祭祀圈可能不及整個北四村。又，獅潭義民廟祭祀圈的南向，亦是不及於桂竹溪流域的「八角林」與「桂竹林」兩大字（南三村）。茲將此問題分述於以下：一、「桂竹林」事實上並非屬黃南球，而是屬劉緝光的拓殖勢力範圍，而劉緝光是出身於義民信仰不興盛的苗栗平原尖山庄人士〔註51〕，故也不會將義民信仰導入桂竹林，桂竹林庄民自也不傾向加入「隔壁庄」的獅潭義民廟的祭祀圈；二、「八角林」一帶雖在雖在清後期為黃南球勢力範圍，但可能本地地域上因屬桂竹林溪流域，在日本時代後，信仰習慣與民情風俗反逐漸趨向於「桂竹林」大字。故明治40年黃南球六十一歲倡議興建獅潭義民廟後，「八角林」的庄民並未前往祭拜。又，在「桂竹林」有間「萬善祠」，此即「有應公」之類的孤魂野鬼宗教信仰。此祠即清末日初時，劉緝光收集並供奉被原住民殺害的漢人骨骸而設，後來又收埋許多無依無靠的死者之小祠〔註52〕，劉緝光當年也未將之改為義民信仰。

　　至於黃南球本人為何會信仰義民爺？可能跟其早年生活經驗有關。據黃卓權考證，黃南球在十二歲以前都在楊梅壢（今桃園縣楊梅市）習農耕讀，到咸豐元年（1851）才隨父遷居苗栗雞隆河流域，至同治2年（1863）廿四歲時又隨父搬到今南庄鄉一帶，並於此年獲南庄拓殖大戶黃允明幫助，在南坪（今三灣鄉大坪村）開啟了一生的拓殖事業〔註53〕。由斯可見，黃南球在十二歲以前，該常耳聞離楊梅壢不遠的枋寮義民爺信仰與神靈傳說，雖其後來在十二至廿四歲時，遷居到義民信仰並不盛的苗栗後龍溪中游段與西湖溪流域交接之雞

〔註51〕周錦宏（總編），《苗栗縣獅潭鄉竹木村誌》，頁122：「劉緝光為公館尖山前清雙舉人劉獻廷之曾孫……十二世祖獻庭公……清道光14年（1834）參加甲午科鄉試，中式舉人，為苗栗地方鄉試及第第一人。其次子劉禎……於道光20年（1840）庚子歲，也中式恩科劍波榜舉人。」查〔清〕陳培桂（等纂），《淡水廳志》，卷八（下），〈選舉表・文舉〉，頁244～245：「劉獻廷：道光十四年甲午科，林廷祺榜。貓裏人，粵籍……劉翰：同上，榜名禎，獻廷子，粵籍。」又〔清〕沈茂蔭，《臺灣省苗栗縣志》，卷十三，〈選舉表・文舉〉，頁195～196：「劉獻廷：道光十四年甲午科林廷祺榜。苗栗堡尖山莊人，原籍廣東平遠縣……劉翰：道光二十年庚子恩科池劍波榜。榜名禎，獻廷子。」
〔註52〕曾桂龍（總編），《獅潭鄉志》，頁110。又在周錦宏（總編），《苗栗縣獅潭鄉竹木村誌》，頁86，也記載該地萬善祠祭祀圈，僅止於竹木村（即「桂竹林」）。
〔註53〕黃卓權，《跨時代的臺灣貨殖家——黃南球先生年譜（1840～1919）》，頁29～49。

隆溪流域，但其廿四歲後又在義民信仰頗盛的中港溪上游段開啓事業。故在黃南球四十歲中年以前的人生經驗中，與義民信仰較深之地的接觸時間較多。因此，在黃南球六十一歲，因獅潭庄內「常遇『山番』」，麾下與庄民眾人又常恐於「番害」而「常患瘟疫，家畜亦難飼養」時，黃南球或許憶起義民爺的神靈傳說，遂往枋寮分香，請義民爺入鎮，以安獅潭庄民民心。故，清末日初獅潭庄民會傾向迎義民爺入鎮庄中，除黃滿頭家本人因素外，當時本地漢原關係緊張，庄民對「番害」與「瘟疫」的恐懼想像，也是一大社會動力之因。

然，同樣是面對「番害」，同樣是處於當年獅潭縱谷中，漢原關係十分緊張的環境下，出身於苗栗平原的劉緝光，與「成長」於楊梅壢、「起家」於中港溪流域的黃南球，在處理這類問題的方式與態度，就大不相同。劉緝光就不傾向將被山地原住民所殺之漢人，視之爲義民爺之類，或請義民爺來供奉以鎮撫之。故劉緝光也不傾向大老遠往枋寮分香義民爺來「桂竹林」祭祀，「桂竹林」庄民也未加入獅潭義民廟祭祀圈，連同鄰近的「八角林」庄民，日後也未加入獅潭義民廟祭祀圈中。故桂竹林一帶庄民，即使在漢原關係緊張下，對漢原衝突時犧牲的骨骸遺靈，仍只是以「有應公」祭祀之，神格並不高。

二、吳定新家族、黃南球拓殖勢力與大湖、南湖二義民廟關係

今日大湖鄉地區的「北六村」是大湖義民廟〔註54〕的祭祀圈；「南六村」則是南湖義民廟〔註55〕的祭祀範圍。不過在今大湖「北六村」的區域範圍，

〔註54〕 大湖義民廟據說早在「同治9年（1870年）4月」已經經由吳定新創建，其祀奉拓墾大湖時期殉難的鄉勇與墾戶，原廟址在大湖的「下坪」田中，故俗稱「下廟仔」，每年中元節由開拓大湖庄四大姓吳、葉、陳、謝輪流祭祀。日本時代，日人又將「平定蕃族」死難之士兵也併入該廟中。戰後，地方有力人士又將「羅福星事件」中之羅福星、陳阿榮、張火爐、賴來、李阿齊等「抗日忠骸」一起移葬至此，並將義民廟改名爲「昭忠塔」，民國60年（1971）成立大湖昭忠塔管理委員會，由彭木昌擔任第一屆主任委員。又於民國78年召開第四屆第二次信徒大會，議決通過改名爲「大湖鄉義民廟管理委員會」。以上根據大湖義民廟管理委員會（編印）《大湖褒忠義民廟·革命先烈羅福星烈士簡介》（苗栗大湖，無出版項，由大湖義民廟廟方贈），頁1～2，與黃碧忠（主持）·吳兆玉（總編纂），《大湖鄉誌》，頁631所改寫。

〔註55〕 南湖義民廟（又名「護安廟」）據說是早在「光緒3年」，就由黃南球發起，其夫人黃林貴妹捐獻甲餘土地，並由地方人集資貳百元所創建廟宇爲「護安祠」，並奉請新竹枋寮義民廟分靈登座，以奉祀開墾南湖地區與土人（按：指原住民）

同於日本時代「獅潭」大字（今獅潭鄉北四村）一般，最興盛的廟宇並非大湖義民廟，而是大湖西側的市郊高山上之「法雲寺」（佛教信仰）、與大湖「街心肚」裡面的大湖「萬聖宮」（道教信仰、主祀關聖帝君）〔註56〕。法雲寺是大湖吳家拓殖勢力與北鄰的桂竹林劉緝光等拓殖勢力，在清後期即聯合倡議興建，但遲到日本時代初期的 1911 年才跟日本殖民政府申請興建〔註57〕；萬聖宮則是光緒 12 年（1886）霧峰林家林朝棟的棟字營軍入駐大湖「撫番」後，與大湖吳家、葉家等諸大姓拓殖家族共同倡議興建，至光緒 14 年創建完成後，由林朝棟林統領，親率大湖各大姓家族主持「登龕」典禮，至今則為大湖的「本鄉第一寺廟」〔註58〕。故《清苗栗縣志》也記載了本廟：

> 關帝廟……一在大湖八份街，距城三十里。光緒十四年，統領林朝棟建，共一十一間。墾戶吳定連年捐香祀穀一十石，又將八份街地租銀年捐出一半，作廟內香油之費〔註59〕。

上述二廟，其實與本文主旨之一的「義民信仰區域差異」無大太關係，本文也不詳論。引述此二廟只是要說明，在探究大湖義民信仰時，並須先認知，一：大湖義民廟絕非大湖「北六村」地區的主要信仰；二、大湖主要信仰仍在「傳統主要神明」的佛、道兩教，佛教的大湖法雲寺主祀如來佛祖、道教的大湖萬聖宮主祀關聖帝君；三、大湖萬聖宮實乃大湖鄉香火最盛之廟宇，這與清代「苗栗堡核心區」最主要的「關聖爺信仰」風氣是相結合的。由大湖乃至北鄰的桂竹林地區之拓殖史來看，兩地拓殖者，主要都是由清代「苗栗堡核心區」地區中之有力者（劉緝光家族與吳定新家族等勢力）拓殖大湖與桂竹林兩地來看，牛鬥口峽谷之東、西兩側〔註60〕道教信仰色彩，彼此有密不可分的歷史延續關係。故大湖的道教宗教色彩，實深受苗栗平原與西湖溪流域的影響。這種影響也在大湖義民信仰中可看出端倪，使大湖義民廟信仰，呈

交戰犧牲之英靈。至光緒 4 年 4 月竣工，黃南球每年捐十石穀做廟宇經費。次年，南湖地區經常發現幽魂作怪等怪事，又發起當地中元普渡始獲安寧。詳見苗栗縣南湖護安廟管理委員會（製），《護安廟簡介》（苗栗大湖：苗栗縣南湖護安廟管理委員會，2007），頁 1。

〔註56〕大湖萬聖宮主祀「關帝爺」，這點相同於「一（關刀）山之隔」的清代「苗栗堡核心區」中較興盛之「關帝爺」信仰。可參考潘朝陽，〈臺灣關帝信仰的文教內涵——以苗栗區域為例之詮釋〉，頁 13～36。

〔註57〕黃碧忠（主持）·吳兆玉（總編纂），《大湖鄉誌》，頁 618。

〔註58〕黃碧忠（主持）·吳兆玉（總編纂），《大湖鄉誌》，頁 629～630。

〔註59〕〔清〕沈茂蔭，《臺灣省苗栗縣志》，卷十，〈典禮志·祠廟志〉，頁 160。

〔註60〕東側指日本時代「桂竹林」與「大湖」兩大字地；西側指苗栗平原。

現「並非單純性的」義民信仰〔註61〕，而是雜揉了牛鬥口峽谷西側的道教色彩。

又，有關大湖、南湖兩地拓殖史方面的研究成果，概以前引林恩睦〈清代苗栗大湖地區的土地開發（1861～1895）〉（以下簡稱〈林恩睦文〉）、吳兆玉《大湖鄉誌》、簡志維〈清代苗栗大湖墾隘的發展—國家與地方社會的互動〉（以下簡稱〈簡志維文〉）、與黃卓權《跨時代的臺灣貨殖家——黃南球先生年譜（1840～1919）》（以下簡稱《黃南球年譜》）等文分析最是詳盡。首先簡述〈林恩睦文〉，其將大湖拓殖史分為「拓墾前期（1851～1884）」、「轉變期（1884～1889）」、「拓墾後期（1889～1895）」。其「拓墾前期（1851～1884）」係指吳定新入墾大湖初期，與原住民族群衝突並且與鄰近漢人墾界發生糾紛。林氏指出吳定新土地拓墾模式，主要是「招佃開墾」，而漢人社會的發展方面，大湖形成八份庄、大寮庄，並有福神祠等小型的祭祀圈的存在。至於其「轉變期（1884～1889）」則指劉銘傳的政策大幅轉變，試圖「開山撫番」將邊區社會納入政府管理，而吳定新則積極處理界內未墾土地，其方式是合股開墾及辛勞地贈與，故八份庄漸發展為大湖街，並具初步商業機能，大湖街並建有關帝廟。最後的「拓墾後期（1889～1895）」則為廣泰成墾號入墾大湖，當此時，大湖撫墾官員計劃由「廣泰成墾號」認墾大湖、卓蘭，卻引起舊墾戶吳定新等人抗議引發紛爭。至於漢人社會發展方面，大湖街、南湖街聚落成長迅速均以樟腦聞名，形成各自運作的社會。

而〈簡志維文〉則是由清代的國家力量、漢人拓殖行動與原住民的抵抗強弱，來討論這三變數對大湖地區地域社會的影響。作者深入介紹清後期大湖地區，有兩股重要漢人勢力拓殖，一為吳定新的「金和成墾號」，另一為黃南球「廣泰成墾號」。「金和成墾號」於咸豐11年（1861）成立；「廣泰成」則是在光緒12年（1886）劉銘傳裁隘後所設立。作者透過對這兩個墾隘的研究，比較兩者間差異，對墾隘的性質，及朝廷積極介入後，如何整編當地拓殖勢力領導人做一探究，同時也對兩墾號勢力間發生衝突的歷史過程作一介紹。

另《大湖鄉誌》利用原始史料頗多，其對漢人入墾大湖地區的時間脈絡與空間發展，皆經過考證，但其對為何形成今日大湖與南湖兩大「聚落群」，與為何形成各自獨立的信仰圈，似未有更精細的論述。《黃南球年譜》則為

〔註61〕此指大湖北六村義民信仰，並不類似「竹」地區信仰神格很高的義民信仰，故稱之「並非單純性的」，以下皆同。

「廣泰成墾號」黃南球之曾孫黃卓權所作，其以編年體考述黃南球一生史蹟，利用大量原始史料做考證。大抵而言，從清末延續到日初，黃南球勢力與大湖舊墾吳定新家族勢力的土地權爭議仍不斷。

不過，據筆者田訪發現，今日「北六村」的「聚落群」大抵是延續清代吳氏等「大湖四大姓」各家族拓殖勢力而來；「南六村」之「聚落群」則多延續至清代黃南球的勢力範圍。雖然上引四書都論述詳細，但似都未對此日後演變做過詳論，同時也都未全面對大湖、南湖為何各自祀奉自己的義民廟，而互不隸屬的歷史過程做過論述〔註62〕。

首先，本文對大湖、南湖兩義民廟的創建年代做一考證。由前註引中可知，根據前註引中兩廟提供的文獻中，「傳說」大湖義民廟是創於同治9年（1870）；南湖的則是創於光緒3年。首先論述大湖義民廟創建年代如下：

就目前原始史料相關記載方面，依日本時代的《寺廟調查書·新竹廳》記載：「南湖、大湖各有一間義民廟，是提供奉祀開拓此地的任何犧牲者而設，據說是距今約三十一、二年前所建立〔註63〕。」由這份約是大正4年（1915）前後的調查書來看，似可見當時採訪者訪問大湖時，大湖人對大湖義民廟創建年代記憶已不詳確；或是當時負責調查採訪者，根本就沒認真調查清楚，所以對兩廟都只模糊記載是「距今約三十一、二年前所建立〔註64〕」。

又可見更早的1904年9月之《臺灣日日新報》則載：

（大湖）吳定連於同治9年建立今義民廟，並將遭「蕃害」擊斃的遺骨納於此。堂內，則安置了書寫著「褒忠義民神位」的石牌，每年七月廿三、廿四兩日施以大祭……又將（明治）35年（1902）的（征討原住民）大討伐之前，死於「蕃人」之手的隘丁、個人之靈，亦併入祭祀，骨骸遂達一千兩百餘名〔註65〕。

1904年距清代臺灣時代並不遠，可信度尚高，故由此份新聞報導可知，大湖義民廟是建於同治9年左右。

〔註62〕筆者曾就此問題當面請教黃卓權氏，其告訴筆者：今大湖鄉地區會由吳定新家族與黃南球兩勢力範圍彼此糾葛，分別演變成今日「北六村」與「南六村」兩大「聚落群」，應是雙方勢力日後妥協之結果。不過，這個歷史過程應超過本文的時代斷限（清代臺灣時期），故除非必要，本文也不詳論之。

〔註63〕〔日〕《寺廟調查書·新竹廳（手寫稿）》，頁85186。原文為日文，筆者自譯。

〔註64〕即清代光緒9～10年　左右。

〔註65〕〔日〕〈大湖の義民廟〉，5版。原文為日文，筆者自譯。

　　但這份報導中所謂的「石牌」，今日仍存於大湖義民廟中，據筆者口訪大湖耆老彭欽梅口述，這個石牌是該廟目前保留最古舊的遺跡，其餘多半都是戰後所改建添補。但此石牌卻不只如《臺灣日日新報》所說般，僅書「褒忠義民神位」幾個字，它原貌如「附圖4-2」。

附圖4-2　大湖義民廟「石牌」圖

說明：筆者得廟方所允後自攝。

　　由圖中可知，這「石製神牌位」上，是左書「褒忠義民」、右書「萬姓同歸」的「諸神位」，其記載設立年代是「辛未年・冬月立」。查清代後期的辛未年是同治10年，故由此物證可知大湖義民廟應是「創建完成」於同治10年，與1904年的《臺灣日日新報》說是創建於同治9年的說法有些小差別。為何有此小差別？分析如下：

　　大湖義民廟「創建完成」於同治 10 年，可信度應極高，因為大湖庄是漢人吳定新家族在咸豐 11 年時入墾，至同治 10 年時已有約十一年之久。極可能是吳定新家族鑒於拓殖大湖時，死於漢原械鬥的屍靈骨骸極多〔註66〕，故在入墾大湖約十年後，大湖庄已初步成型，吳氏家族與眾庄人，也已有餘力倡議建立此廟，以告慰祭祀死難者。至於為何 1904 年的《臺灣日日新報》說本廟創建年代是同治 9 年？筆者認為這當是指「籌建年代」，亦即大湖吳氏家族與庄人等，是於同治 9 年籌建本廟，到第二年的同治 10 年冬月〔註67〕時，本廟才正式落成並完成「登龕」或「登位」。故本廟石製神牌位上，才會刻寫「辛未年・冬月立」。是故本文認為大湖義民廟「創建完成」於同治 10 年，也與 1904 年的《臺灣日日新報》說法並不相矛盾。

　　值得注意的是，1904 年的《臺灣日日新報》只注意到大湖的「義民爺信仰」之報導，卻忽略了其實石製牌位上，另有「萬姓同歸」四個字。這是相當重要的一個線索，一定程度反映出大湖庄人眼中，當地的「義民爺」不過是跟「萬善爺」般的孤魂野鬼之陰神，所以才用同個石製神牌位，一起纂刻供奉。又在《清苗栗縣志》上，也只記載現在的大湖義民廟不過是間萬善爺的廟。見《清苗栗縣志・典禮志・祠廟志》：

> 萬善祠：<u>祀義塚孤魂</u>……一在大湖八份街，距城三十里。<u>同治十三年</u>，墾戶吳定新倡建。共一十二間。<u>伊弟吳定連*</u>，年將八份街所收地租銀，半捐作香祀之費〔註68〕。

這裡出現幾個問題：一、《清苗栗縣志》載本廟不過是「萬善祠」，乃祭祀「義塚孤魂」之用，而非將它書成「義民廟」；二、又載本廟是建於同治 13 年，

〔註66〕據大湖耆老彭欽梅說法，據父老相傳，廟中這些骨骸雖絕大部份是漢人，但有少部分也是有死於漢原械鬥的原住民骨骸雜於其中。又根據彭欽梅與黃肇松說法，到日本時代，日本人也將征討原住民時死亡的日本士兵、漢人隘勇骸骨，都一併放入本廟中。又黃碧忠（主持）・吳兆玉（總編纂），《大湖鄉誌》，頁 631 亦同樣如此記之。又彭欽梅也表示：日本時代，若有大湖庄民在田園中檢到無主骨骸，也同置於此，一起為庄民供奉。

〔註67〕據常年從事佛具雕刻業的家父張耀桂告知，「冬月」泛指農曆 10、11、12 等三個月。

〔註68〕〔清〕沈茂蔭，《臺灣省苗栗縣志》，卷十，〈典禮志・祠廟志〉，頁 162。本引文所用「臺灣文獻叢刊」本中「*」處「伊弟吳定連，年將……」一句，錯斷句成「伊弟吳定，連年將……」，而 2006 年由行政院文建會出的「臺灣史料集成」本，仍同樣錯斷句之。詳〔清〕沈茂蔭（輯）・洪燕梅（點校），《苗栗縣志・臺東州采訪冊（合本）》，頁 220。茲予以訂正。

與本文考論不符。茲一一論如下：

「苗」地現今五間義民廟中〔註69〕，頭份、獅潭、南湖三間俱是由新竹枋寮義民廟分香而來，苗栗、大湖兩間義民廟，都該是「原創廟」而非「自新竹枋寮分香廟」。大湖義民廟原有祀奉骨骸，但在日本時代後期，臺灣總督府強迫實施的「寺廟整理」政策時〔註70〕，大湖義民廟慘遭日本殖民政府破壞，原廟被迫拆除，並由原址「下坪」被北移徙到當時荒郊野外的「八寮灣」公墓旁。新移徙之廟還隨意搭建、簡陋不堪，骨骸也遷往新址簡陋「廟」中〔註71〕。但迫於日本政府「寺廟整理」的壓力下，大湖庄民無奈，任由遺骨在新的八寮灣簡陋廟中散落一地。直至戰後，才再有大湖鄉民呼籲重建，是為今廟今址，原遺骨骸也經焚化置於新置之「昭忠塔」（詳後）內〔註72〕。不過所幸這個「褒忠義民・萬姓同歸諸神位」之石製神牌位，在日本時代未受破壞。由此可知，在清同治9～10年，大湖吳氏家族與庄民創建本廟時，是被大湖庄人當成「義民廟」與「萬善爺」般，來祀奉這些漢原械鬥下所戰死的遺骸，亦即在清後期大湖庄民眼中，義民信仰其實就是跟萬善爺差不

〔註69〕通霄壽公祠不在本文論述範圍，故不計入之。

〔註70〕有關日本昭和時期「寺廟整理」政策，即是日本政府強迫拆除臺灣舊有以道教為主的民間信仰寺廟，並獎勵各地以參拜日本神道教的神社代替之，故使漢人傳統宗教信仰受到壓制，日本殖民政府也沒收臺灣各地以道教為主的寺廟神像，或集中管理或逕行焚毀。其約在1936～37年開始逐漸展開，38～39年左右概是拆除臺灣道教廟宇的高峰期，但每個地方執行程度不一，也遇到不少臺灣人反抗，故約在1941年後，總督府改令各地以漸進改善的方式，取代原先激烈拆廟的政策。相關「寺廟整理」政策研究極多，最重要的原始史料有〔日〕宮崎直勝，《寺廟神の昇天──臺灣寺廟整理覺書》（東京：東都書籍株式會社臺北支店，1942。）當時宮崎直勝任新竹州中壢郡郡守，這是他負責執行並記錄當地「寺廟整理政策」的一手史料；又二手研究有如莊芳榮，〈臺灣地區寺廟發展之研究〉（臺北：中國文化大學史學研究所博士論文，1987）；陳玲蓉，《日據時期神道統治下的臺灣宗教政策》（臺北：自立晚報出版部，1992年），頁229～286；〔日〕蔡錦堂，《日本帝國主義下臺灣的宗教政策》（東京：同成社，1994），頁230～309；〔日〕宮本延人，《日本統治時代臺灣における寺廟整理問題》（奈良：天理教道友社，1988）。

〔註71〕就大湖耆老彭欽梅口述，日本昭和時代被迫徙往八寮灣的「新廟」，根本就已不是「廟」，它只是一個「寮」，隨便搭一些「瓦」，裡面放著石製神牌，也沒神桌供奉，石製神牌就在地上，給大湖庄民偷偷上香用而已。由此可見日本時代昭和時期的「寺廟整理」政策，在大湖庄實行非常徹底。

〔註72〕依大湖耆老彭欽梅口述；又見黃碧忠（主持）・吳兆玉（總編纂），《大湖鄉誌》，頁631。

多，同樣都視爲「孤魂野鬼」之類的神明，故同用一個石牌供奉這些遺骸。

但爲何大湖義民廟石牌上又會有「褒忠義民」四字？推估是與吳定新家族出身與生活經驗有關。前已述吳定新家族本爲新雞隆流域有力墾戶，於咸豐 11 年入墾大湖，但此支吳屋人，卻是源自義民信仰發達區的新竹大隘地區人士。《大湖鄉誌》引大湖吳屋下伙房族譜史料手稿，在該鄉誌考證文中記載：「咸豐元年（一八五一），（吳）立富公（吳定新、吳定貴之父）率子偕弟立傳公（吳定連、吳定來之父），自新竹縣峨眉鄉赤柯坪南遷新雞隆（雞籠山）拓墾〔註 73〕。」咸豐元年到 11 年不過相距十一年左右，故吳定新家族本就爲大隘地區峨眉人，他們自新雞隆流域來拓殖大湖時，也將新竹地區的義民信仰、與苗栗地區教多的萬善爺信仰，一起雜揉帶到大湖，建立了大湖義民廟。

而《清苗栗縣志》以清代後期苗栗堡仕紳爲主的編纂采訪者〔註 74〕，概因苗栗堡本身義民信仰本就不發達，當時大湖也不過就是苗栗堡的一個小街庄，便只書大湖義民廟是萬善祠一類之廟宇；而 1904 年的《臺灣日日新報》的報導者眼中，卻只見其義民信仰這部分，就忽略了本廟同時也俱有萬善爺的性質。故《清苗栗縣志》和 1904 年的《臺灣日日新報》，都只記載了他們眼中「想要」看到的那部分，也忽略了沒「想要」看到的另一部分，所以「一個石牌，各自記述」〔註 75〕。

又《清苗栗縣志》載本廟是「同治十三年，墾戶吳定新倡建」，這倡建年代當是有誤。但這究竟是當時《清苗栗縣志》的采訪者本身就寫錯？還是日後傳抄時抄錯？據前引洪燕梅〈（清苗栗縣志）點校說明〉一文可知，《清苗栗縣志》一書能付梓，命運可謂多舛。《清苗栗縣志》乃光緒 20 年（1894）所編纂，但次年臺灣即已割日並爆發乙未戰爭，《清苗栗縣志》尚未來得及付梓，編纂局卻被迫解散，使原稿大多散佚。數十年後的 1950 年左右，史學家方豪得知，在上海徐家匯天主堂藏書樓，仍藏有《清苗栗縣志》未刊稿之抄本，在當時國共內戰情勢緊張之下，方豪仍不顧局勢危急，命學生王瑞明往上海

〔註73〕黃碧忠（主持）・吳兆玉（總編纂），《大湖鄉誌》，頁 623。

〔註74〕《清苗栗縣志》雖由當時知縣沈茂蔭掛名主修，但實際的執筆采訪者，主要還是以苗栗堡附近的客家仕紳爲主，詳見張正田，〈由清代《苗栗縣志》看清末「苗栗堡」人的族群感與空間感〉，頁 321～336。

〔註75〕不過據大湖耆老彭欽梅口述，一直到日本時代，大湖庄人都稱該廟爲「下廟仔」（位於「下坪」的廟之意），當時根本很少庄民會稱它爲義民廟。可見到了日本時代，大湖庄人似已逐漸「遺忘」這是間義民廟或是間萬善廟，而泛稱爲「下廟仔」。

再抄出，並轉交由當時苗栗縣文獻委員會付梓刊行。由此可見，《清苗栗縣志》幾經抄錄才能付梓，內容略有漏誤在所難免。筆者以為《清苗栗縣志》采訪者本身就寫錯的機率倒很低，因為大湖距苗栗並不遠，采訪者或可能也來大湖庄中看過本廟、甚至看過本石牌神位，故寫錯機率應不高；反倒是日後數次的抄本，因幾經戰火而輾轉抄錯，將同治十一年的「一」字錯抄成「三」字之可能性比較大。

故大湖義民廟信仰，實非「單純性的」義民信仰，它其實是在清末日初時大湖庄附近漢原關係緊張氛圍下，反映出的一種雜揉了苗栗堡客家地區對孤魂野鬼的「萬善爺」信仰、加上竹塹客家地區「義民爺」信仰後，在大湖當地產生的一特殊宗教性產物。但是這種產物，又並非大湖「北六村」地區人士眼中的最主要宗教信仰。故在戰後不久的民國 36 年（1947），在「北六村」地區有力人士徐金福（時任苗栗縣第一屆縣議員）等人倡議重建大湖義民廟，卻屢屢得不到當時大湖鄉當局方面的重建許可後，乾脆商請當時方旅居大湖的外省籍第一屆國大代表王惟英，透過黨政關係人脈關說，敦請方遷臺不久的中央政府施壓，在民國 41 年前後乃以主祀「抗日英雄羅福星」名義請建「大湖昭忠塔」〔註 76〕。不過這段歷史已超過本文斷代，暫不詳述〔註 77〕。但由此可見經過日本時代後的戰後不久，在大湖「北六村」鄉民眼中，大湖義民廟已無所謂「清代義民」色彩，只要廟能順利落成，被改名也無所謂。

至於南湖義民廟方面，前注引中已提過，由該廟方所提供之《護安廟簡介》一文所說，「傳說」該廟是早在光緒 3 年由南湖庄拓殖者黃南球所創建。不僅如此，該廟方入口處二樓牆上所懸掛的《南湖義民廟沿革》也是說此年所建。但前引日本時代《寺廟調查書‧新竹廳》記載：「南湖、大湖各有一間義民廟，是

────────────

〔註 76〕 如今大湖義民廟內，可見正中央上方是蔣介石親書的「忠烈永式」匾，左側則有黃季陸親書的「忠烈千秋」匾，右側有王寵惠親書之「垂範千秋」匾。這些「忠烈」等字眼，主要是針對「大湖昭忠塔」主祀的「羅福星革命烈士」而來，並非針對大湖的「清代義民」。至於該廟的東西兩側牆上，至今仍掛滿都是當時中央政府大老們，在民國 41 年前後所親筆題書的許多面「長直型匾額」。該廟之重建，實非單純性的義民信仰。這些「長直型匾額」，題書者有陳誠、吳鐵城、何應欽、白崇禧、周至柔、錢思亮、海軍總司令馬紀壯、趙至垚、譚嶽泉、陸軍總司令黃杰等人。另外廟前又有俞鴻鈞、王惟英、朱懷冰所書的「政治文章」，本文限於篇幅，不能將所有內文一一詳記於斯（譬如有「反抗極權」、「革命成仁」……等字眼，卻無一個與「清代大湖義民」有關），僅列出所有題名者，做一歷史紀錄。

〔註 77〕 這段戰後初期大湖義民廟重建歷史，超過本文年代斷限，暫捨而不書。

提供奉祀開拓此地的任何犧牲者而設，據說是距今約三十一、二年前所建立〔註78〕。」惟此說仍有可疑之處，因為此資料說大湖義民廟創建年代已誤。

但《寺廟調查書·新竹廳》中所謂南湖義民廟也是供奉「開拓此地的任何犧牲者而設」，若據南湖耆老彭阿喜口述，該廟本來確實有義塚，就在該廟之正後方小山丘上，埋葬南湖庄「征番」時戰死之眾人的骨骸，後來庄中若有人過世，遺骸也同葬於此塚中。但彭阿喜說：大概在日本時代後期皇民化時代時，南湖義民廟慘遭日本政府破壞，該廟與其義塚皆被迫拆除，原址被迫改為南湖庄日本神社，至戰後，該廟才能重建〔註79〕。

又南湖義民廟創建歷史年代大約始自何時？茲引該廟二樓牆上的《南湖義民廟沿革》一文如下：

> 本廟於清光緒三年（公元一八七六年）由士紳黃南球公所發起，選定南湖二塚，夫人黃林貴妹捐獻甲餘地，並蒙受大湖庄下熱心人士集資捐獻貳百元，創建廟宇名為護安祠，奉請新竹枋寮褒忠義民亭義民爺分靈登座，並奉祀在開墾南湖地區時，與土人（按：指原住民）交戰之英靈，光緒四年四月廟宇竣工後，蒙黃南球每一年捐出十石穀，維護本廟經費，由陳俊麟當管理人，翌年在南湖地區經常發現幽靈作祟等怪事，黃阿傳為祈求地方眾民安寧，故發起舉辦中元普渡祭典使獲安寧……公元一九九三年（重修）竣工……〔註80〕。

由引文可知，南湖義民廟同於獅潭義民廟般，都是：一、同為清末日初黃南球拓殖勢力範圍下，由黃南球倡議自枋寮義民廟分香而來的新廟；二、都顯示出清末日初時的獅潭與南湖二地，也同樣存在緊張的漢原關係氛圍，使當地新拓殖並以客家人為主的庄頭內，在東鄰「番害」氛圍下，都有幽靈作祟靈奇怪異（南湖方面）、或庄民常患瘟疫（獅潭方面）等事情，故黃南球想藉義民信仰，來安撫當時獅潭、南湖兩庄民心中的不安與對原住民的恐懼。

至於在南湖義民廟建廟年代方面，上引文中所謂南湖義民廟係在光緒3

〔註78〕〔日〕《寺廟調查書·新竹廳（手寫稿）》，頁85186。原文為日文，筆者自譯。

〔註79〕按彭阿喜先生原來口述資料，並不太清楚是日本時代何時間拆除該廟，只約略說概是皇民化時代，但本文認為最可能時間，當是總督府下令實施「寺廟整理」政策時。彭阿喜表示：當時被日本人強行拆除的該廟義塚眾骨骸中，有後裔的則自行領回安葬，不知後裔之骨骸，皆遷葬於今卓蘭鎮景山里的「竹橋頭義塚」並以萬善祠祀之，至今仍在該處未遷回南湖義民廟。

〔註80〕不知撰人，《南湖義民廟沿革》（苗栗大湖：南湖義民廟正面二樓牆上文，不知年代但當在1993年之後）。

年由黃南球所倡建。但若依黃卓權考證，光緒 3 年時，黃南球勢力尚在「上北灣山崗埔地」與「獅潭、下撈一帶」拓墾，勢力尚不及南湖；即令到日本時代《寺廟調查書・新竹廳》顯示南湖義民廟可能是建於光緒 9～10 年者，然到此年，黃南球還是「獅潭、八角林」墾戶，勢力亦尚未進入南湖〔註81〕，故南湖義民廟之創建年代亦不可能早於此。本文認為，本廟創建年代最早也要到光緒 14 年「廣泰成」墾號成立，黃南球勢力開始入拓大湖、罩蘭一帶後才可能建立本廟。清代由黃南球拓殖出的南湖庄，概也需在此時才能真的「開庄」。而光緒 14～15 年這一兩年間，南湖可能正在形成一個真正的「庄頭」之歷史過程中，其最初可能只是散居了一些小聚落，被泛稱為「草濫坪」〔註 82〕或「濫湖」〔註 83〕。既如此，由黃南球所倡議興建的南湖義民廟，也不可能早於光緒 14 年。

據南湖耆老彭阿喜所述，現在南湖義民廟，因歷年來改建重修多次，包括日本時代後期「寺廟整理」政策也曾強迫拆遷南湖義民廟，故今廟中所保存最古之遺跡，僅有：一、該廟入門處可見的「褒忠義民」石碑，其為左、右兩石碑合併齊置，左側碑有書「茲將廟宇建築寄附金氏名列左」；右側碑則書「茲將拜亭橫屋及特牌股夥寄附金氏名列左」，又其落款年代為「大歲甲子年（即大正13年，1924）冬月吉日表立〔註84〕」。這份遺留史料，也只是該廟在 1924 年增建拜亭與橫屋及特牌的芳名史料；與二、該廟倉庫中所保存，俱是日本時代大正年間所刻寫的「忠義成欽」與「志冠群英」兩匾額。「忠義成欽」匾左翼書寫「民國拾年冬月**重修**」，其「民國」二字很可能是戰後所修改，原來可能是書寫「『大正』拾年冬月重修〔註 85〕」；另「志冠群英」匾，其左翼

〔註81〕 黃卓權，《跨時代的臺灣貨殖家──黃南球先生年譜（1840～1919）》，頁 112；154～164。

〔註82〕 〔清〕光緒 15 年（1889）3 月，〈大湖廣泰成四界圖〉，《淡新檔案》，案號：17339-79。

〔註83〕 〔清〕光緒 14 年 5 月 3 日，〈劉銘傳札飭新竹縣辦理廣泰成墾務事宜〉，《淡新檔案》，案號：17339-21。劉銘傳批曰：「……由濫湖開路南達罩蘭（今卓蘭鎮），以顧各處墾務……」

〔註84〕 〔日〕「褒忠義民」石碑，苗栗大湖：南湖義民廟壁上石碑，1924 年纂刻。又「大歲」二字，客語的大、太兩字同音，即「太歲」。由碑文會用「寄附金」這種日文辭彙來看，此碑確實是日本時代中期纂刻無疑。

〔註85〕 〔日〕「忠義成欽」匾（苗栗大湖：南湖義民廟庫存匾額，1921 年纂刻）。在戰後，臺灣因為改朝換代的「政治正確」，有許多碑刻匾額史料，又都由日本紀元改為民國紀元，是為歷史常識。本匾左翼所書年代是用油漆毛筆書寫而成，

書「拜亭新建股夥芳名」並留有許多當時人名，其右翼則書「民國十三年歲次甲子冬月□□立」。同樣「民國」二字也很可能是戰後所修改，原來可能是書寫大正十三年〔註86〕。由上兩匾，可知日本時代大正 10 年，本廟有「重修」過。換言之本廟的始建年代，至少該比大正 10 年要早個二、三十年左右，否則理應不須「重修」，若保守以創廟後二十年才需要重修來估計，本廟始建年代最遲可能不會晚於 1901 年左右。又由「褒忠義民」碑與「志冠群英」匾可知，大正 10 年重修完不久的三年後，鄉民又在大正 13 年時，倡議為本廟增建拜亭、橫屋及特牌。故綜觀上引各史料來看，大湖義民廟創建年代，最早不會早於 1888 年（清光緒 14 年）黃南球「廣泰成」勢力入拓南湖之際，最晚可能不會遲到 1901 年左右（日本時代明治 34 年）的十二、三年之間，此際黃南球亦尚在世，符合前引諸史料所謂「南湖義民廟乃黃南球創建」的說法。但該廟創建年代，並非目前廟方所「記憶」的光緒 5 年那麼早。不過，要能更進一步精確證明南湖義民廟到底是創於何年的資料，目前尚不可見。

　　由清代苗栗堡後龍溪上游區的獅潭、大湖、南湖三間義民廟創建歷史淵源來看，這皆是反映清後期乃至日本時代初，漢人東進拓殖勢力與山地原住民間緊張關係下的一種產物。他們都是祭祀當時漢原緊張關係下的戰死英靈，與當地人民恐懼於「死者太多」氛圍下的一種歷史產物。此外，這三間義民廟，也不是當地香火最旺的道教信仰廟宇，如獅潭義民廟，甚至隨黃南球家族勢力衰微，香火也跟著逐漸中衰。大湖義民廟，在清晚期本就是雜揉了義民信仰跟苗栗堡核心區的萬善爺兩套神靈系統而「混成」產物，故該廟不但在清代，甚至在戰後大湖庄人眼中，義民信仰的色彩本就不強，日後甚至逐漸衰微，到了戰後初期被改為祭祀「抗日英雄羅福星」的廟宇。而大湖庄香火最盛的道教廟宇，是清晚期「征番」最力的棟軍統領林朝棟，與大湖吳姓等家族所創建的大湖萬聖宮，此廟也是反映清晚期大湖庄漢原關係緊張下的一種宗教產物，其主祀的是苗栗堡核心區主流信仰、且在清代屢為清廷加封神格的關聖帝君，或因其正統之神格，被大湖庄民視為當地最主流的祈

並非用雕刻而成，故戰後若要將「大正拾年」換為「民國拾年」，並不會留下痕跡。但若是用雕刻，功力再好的師傅，修改後多少會留下些許舊有雕刻痕跡。可惜本匾左翼年代是漆筆，若要修改，功力好的師傅可以修到根本看不出修改痕跡。筆者幼年常見家父受客人委託修改舊匾額，對此尚有些判斷能力。

〔註86〕〔日〕「志冠群英」匾（苗栗大湖：南湖義民廟庫存匾額，1924 年纂刻）。本匾左、右翼同樣都是漆筆。以上南湖義民廟相關碑、匾，可見「附錄三」。

福保安之廟宇,香火也最旺盛。

第三節　平鎮褒忠祠問題

　　「南桃園東側」唯一一間義民廟「平鎮褒忠祠」,其祭祀圈與中壢仁海宮重疊為「中壢十三庄輪祀圈」,然該輪祀圈分佈僅及「南桃園東側」偏北境,僅佔「南桃園東側」約一半面積。若單論「南桃園東側」義民信仰本身,似也不能完全代表整個「南桃園東側」的相關宗教現象(參「附圖5-1」)。不過本文仍嘗試就前人對平鎮褒忠祠之研究成果做進一步討論。

附圖4-3　「南桃園東側」與「中壢十三庄輪祀圈圖」

說明:1. 本圖依「中央研究院 GIS 臺灣歷史文化地圖」網站,
網址:http://thcts.ascc.net/kernel_ch.htm 擷取,再由筆者所轉製。

2. 綠色線爲今鄉鎮界；紅色線內爲「南桃園東側」客家區。偏北側
藍色粗斜線區爲「中壢十三庄輪祀圈」（依陳雪娟碩士論文〈中壢
十三庄輪祀網絡之研究〉，頁 4 研究成果再轉製）；偏南側紫色細
斜線區爲同屬「南桃園東側區」但非「中壢十三庄輪祀圈」區。

一、平鎮褒忠祠相關研究回顧

目前學界對平鎮褒忠祠研究成果，概有羅烈師博士論文（〈羅氏博論〉）的
〈竹塹模式與異例・異例：桃園三郡〉一節〔註87〕（以下簡稱「〈桃園模式異例〉
一節」），與前引陳雪娟碩士論文〈中壢十三庄輪祀網絡之研究（1826～1945）〉
等二文探研最詳，故以下將以二文爲基礎做進一步探究。

平鎮褒忠祠在清代咸豐年間又稱「廣興庄褒忠祠」，到日本時代又稱爲
「中壢褒忠亭」或「宋屋褒忠義民廟」，今日廟方自稱爲「平鎮褒忠祠」〔註88〕，
本文統用今稱。〈羅氏博論〉中，嘗試以竹塹地區粵庄爲觀察中心，對臺灣
客家族群藉由義民信仰而形成自我族群認同，提出「河流流域模式」。簡言
之，其指臺灣的粵閩庄分佈狀況，概是沿著臺灣各河流流域，閩庄偏下游、
粵庄偏上游〔註89〕；又在〈桃園模式異例〉一節中推論出「竹塹模式」，即
是在頭前、鳳山兩溪流域中，是泉州籍閩人居下游，粵人居中游的模式；然
後此「模式」再「傳播」到「苗栗三郡」，也是泉州閩人居下游、粵人居上
游〔註90〕。羅氏文中「苗栗三郡」係指日本時代新竹州的苗栗郡、竹南郡、
大湖郡，即今所有苗栗縣境。然實則義民信仰是否有向羅氏所謂「傳播」到
「苗栗三郡」，也正是本文關懷焦點之一〔註91〕。然羅氏在〈桃園模式異例〉
一節中，因其所指「桃園三郡」（日本時代桃園、中壢、大溪三郡，即今桃園縣境）

〔註87〕羅烈師，〈臺灣客家之形成——以竹塹地區爲核心的觀察〉，第七章，〈竹塹模
　　　　式與異例〉，第二節，〈異例：桃園三郡〉，頁 286～311。
〔註88〕陳雪娟，〈中壢十三庄輪祀網絡之研究〉，頁 74～83。
〔註89〕羅烈師，〈臺灣客家之形成——以竹塹地區爲核心的觀察〉，第二章，〈臺灣二
　　　　十世紀初期的閩粵人群〉，頁 34～66。
〔註90〕羅烈師，〈臺灣客家之形成——以竹塹地區爲核心的觀察〉，第七章，〈竹塹模
　　　　式與異例〉，頁 280～286。
〔註91〕要之，在清代臺灣的「閩人優勢」族群壓力下，本文並不懷疑清代臺灣「粵
　　　　人」或「客人」認同早已實質性的出現。但這種「認同」所表徵之文化「符
　　　　號」，是否一定須要透過義民信仰來做唯一的表徵？再者，在清代臺灣各區域
　　　　的客庄內，粵人認同感的強弱度，是否因區域略有差別？是爲本文研究之宗
　　　　旨之一。

粵閩庄分佈狀況，是粵人在南（今俗稱南桃園），閩人在北（今俗稱北桃園），並
不符合「河流流域模式」，故須解釋這「異例」。羅氏認爲這「異例」是因北
桃園閩人多是漳人而非泉人，且又因今「大臺北盆地」是泉人居優勢、漳人
居弱勢，使漳人多居於偏該盆地西南側的大漢溪下游，恰與北桃園漳州庄一
脈相連〔註 92〕，故漳人勢力從大漢溪下游到北桃園連成一片，具有區域優
勢。羅氏認爲「桃園三郡」的「漳人認同」有其擴張性，也使粵人認同略顯
侷促，因爲「竹塹模式」中那種「藉由義民信仰完成粵人認同」的模式，並
未出現在「桃園三郡」〔註 93〕。故羅氏在〈桃園模式異例〉一節中認爲：

> 新竹兩郡（指日本時代竹北竹東兩郡，概今新竹縣境）那種藉由義民以凝
> 聚粵人認同的方法，**並不見於桃園三郡**。桃園三郡與新竹兩郡的**族
> 群氣氛顯然不同**，新竹兩郡**乃至兩郡以南的苗栗三郡**，由於缺乏漳
> 籍人群，泉粵雙邊關係成爲族群關係的重點；相對地，**桃園三郡**由
> 於大漢溪之航運而與臺北盆地關係密切，**因此泉漳粵三角關係成爲
> 族群關係的重點**。其結果是**沒有漳人的新竹**兩郡，義民信仰被突顯，
> 從而擴大了粵人認同；相反的，納入淡水河流域整體架構的**桃園三
> 郡，義民信仰被壓縮，而粵人認同也相對微弱**〔註 94〕。

此說法有以下值得探索：一、清代時的「桃園三郡」〔註 95〕（其南境今俗稱「南
桃園」客家區），真的是「鐵板一塊」的整體的地域概念？靠義民信仰以凝聚粵
人認同的現象，實也見於同屬於「南桃園」西側的「楊梅壢」與「溪北」兩
大聯庄，則羅氏此說恰否認了賴玉玲在《褒忠亭義民爺信仰與地方社會發展：
以楊梅聯庄爲例》一書中，探究同屬於「南桃園」的楊梅壢地區加入枋寮義
民祭祀圈，並成爲其中一大聯庄的研究成果。故本文才基於此，至少將南桃
園地區再細分爲南桃園東側與西側兩部份做探討。二、「竹塹模式」中形成的
義民信仰，是否有傳播到「苗栗三郡」，又清代的「苗栗三郡」是否是一整體

〔註 92〕 羅烈師，〈臺灣客家之形成──以竹塹地區爲核心的觀察〉，第七章，〈竹塹模
式與異例〉，頁 288～290。

〔註 93〕 羅烈師，〈臺灣客家之形成──以竹塹地區爲核心的觀察〉，第七章，〈竹塹模
式與異例〉，頁 300。

〔註 94〕 羅烈師，〈臺灣客家之形成──以竹塹地區爲核心的觀察〉，第七章，〈竹塹模
式與異例〉，頁 310。

〔註 95〕 羅氏也認爲其博士論文是以十九世紀爲重點觀察時間，見羅烈師，〈臺灣客家
之形成──以竹塹地區爲核心的觀察〉，頁 27。則整個十九世紀，除了 1895
割日後的後 5 年外，都屬清代臺灣時代。

的地域概念？三、羅氏在本節文中幾已盡目前所存平鎮褒忠祠相關文獻，詳考出該廟乃當地宋屋人宋廷龍，於乾隆 56 年（1791）由枋寮義民廟分香而建，其後該廟幾乎與當地宋屋人息息相關。然因宋廷龍兄弟等都移居新竹關西，使清代的平鎮褒忠祠一度中落，再經另一房宋屋人宋寶雲，於咸豐 7 年（1857）倡議重修，也因此，該廟歷史仍一直與宋屋人有密不可分關係，關於此點，筆者十分認同羅氏看法。不過羅氏依據一條資料，即「活躍於 19 世紀 20 與 30 年代的楊星亭」在〈保存十八義民祠塚議〉一史料中，曾意外提到了「平鎮義民廟五小庄」說法而提出假設，認為這個宋屋義民廟到「晚清時代」仍局限於安平鎮附近五小庄，要直到「日治初期」，平鎮褒忠亭才與中壢仁海宮結合成「中壢十三庄」〔註96〕。然則在無進一步資料前，這「晚到日本時代初才與中壢仁海宮結合」的時間點假設能不能成立，似尚有疑處。因為楊星亭既然「活躍於 19 世紀 20 與 30 年代」，而可能於該時寫下〈保存十八義民祠塚議〉一史料，那平鎮褒忠祠與中壢仁海宮結合為「中壢十三庄輪祀圈」之時間點，同樣也可能是在 19 世紀下半葉的清代臺灣晚期。又若依這個區域性「兩廟結合」型態來看，羅氏認為平鎮褒忠祠須遲到清後期乃或至日本時代初期，才「附麗」〔註97〕於中壢仁海宮，方得以進入中壢十三庄地區，故「桃園三郡」義民信仰相對不興盛。然而，「中壢十三庄輪祀圈」的義民信仰型態，其實也與創建於清晚期光緒年間的頭份義民廟，與頭份田寮永貞宮兩廟祭祀圈重疊般，可謂非常相似。如果這類「重疊祭祀圈」的型態，就該被稱為「附麗」於他廟般「不興盛」，則羅氏所稱「苗栗三郡」地區最北境之「竹南郡」（即清代中港堡區），當地客家地區的義民祭祀型態，即頭份義民信仰與當地永貞宮祭祀圈相重疊之「模式」，不是也相對不興盛了？又何況「苗栗三郡」偏南側的「苗栗郡」與「大湖郡」，當地義民信仰更還不如頭份義民廟，則「竹塹模式」已不可能「傳播」到整個「苗栗三郡」。四、「南桃園東側」的粵人認同，是否真的多了「漳州閩南人」這個變因，就會相對的壓縮？這也是個大問題。因為清代臺灣在建省前，畢竟還是屬於福建省轄下十三個府州中的一府，即令清代後期新設臺北府，也同樣屬福建省管轄。故在臺灣建省前，即使清代臺灣史上屢屢出現漳人與泉人間的械鬥，但他們畢竟都同樣還是自視為福建省人（閩人），兩者間的不合，實乃「州籍矛盾情結」。但在閩人眼中，

〔註96〕羅烈師，〈臺灣客家之形成——以竹塹地區為核心的觀察〉，第七章，〈竹塹模式與異例〉，頁 309～310。
〔註97〕羅烈師，〈臺灣客家之形成——以竹塹地區為核心的觀察〉，頁 311。

對於廣東省來的人，其實都是「粵人」、「客子」，即使羅氏已論證「桃園三郡」的「北桃園」是漳州人居優勢區，也出現較強勢的「漳州認同」傾向，也不能因此就推論整個「南桃園東側」粵人認同就會被壓縮。相反地，面對強大「漳人壓力」下的「南桃園東側」客庄，也可能更需要某種能強化自己客家認同的精神符號，以對抗外族群的族群壓力，只是這符號，不一定要用義民信仰。要之，不該僅以竹塹「郊區」附近「藉由義民信仰強化客家認同」的歷史經驗，去檢視清代臺灣所有地區的粵庄，都應隨該地區「歷史經驗」般，出現很興盛的義民信仰；反之，也不能因某地義民信仰沒有竹塹「郊區」般興盛，就推論粵人認同也隨之不強。因為清代全臺灣各地區客庄的族群關係歷史經驗，不一定都完全一致，若某地區客家義民信仰，是結合其他廟宇與之相重疊的「模式」，是否真的表示清代當地客庄人與外族群之族群氛圍不曾緊張過？在這點，陳雪娟前引〈中壢十三庄輪祀網絡之研究（1826～1945）〉（以下簡稱「中壢十三庄」文）一文，只針對「南桃園東側」北境的「中壢十三庄輪祀網絡」區做較精細的個案研究，也較為縝密。陳氏同時也暫不處理在區域歷史經驗上，可能又屬客家史上另種個案類型的「南桃園東側」之南境（參「附圖 5-1」）。

「中壢十三庄」一文可能因當地清代史料不足，故將時間斷限下拉到 1945 年，但該文中對清代當地的族群互動史仍著墨甚多。該文指出：中壢仁海宮乃建於道光 6 年（1826）前後，當時幾乎淡水廳境內含中壢一帶，發生了嚴重的閩粵械鬥衝突，且這些閩人也多是漳州人為主。當其時，中壢總理彭阿輝在中壢新街一帶，築了高十二尺厚五尺之堡，以保護粵籍同胞與「氣息常與粵人通」之福建汀州客家人。由此可見清代中壢一帶客閩（或客漳）關係之緊張。又當時中壢客家人民驚魂未定，便有安平鎮宋屋人宋連三，提議請出慈悲為懷的觀世音菩薩保佑眾生，以安眾人之心。再到道光 11 年，在宋連三與當地有力人士傅盛乾等人奔走下，又南往北港天后宮迎請媽祖分身，遂建立「前殿主祀媽祖、後殿主祀觀世音菩薩」的中壢仁海宮。其後，當地客家人仍擔心閩人（或漳人）隨時可能再度攻擊，又於道光 22～25 年間，將彭阿輝所築土牆再加高加厚，此堡即是「中壢新街」的由來〔註98〕。由此個案研究可見，中壢十三庄地區內，閩粵衝突氛圍同樣也劇烈的粵人或客家人，並不一定完全需要義民信仰來凝聚當地的客家意識。陳氏也推論：中壢的仁海宮，

〔註98〕陳雪娟，〈中壢十三庄輪祀網絡之研究（1826～1945）〉，頁 84～86。

或許就是代表當地十三庄客家人的凝聚勢力與勝利象徵〔註99〕。

又安平鎮宋屋人在乾隆56年建的「褒忠亭」，在六十餘年後的咸豐7～10年，宋屋人復重修爲「褒忠祠」。對該廟祭祀範圍歷史，陳氏透過日本時代的《土地申告書》中記載該廟捐助者出身地來推論：或許在清晚期的咸豐10年（1860）前後，平鎮褒忠祠的祭祀範圍，大概就轄有整個中壢十三庄了〔註100〕。而又因安平鎮宋屋人士，在清晚期就積極透過辦義倉、興義學等管道，提升他們家族在中壢十三庄的地位，再加上前述宋連三也參予了創建中壢仁海宮，雖沒有進一步史料可以證明宋屋人士是否在清晚期時，參予過落成後的中壢仁海宮相關事務，然到日本時代的1926年，宋屋人的宋榮華已參予仁海宮事務運作〔註101〕。而日本人在大正年間做桃園廳的廟宇調查時，已確定當地形成了中壢仁海宮與平鎮褒忠祠的「十三庄輪祀圈」。

二、咸豐10年〈重修廣興庄褒忠亭碑〉所顯示當時宋屋人「歷史記憶」

又前引羅、陳二氏著作中，都不約而同提到平鎮褒忠祠是早在乾隆56年（1791）由宋廷龍自枋寮義民廟分香而來，而枋寮義民廟則是前一年的乾隆55年建立〔註102〕。就目前可見平鎮褒忠祠最早史料，是廟方所存咸豐10年（1860）〈重修廣興庄褒忠亭碑〉，茲引如下：

> 義民亭之名，胡爲乎來哉？緣自乾隆伍拾六年間，我鄉民急公向義，遵奉憲諭，星夜爭先、赴救府縣。各竭忠勇，務除寇亂，以安官全民而已。
>
> 果爾，馬到功成。蒙上憲保奏　朝廷，親自御筆「褒忠」，分別獎賞慰勞義民，所有歿于王事者。時在**鳳南既立亭祀，而淡北缺焉**，將何以崇聖典而妥義靈耶？
>
> 茲廣興庄前總理宋廷龍首倡義舉，**就地築亭一座**，酹民功以奉禋祀。奈年湮物散，規略模粗，非所以隆壯觀而振雄風也。此咸豐柒年總理宋寶雲復**倡義重修**，增其式廊後堂。原舊前堂更新，敝者茸之，

〔註99〕陳雪娟，〈中壢十三庄輪祀網絡之研究（1826～1945）〉，頁86。
〔註100〕陳雪娟，〈中壢十三庄輪祀網絡之研究（1826～1945）〉，頁80。
〔註101〕陳雪娟，〈中壢十三庄輪祀網絡之研究（1826～1945）〉，頁87～89。
〔註102〕羅烈師，〈臺灣客家之形成——以竹塹地區爲核心的觀察〉，頁300～301；陳雪娟，〈中壢十三庄輪祀網絡之研究（1826～1945）〉，頁73～74。

略者詳之。竹苞松茂，儘制度之得宜。然千金之裘非一狐所能，黃河之水非寸膠所能澄。但念獨力難持，眾擎易舉。幸賴諸君子激發義心，或捐祖宗之餘息、或出自己之充囊，樂助以共襄厥事。在義靈陰庇，當必有以報之，受福無疆矣！爰爲序。

心鑑羅銓衡拜撰

咸豐拾年歲次庚申仲秋月穀旦立〔註103〕

若仔細讀這碑文內容，可知一開始是說乾隆 51～53（1786～1788）年發生林爽文事變，中壢、平鎮一帶附近鄉民，也曾響應官方號召幫助平定事變。於此也說明林爽文事件當時朝廷相關記載，因爲這些記載可能與碑文中「鳳南」二字有關。在乾隆 52～53 年前後，乾隆皇帝曾對臺灣各籍族群中幫助平定林爽文事變的各籍族群街庄，分別以御筆親書「褒忠（賞頒予粵人）」、「旌義（賞頒予泉州閩南人）」、「思義（賞頒予漳州閩南人）」等御賜匾額，並責令大將軍福康安轉頒，並令臺灣府內各祖籍之庄民分別懸掛庄中，以嘉勉這些不同籍貫義民的忠義護國之舉〔註104〕。以常理看，乾隆御筆一開始只能做少數幾個「原始匾」，若要做成其他大量賞頒給臺灣各街庄的其他御匾，就需要「鉤摹複刻」後才能「普加賞給懸設」〔註105〕。至於「褒忠」御匾的「原始匾」，該是先賜給「山豬毛（即今六堆）粵庄義民」〔註106〕。此可就當時相關朝廷官方紀錄史料，可見在朝廷眼中，幫助平亂的粵庄，概都是南路「山豬毛」一帶粵庄出兵最力，屢得朝廷倚重，其中「山豬毛粵人義民首」曾中立，屢被朝廷記載

〔註103〕何培夫（主編），《臺灣地區現存碑碣圖誌──臺北市・桃園縣篇》（臺北：中央圖書館臺灣分館，1999），頁 241～242。

〔註104〕臺灣銀行經濟研究室（編），《欽定平定臺灣紀略》（臺北：臺灣銀行經濟研究室・臺灣文獻叢刊第 102 種，1961），卷五十六，〈乾隆 53 年三月初一日至十七日〉，頁 887～888：「上又諭內閣曰：『此次臺灣勤捕逆匪（林爽文），該處義民隨同官軍打仗殺賊，甚爲出力。業經降旨將廣東、泉州等莊，賞給「褒忠」、「旌義」里名，用示獎勵。至漳州民人，雖與賊匪籍貫相同，但其中隨同官兵打仗殺賊者，亦復不少……所有漳州民人各莊，著賞給「思義」村……以副朕一視同仁之意。』」

〔註105〕臺灣銀行經濟研究室（編），《欽定平定臺灣紀略》，卷四十二，〈（乾隆 52 年）十一月初一日至初二日〉，頁 661：「但（臺灣）該處莊居甚多，難以遍行頒賜，著福康安接到匾額後，即遵照鉤摹，擇其大莊郡居處所，普加賞給懸設。」

〔註106〕臺灣銀行經濟研究室（編），《平臺紀事本末》，頁 65：「初，山豬毛義民團結鄉眾拒賊，上嘉其義勇，御賜『褒忠』扁額，鄉民建亭奉之。將軍福康安親至亭下，招（山豬毛）義民首（曾中立）慰勞之。」

義助最有功勞〔註107〕。反之，在北臺灣的淡水廳粤庄義民，在當時朝廷記載
中就較少著墨，概見於淡水廳首府竹塹城失陷時，廳幕僚壽同春曾號召淡水
廳境內各籍族群街庄組織義民軍收復竹塹城〔註108〕；與後來林爽文事敗後往
北逃亡到淡水廳附近時，廳內粤庄義民與泉州、漳州等籍義民，一起出兵搜
捕林爽文，並在竹南一堡的老衢崎（今竹南鎮崎頂里）捕獲林爽文〔註109〕等事。

〔註107〕臺灣銀行經濟研究室（編），《臺案彙錄‧庚集》（臺北：臺灣銀行經濟研究室‧
　　　　臺灣文獻叢刊第 200 種，1964），卷一，〈四七、禮部「為內閣抄出將軍福康
　　　　安等奏」移會〉，頁 88：「又有**山豬毛義民首曾中立招集傀儡山生番一千名**，
　　　　聽候調遣（**珠批：此人實可嘉**）。」；又臺灣銀行經濟研究室（編），《臺案彙
　　　　錄‧庚集》，卷一，〈五六、兵部「為內閣抄出將軍福康安等奏」移會〉，頁
　　　　100：「**山豬毛粤莊**，該處係東港上游，粤民一百餘莊，分為港東、港西兩里。
　　　　因康熙年間平定朱一貴之亂，號為『懷忠里』，於適中之地建蓋『忠義亭』一
　　　　所。前年逆匪林爽文、莊大田滋事不法………（山豬毛粤民）於十二月十九日
　　　　齊集忠義亭，供奉萬歲牌，同心堵禦。挑選丁壯八千餘名，**分為中、左、右、
　　　　前、後及前敵六堆**，按照田畝公捐糧餉，**舉人曾中立總理其事**，每堆每莊各
　　　　設總理事、副理事分管義民，勤殺賊匪。」；又臺灣銀行經濟研究室（編），《欽
　　　　定平定臺灣紀略》，卷四十二，〈乾隆五十二年十一月初一日至初二日〉，頁
　　　　672：「並會商**粤莊義民總理曾中立**等仍曉諭各莊，將米穀由港運起赴郡城糶
　　　　賣。」；又臺灣銀行經濟研究室（編），《欽定平定臺灣紀略》，卷五十，〈乾隆
　　　　五十三年正月初四日至十一日〉，頁 808：「臣（福康安等人）到軍營時，即行
　　　　普加賞賚，並將義民首黃奠邦、林湊奏明賞戴藍翎。其山豬毛義民首舉人**曾
　　　　中立**，最為奮勉出力，前已寄諭獎勵，**並令帶領粤民相機堵勤**，俟大軍至南
　　　　路時，再行從優獎賞。」
〔註108〕臺灣銀行經濟研究室（編），《平臺紀事本末》，頁 10～14，其中淡水廳粤庄
　　　　義民被記錄出姓名者，只有**今苗栗一帶的粤人義民首鍾瑞生、謝尚紀**等人。
　　　　又臺灣銀行經濟研究室（編），《欽定平定臺灣紀略》，卷六十二，〈六月初三
　　　　日至初六日〉，頁 998。又臺灣銀行經濟研究室（編），《臺案彙錄‧庚集》，
　　　　卷二，〈八三、吏部題本〉，頁 194 皆同。
〔註109〕臺灣銀行經濟研究室（編），《欽定平定臺灣紀略》，卷首，〈御製詩（二）〉，
　　　　頁 33：「撫降緝眾日無暇，執訊招番井有條（茲得生擒林爽文捷音奏至。據
　　　　另摺奏稱，該處民人投出者絡繹不絕，皆妥為撫輯。又於所執賊目，追究逆
　　　　首去路；及招出各社生番，嚴切曉諭，令其協同堵截擒獻。又令巴圖魯二十
　　　　員、屯練兵丁數百名，改裝易服，扮作民人，**同淡水義民**及社丁通事等，分
　　　　投搜緝。遂於正月初四日，在老衢崎地方，將林爽文並賊目何有志等一同擒
　　　　獲。現在搜查餘孽不遺。所辦俱井井有條，可謂弗孤簡用者矣）。」又臺灣銀
　　　　行經濟研究室（編），《欽定平定臺灣紀略》，卷五十四，〈乾隆五十三年二月
　　　　初五日至十一日〉，頁 864～865：「上命軍機大臣傳諭福康安、海蘭察、鄂輝、
　　　　李侍堯曰：『前據福康安奏，分派巴圖魯及（淡水廳）**義民、屯練**等改裝易服，
　　　　於老衢崎地方**搜獲林爽文。但究係何人首先擒獲，未據奏及，想係軍務匆遽，
　　　　無暇詳及**……嘉義縣及淡水（廳）等處義民，隨同官兵打仗殺賊，並購線偵

故在朝廷眼中幫助平定林爽文事變的臺灣粵人中，該是南路的「山豬毛粵人義民」出力最多，淡水廳義民相對則少〔註110〕，所以乾隆皇帝命大將軍福康安，須親自帶著「褒忠」御匾到「山豬毛」當地，慰勞嘉勉粵籍義民首曾中立與當地粵籍義民。

若按這些官方記載史料，則褒忠御匾的「原始匾」一開始該在乾隆52～53年前後，首懸於今日六堆客家庄；至於朝廷眼中的也曾出兵幫助官方平定林爽文事變的其他「大（粵）莊」，也由官方「擇其處所」，以原始匾再「鉤摹複刻」後陸續頒賜，才能「普加懸設」〔註111〕；又其他各地粵庄，若再幾年後還沒被官方「選擇」到，概只能陸續「鉤摹複刻」既有的「褒忠匾」後，才可能籌設義民亭以懸掛之。

故前引咸豐10年〈重修廣興庄褒忠亭碑〉中，當時宋屋人士強調「時在**鳳南既立亭祀，而淡北缺焉**」這個「淡北缺焉」對當時他們的重要性。碑文中的「鳳南」，該是指當時「鳳山縣」之南〔註112〕的「山豬毛粵庄」，當地已有懸掛御賜褒忠匾的「亭」，而淡水廳北境的今中壢、平鎮一帶粵庄，就缺少了「褒忠匾」與義民「亭」。這可能是到乾隆56年時，當地粵庄等了數年，似乎還被官方「選擇」到獲賜褒忠御匾，故當時廣興庄宋屋人士宋廷龍，才會倡議就地築一座義民「亭」，以懸掛「褒忠匾」，此即今平鎮褒忠祠之濫觴。但當時廣興庄的「褒忠匾」究竟是宋廷龍等人遠到「鳳南」之地，以當地原始匾「鉤摹複刻」成；還是就近到竹塹郊區的枋寮、六家一帶，以當地之「褒忠匾」再行「鉤摹複刻」，就該碑文內容來看，似已難考。但就〈重修廣興庄褒忠亭碑〉碑文，倒並沒有紀錄宋廷龍是否曾到枋寮義民廟「鉤摹複刻」褒忠匾或是「分香」。這似顯示遲至咸豐10年宋屋人所刻〈重修廣興庄褒忠亭

探、擒捕匪犯，實屬奮勉。」

〔註110〕黃卓權，〈義民廟早期歷史的原貌、傳說與記載──歷史文本與歷史敘事的探討〉一文，也曾提出類似的看法。

〔註111〕據陳運棟看法，竹塹地區因此獲頒「褒忠」里名匾額有二：一在塹北六張犁莊，後建褒忠亭於枋寮莊、一在塹南貓裏莊，此即枋寮與苗栗兩義民廟之濫觴。詳陳運棟，〈苗栗義民爺之由來與簡史〉，頁8。

〔註112〕清代「鳳南」地名用法可見〔清〕王瑛曾（編著），《重修鳳山縣志》，卷一，〈輿地志·山川志·海道附錄〉，頁27：「按沙馬磯山在**鳳南**海口，高入霄漢，凡洋船往咬嚼吧（今雅加達）、呂宋，等俱見此山放洋，實外島出入標準也。」又〔清〕丁曰健（輯），《治臺必告錄》（臺北：臺灣銀行經濟研究室·臺灣文獻叢刊第17種，1959），卷八，〈修造臺澎提學道署初記〉，頁593：「方將運籌帷幄，剪嘉北（清代嘉義縣北）未除之小醜，安**鳳南**欲逞之狡思。」

碑〉文中，只強調當時廣興庄一帶「鳳南既立亭祀，而淡北缺焉」對當時宋屋人之重要性，至於對於該褒忠亭與褒忠匾，究竟是「分香」或「鉤摹複刻」自何處，碑文中並無提之。這顯示到咸豐 10 年的宋屋人眼中，該庄褒忠亭的褒忠匾「鉤摹複刻」或「分香」自哪裡，對當時他們而言，重要性尚不大。

又自乾隆 56 年後到咸豐 10 年這六十餘年間，因宋廷龍這房搬到今關西鎮，使平鎮褒忠祠「年湮物敝，規略模粗，非所以隆壯觀而振雄風也」一句，也是〈重修廣興庄褒忠亭碑〉碑文想強調的另一重點，故要到咸豐 7 年宋屋人另一房宋寶雲倡議重修後，平鎮褒忠祠始香火復興，這在前引羅、陳二氏著作都有深入研究，茲不累敘〔註113〕。

第四節　枋寮、頭份兩義民廟祭祀圈與客閩族群關係

本節針對竹塹「郊區」枋寮義民祭祀圈，與「苗栗地區」中同屬「新竹型地形」的清代中港堡頭份義民廟之出現，與此二廟和清代當地客閩族群關係之關聯性，做一探討。

一、枋寮義民廟祭祀圈形成與當地客閩族群關係

第三章已依林玉茹研究成果，得知清代竹塹地區「城」（竹塹城）與「郊」（枋寮義民祭祀圈地區）在區域經濟功能上，已是一體卻彼此分工的城鎮體系，彼此各為「核心城／閩／大商郊」與「郊區／客（粵）／中小商」之相對應關係，在商業貿易網絡來往上也關係緊密。因此，原先來自不同省籍與口操不同方音的漢人，因商業網絡密切導致族群接觸時，也較有機會意識到彼此有「閩籍‧閩音」、「粵籍‧粵音」差異〔註114〕，進而產生兩大漢人族群間的認同藩籬。當地這種族群接觸經驗積累下來，就相對較易形成彼此間的刻板印象與敵意。進而因一兩導火線，便易引發當地粵、閩兩族群間大規模械鬥，而大械鬥後的生死仇恨，又更易加深彼此的情感隔閡。此類事情早見於清前

〔註113〕羅烈師，〈臺灣客家之形成——以竹塹地區為核心的觀察〉，頁 309；陳雪娟，〈中壢十三庄輪祀網絡之研究（1826～1945）〉，頁 75 皆記載宋廷龍搬到今關西鎮事。又本文對於南桃園東側之南境客家區為何不見有義民廟，或加入中壢十三庄輪祀圈之問題，限於本文觀察重心與篇幅，暫未能觸及。

〔註114〕清代臺灣的佔優勢閩人間，也會因不同府州籍與腔調的因素，出現「漳籍‧漳音」、「泉籍‧泉音」的族群認同區隔，進而導致大規模漳泉械鬥，茲不累敘。

期臺灣中南部之鳳山縣、諸羅縣、彰化縣。到了乾隆年間，隨著漢人移民大規模北往淡水廳拓殖，這種粵、閩間隔閡之風氣也帶來北臺灣，在當時的淡水廳境內導致數次較大規模械鬥，可見下表：

表 4-1　清代淡水廳境內閩粵械鬥事件表〔註115〕

年　代	西元年	事件俗稱	械　鬥　事　件　概　況
乾隆 42 年	1777		粵、閩兩族群爭今臺北縣樹林柑園一帶，原拓墾當地粵人，敗遷竹塹之北中壢、楊梅壢一帶。
乾隆 48 年	1783	張昂案	淡水廳境黃泥塘、烏樹林（今龍潭一帶），漢人越土牛線侵墾，粵人張昂與閩籍新佃戶林雲發生口角，引發張昂與林雲等之閩粵械鬥，後林雲將殺張昂全家焚屍〔註116〕。
乾隆 51～53 年	1786～88	林爽文事件	此事件實質上乃全臺灣之漳、泉、粵、平地原住民間大規模械鬥，但因漳州籍林爽文乃天地會黨人，發兵後也藉「反清復明」卻屢次大規模攻殺泉州街庄，故在朝廷眼中已為政治事件。 朝廷令福康安率大軍渡海來臺，全臺泉州籍閩南人為之響應效忠朝廷，南部六堆「山豬毛」粵人也出兵助朝廷。 竹塹附近粵人也出兵幫助朝廷及竹塹城內泉州閩人，征討以漳州籍為主的林爽文軍。此事件也是<u>今日枋寮義民信仰的「歷史記憶」起始事件</u>。 竹南二堡粵人鍾瑞生等人也發義兵響應朝廷，是清代苗栗堡中首次由該堡粵民發動之義兵。
乾隆 52 年	1787	白石湖案	淡水廳內白石湖（今內湖）、金包里（今金山）爆發漳、泉、粵械鬥，賴淡水廳幕僚壽同春等人奔馳曉諭撫平。 此事件亦為林爽文事件中一環。

〔註115〕本表列出者為清代淡水廳境較大規模的閩粵械鬥，至於較小規模者則不列。較小規模者可詳許達然，〈清朝臺灣福佬客家衝突〉，收入古鴻廷・黃書林，《臺灣歷史與文化（三）》（臺北：稻鄉出版社，2000），頁 47～123。但許氏文乃就全臺灣的閩粵械鬥而論計，不侷限於淡水廳境。

〔註116〕此案所釀成械鬥規模似不大，但為「南桃園東側」首件閩粵衝突。

嘉慶 10～11年	1805～06	蔡牽案	中港堡閩粵兩族群藉機械鬥，同年，竹南二堡「海線」後壠附近也發生漳、泉閩南人械鬥。
嘉慶 14 年	1809		本是中港堡漳、泉閩南人互相械鬥，附近粵庄好心收留兩方死傷難民，卻為漳、泉人不諒解而捲入其中是非，最後釀成中港堡閩粵械鬥。 後波及淡南竹南三堡（吞霄堡）與清代彰化縣境。
道光 6 年	1826	李通案、黃斗乃（黃祈英）案	彰化溪州李通事件，導火線為漳州籍李通竊粵籍黃文潤的豬，卻導致閩粵大械鬥，更波及淡水廳與噶瑪蘭廳。粵閩混居的竹南三堡也受波及。 中港堡黃斗乃為當地「番割」，素與原住民關係良好，時值粵閩關係緊繃，黃斗乃聯合原住民向閩庄中港出兵。閩人告官，朝廷派孫爾準渡海來臺平定黃斗乃。 此後淡水廳粵閩之間關係，除苗栗堡外仍十分緊張〔註117〕。 又學者認為這次閩粵械鬥，是清代北臺灣史上規模最大破壞也最嚴重之一次〔註118〕。
道光 12～13年	1832～33	張丙案	道光 12 年由嘉義張丙案引發閩粵械鬥，淡水廳內南崁、龍潭陂（今龍潭，客庄）與同樣也捲入風潮而閩粵械鬥，淡水廳粵閩關係緊張。
道光 14～16年	1834～36	桃澗堡閩粵械鬥	淡水廳興直堡（今臺北縣之三重新莊五股一帶）、八里坌（今臺北縣八里鄉）發生閩粵械鬥，當地粵人變賣田產，悉遷桃澗堡中壢一帶。後今桃園縣一帶也閩粵械鬥，淡南的中港堡尤其銅鑼圈也為之波及〔註119〕。此乃前項因張丙案引發淡水廳連年閩粵械鬥之延續。

〔註117〕〔清〕沈茂蔭，《臺灣省苗栗縣志》，卷十四，〈先正列傳・李緯烈列傳〉，頁202：「（苗栗堡銅鑼庄）李緯烈，監生；嘉應州長樂縣人……道光六年漳、泉互鬥，（李緯烈）以粥賑（漳、泉）難民；因而就食日多，舍無隙地，一時賴以活者數百人。」又〔清〕沈茂蔭，《臺灣省苗栗縣志》，卷十四，〈先正列傳・劉獻廷列傳〉，頁 202：「劉獻廷，貓裏街人……道光六年閩、粵互鬥，黃斗奶乘機率生番亂中港，獻廷領鄉勇守禦有功，總督孫爾準奏准賞加副貢生。」

〔註118〕許達然，〈清朝臺灣福佬客家衝突〉，頁 89；黃榮洛，〈有關清代閩粵械鬥的一件民間古文書〉，頁 139～141。

〔註119〕許達然，〈清朝臺灣福佬客家衝突〉文中，頁 73、88 等多處，都誤以為銅鑼圈是今苗栗縣銅鑼鄉，乃誤。銅鑼圈在清代竹南一堡，今銅鑼鄉在清代為銅鑼灣，乃竹南二堡境內。

			事平後，官方頒〈莊規禁約〉，該文中有提到苗栗堡蛤仔市（今公館鄉）、銅鑼灣（今銅鑼鄉）也在此時發生一場閩粵械鬥。官方頒〈莊規禁約〉不外希望閩粵各庄永歸和好，結果數年後又發生閩粵械鬥。
道光 20 年	1840	新莊閩粵械鬥	原本拓墾新莊的客家人，因被閩人所侵，被迫移居今桃園、新竹，當地粵籍死者被奉祀在新莊大眾廟。
咸豐 3 年	1853	淡北、淡南閩粵械鬥	中港堡一帶閩粵械鬥。事後鄭用錫書〈勸和論〉，希望漳泉閩粵不再互相仇殺。結果次年又發生閩粵械鬥。
咸豐 4 年	1854	羅慶二、賴得六事件	粵籍的羅慶二、賴得六因爭奪牛隻引起中港堡、吞霄堡乃至清代彰化縣境內閩粵械鬥，後波及中壢一帶也發生閩粵械鬥。 又據學者研究，粵籍羅、賴兩人後爲官方圍剿，流亡到今造橋一帶（光緒年間「竹苗分縣」劃界時確定屬苗栗堡，見第三章），卻反爲當地謝姓粵人與汀州籍謝姓客家人所敵視，羅、賴兩人聯合原住民騷擾造橋當地客家謝屋人，造橋謝屋人又聯合苗栗謝屋人抵禦羅、賴之入侵，於是兩方客家人互相防禦並侵擾對方〔註120〕。
同治 2 年	1862	戴萬生（戴潮春）案	彰化縣至淡水廳境，漳州人與泉州人械鬥，粵人助泉人。然戴乃天地會黨人，分類械鬥遂扯上政治因素，朝廷下令鎮壓。 竹塹城區泉州人與「郊區」粵人，繼林爽文事件後，再度合作助朝廷「平亂」。**此事件是枋寮義民廟方第二次大規模出兵的歷史記憶，今廟方有「附塚」埋葬此事件中死亡粵人骨骸。**
（光緒 2 年）	（1876）	（吳阿來案）	（苗栗堡客家人同籍分類械鬥。）〔註121〕
光緒 8～10 年	1882～84	林汝梅案	淡水廳中港堡閩粵械鬥。竹塹城富商林汝梅，得到移屯三灣之竹塹社「熟番」之幫助，於南庄一帶投資開墾土地，墾務有所進展。但因當地發生「熟番」、閩、粵三族群發生分類械鬥，林汝梅也與南庄客家人黃龍章勢力利益有所衝突，爲當地粵人逼退，林汝梅事業始中落。

〔註120〕賴文慧，〈臺灣汀州客二次移民研究：以苗栗縣造橋鄉平興村謝姓家族爲例〉，頁66～69、85。

〔註121〕此條非閩粵械鬥而是苗栗堡的「客客械鬥」（詳第二章），列於此供參考。

　　由上表可見除乾隆 51～53 年間林爽文事件外，其後嘉、道、咸、同、光年間淡水廳境內都有閩粵械鬥，其中以道、咸兩朝次數最多規模也最大，而之中又概以道光 6 年這次械鬥規模堪稱最大，在今南桃園、與清代竹塹「郊區」、中港堡、吞霄堡等地都被捲入。特別是道光朝約 30 年間（1821～50），淡水廳閩粵械鬥竟達 4 次之多，往往每次還連續數年；其後咸豐朝短短約 10 年間（1851～61），淡水廳閩粵械鬥也達 2 次。由此道、咸之際約 40 年間閩粵械鬥頻率之高，可見此際淡水廳境內粵閩關係十分緊張。淡水廳內粵閩緊張氛圍，可能早醞釀於乾隆末至嘉慶之際，雖林爽文事件時，竹塹「郊區」乃至竹南二堡的「貓裏（苗栗）」，都有粵籍義民幫助泉州閩人攻打林爽文軍。但到嘉慶年間數次閩粵械鬥時，閩籍的漳、泉人，仍一致與粵人爆發衝突。此後到道、咸之際雙方矛盾最高峰時，淡水廳粵人受到優勢閩人壓力下的不平控訴，已見於前章引〈羅華五文書〉中所描述般：「通淡（水廳）滋擾，俱係漳泉起事，而粵人實不得已而禦之」、「任從（閩人）誑訴，（粵人）難為辯白」、「粵人僻處山隅，途路為（閩人）其阻絕，（粵人）欲告一紙，誠不啻上天之難」、「（粵人）莫大之冤屈，覆以烏盆有由來矣」。淡水廳境內，至少在竹塹附近，概因粵閩兩庄已形成一體市鎮體系，雙方常族群接觸之環境下，兩族群間關係便越緊張。然因臺灣閩人居多數優勢，常會「<u>治時閩欺粵</u>」〔註 122〕，即若無事之時，在粵閩兩族群容易接觸之地，相對弱勢的粵人也較有機會受到閩人欺侮。這便是當時不穩定之社會炸彈，一旦有一兩導火線，就容易導致雙方大規模衝突〔註 123〕。

　　此後到同治初年，臺灣爆發戴潮春案，因該案在朝廷眼中已是「政治事件」而非單純閩粵械鬥，故竹塹「郊區」粵庄仍第二次組義民軍幫助朝廷。從竹塹「郊區」粵庄在林爽文事件時第一次組義民軍，到戴潮春事件時又再組之，究其動機，概都是希望能藉此得到朝廷替「弱勢族群」的臺灣粵人伸張正義，此亦可謂是「<u>治時閩欺粵</u>，<u>亂時粵侮閩</u>，率以為常」〔註 124〕之另一典例。

〔註 122〕〔清〕林師聖，〈閩粵分類〉，錄於〔清〕陳國瑛（采集），臺灣銀行經濟研究室（編），《臺灣采訪冊》（臺北：臺灣銀行經濟研究室・臺灣文獻叢刊第 55 種，1959），頁 35。

〔註 123〕又可見林柏燕，《新埔鎮誌》，頁 571～577，〈漳泉閩粵械鬥〉一節亦有詳論。林氏乃竹塹「郊區」新埔鎮人，相關見聞誠非虛言。

〔註 124〕〔清〕林師聖，〈閩粵分類〉，錄於〔清〕陳國瑛（采集），臺灣銀行經濟研究室（編），《臺灣采訪冊》（臺北：臺灣銀行經濟研究室・臺灣文獻叢刊第 55 種，1959），頁 35。

在清代中後期北臺灣粵閩族群緊張氛圍下，與閩人接觸較頻繁的粵庄，也始傾向突顯當地地方廟宇，做爲凝聚該區域粵人認同之物。如在前一節的「淡北」之「南桃園東側」北境「中壢十三庄」，當地粵人與汀州人概傾向以中壢仁海宮，做爲該區客家人之地方廟宇與信仰中心；而竹塹「郊區」粵庄，便漸以枋寮義民廟爲爲該區粵人地方性廟宇與信仰中心。

此可藉由枋寮義民信仰形成史上的兩個重要制度，都是成熟在清代道光年間粵閩關係十分緊張時來觀察之。依學者研究，這兩制度，一是道光 15 年（1835）時枋寮義民祭祀圈便形成十三聯庄制度；另一則是道光 27 年在十三聯庄之上，由大湖口、石岡子、九芎林、新埔街之四外庄經理制度也逐漸趨向成熟〔註 125〕。此兩制度都形成於閩粵械鬥頻率最多的道光年間，推估該廟方主事之各大粵籍家族，係希望能藉此二制度聯絡各聯庄發展區域信仰，以凝聚該區粵人認同；各聯庄的粵籍公號，也可藉此信仰來動員庄內粵民。

義民信仰中間接顯示出粵籍頭家公號動員庄民的宗教形式，即是每年枋寮義民祭時的「挨（挑）擔奉飯」。「挨擔奉飯」是清代枋寮十四大庄每年輪祀時，該輪值庄內粵籍庄民義務性挑著扁擔裝著飯菜，去給陣亡的義民爺「食飯」，又往往每年輪值庄能動員庄民「挨擔奉飯」的人數規模，彼此還有「輸人不輸陣」的較勁味道〔註 126〕。但若從社會動員力角度而言，「挨擔奉飯」也間接顯示了清代枋寮祭祀圈內，各大聯庄公號能動員多少粵庄庄民的能力。這個宗教儀式，在今日枋寮義民十五大庄內仍存。

由「竹塹城／郊的族群關係緊張」與「枋寮義民廟兩大重要制度成熟」時間點之恰巧，推論兩者該有一定程度相關性。此可見該廟古文書中常見「粵」或「粵東」等字眼，而其又往往與「忠」、「義」概念相結合。茲引如下：

〔註 125〕 羅烈師，〈臺灣客家之形成——以竹塹地區爲核心的觀察〉，頁 202。又枋寮義民廟制度演變非本文主要關注焦點，其可見黃清漢，〈新埔義民廟祭祀圈結構之研究〉、黃卓權，〈義民廟沿革及聯庄祭典區概述〉，頁 15、羅烈師，〈臺灣客家之形成——以竹塹地區爲核心的觀察〉，頁 194～207。又本文並不否認清代道光年間姜秀鑾、與枋寮義民廟四姓首事之一林先坤等先人對該廟的歷史貢獻，然因本文重點在討論義民信仰區域差異與族群關係之關聯，故對枋寮義民廟方之先人歷史貢獻與如何定位，暫未能論及。

〔註 126〕 賴玉玲，〈新埔枋寮義民爺信仰與地方社會的發展——以楊梅地區爲例〉，頁 226。

一、清道光 21 年〈敕封粵東義民祠典簿序〉

> 閱讀李華之〈戰場文〉，因思甌北之《武功記》〔註127〕，如粵東之
> 義民，死且不朽矣。

本序文為咸豐 9 年時曾任新埔總局總理的曾騰〔註128〕，在道光 21 年時為枋寮義民祠典簿所作序。引文中意思為：粵東義民為朝廷征捕林爽文時的戰死者，有如唐代李華〈弔古戰場文〉文中描述般壯烈淒涼，又如當時清儒趙翼所著《皇朝武功紀盛》中描寫征討林爽文事件時般為國盡忠，故曾騰歌頌這些粵東義民為國死難者「死且不朽」。

二、清道光 21 年〈敕封粵東義民祠典簿序〉

> 惟願我**粵東同人**，念死者捐軀之節，思前人捐資之誠……昭**百粵之
> 英靈**，**孝義**聚生，做**八閩之保障**〔註129〕。

本引文亦出前項序文，作者曾騰祈願：凡我粵東之同胞……能昭顯粵人之英靈，以孝義之道教化眾生來化為一種力量，做為清代福建省的海外屏障。按：當時臺灣屬閩省一部份，曾騰此文，除強調自己粵人的忠義犧牲精神，歌頌粵人報國行為外，也隱含道光朝時竹塹附近經歷屢次閩粵械鬥後，期盼當地粵閩兩籍人，往後能相互容忍和諧。故序文中書「昭百粵之英靈，做八閩之保障」。

三、清同治 4 年（1865）〈(枋寮) 褒忠廟記〉

> 富紳林先坤與陳資雲謀傳集**粵眾**，**申以大義**，扼險固守，**誓不附**（林
> 爽文等）**賊**……

這是枋寮義民廟方記錄在林爽文事變時，由先人林先坤與陳資雲集合當地粵籍義民軍，曉以大義，效忠朝廷，誓不投降林爽文軍之事。

〔註127〕「李華」：指盛唐至中唐時人，曾做〈弔古戰場文〉；「甌北」：即清代名儒趙翼，曾做《皇朝武功紀盛》，記清代康熙平定三藩乃至乾隆平定大小金川等戰事，其中卷四，即〈平定臺灣述略〉，戰後為臺灣銀行經濟研究室編入《海濱大事記》（臺北：臺灣銀行經濟研究室・臺灣文獻叢刊第 213 種，1965，頁73～80）。上述李、趙二文，皆是歌頌軍功與戰事之作。

〔註128〕〔清〕咸豐 9 年，〈淡水分府恩為諭飭督帶壯勇隨同挐究事〉，《淡新檔案》，案號：22202-112。

〔註129〕上兩則引自〔清〕道光 21 年，〈敕封粵東義民祠典簿序〉，《褒忠亭義民廟祀典簿（一）》影本，〔清〕林六吉（存）・黃卓權（提供），未刊行。

四、清同治4年〈(枋寮)褒忠廟記〉

此乃四庄輪終而復始……日後 (義民) 嘗祀浩大，以增粵人之光矣。

這是指四外庄經理制度彼此輪替，能無私地為廟方貢獻服務，周而復始，使義民嘗能逐漸壯大，如此可以增加粵籍人民之光。

五、清同治4年〈(枋寮)褒忠廟記〉

茲我粵東　褒忠亭內……此系通粵東之褒忠嘗，有關全粵之大典，
各要忠心義氣……〔註130〕

指枋寮褒忠廟之義民嘗，是屬於全部粵東人的，也是有關全部粵人的重要祭祀，所以廟方四外庄經理，務必要盡忠心於朝廷，講義氣為粵人同胞服務。

九、明治38年（1905）〈重建(枋寮)褒忠廟碑記〉

茲我粵東義民，萍寓臺疆，鳩居南北。處常則鑿井耕田、嬉遊化日；
遇變則沖鋒陷陣、志凜清霜……

……未經 (與林爽文軍) 教戰於三年，而取義捨生，咸報君恩……

〔註131〕

此文乃枋寮義民廟歷經「乙未戰爭」為日軍戰火毀壞、再歷經數年後重建時的碑記，此文距清代臺灣時期尚不遠，一定程度反映出清後期枋寮義民廟方，乃至十四大庄內菁英的歷史記憶。碑記文說：以往我們這些來自廣東省 (粵東) 的義民，像浮萍一樣寄寓福建省臺灣府，如鳩鳥一樣分別客居於臺灣之南北。以往若遇較為太平的日子時，尚可「鑿井耕田、嬉遊化日」，但是當遇到變動人禍時，只能「沖鋒陷陣、志凜清霜」才能求取生存空間過些清貧日子……當年義民們與林爽文軍隊交戰三年，捨生取義，都已算報答了朝廷恩典……。引文中前段的「遇變則沖鋒陷陣」之「變」者，由前後文語氣來讀，並沒有明指林爽文事變，也該隱含林爽文事變後，當地數次大規模閩粵械鬥之人禍，使當地粵人飽受苦難，也使粵人須「沖鋒陷陣、志凜清霜」求取生存之意。

　　以上是清中後期竹塹「郊區」粵人，在與竹塹城閩人經歷數次閩粵械鬥後，當地粵籍領導菁英須要努力強調竹塹「郊區」粵籍人，都是源於「粵東」

〔註130〕上三則引自〔清〕同治4年，〈(枋寮)褒忠廟記〉，《會心室印藏同治乙丑四年端月吉日抄錄契約簿》影本，會心室 (印藏)・黃卓權 (提供)，未刊行。

〔註131〕(清末日初) 明治38年 (1905)，〈重建 (枋寮) 褒忠廟碑記〉，收入《會心室印藏同治乙丑四年端月吉日抄錄契約簿》影本，會心室 (印藏)・黃卓權 (提供)，未刊行。

或「粵」的原鄉記憶，以凝聚粵民鄉親不分階級團結一起，共抗當時漳、泉人的壓力。而「忠義」等字眼，即是鼓勵竹塹「郊區」粵民能犧牲個人小我之生死，為大我「粵人」族群做出奉獻之最佳砥礪。如此類之文，在該廟方目前出土古文書上尚有許多，茲略舉以上。也因此，枋寮義民廟成為道、咸、同、光之時，竹塹「郊區」粵人面對竹塹閩人壓力時，團結自己的最佳信仰符號，也使十三聯庄內的粵人，共同納為此符號下祭祀圈內之一份子。故至今，「粵東」、與「忠義」或「褒忠」，仍是枋寮義民廟常見字眼，舉凡該廟義塚附近、廟內外諸匾額或牆上皆常可見，甚至最重要的主神牌位，亦主祀「**勅封　粵東褒忠義民位**」，理即在此。而苗栗義民廟，主神牌位就不傾向強調此類字眼。又當年枋寮義民廟內這些陣亡的義民骸骨，也在竹塹「郊區」粵庄中這種社會氛圍需求下，逐漸為當地人神化為義民爺，還有該神不斷顯靈的傳說，也開始在各大庄祭祀圈內日漸流傳〔註132〕，以此為當地粵人之信仰寄託。

　　又見第三章，不論道光以來枋寮義民「十三庄」或光緒朝之「十四庄」，這十餘大庄內的客語族群腔調，跟「淡北」的「南桃園東側」、與「淡南」的中港堡與苗栗堡比起來，因枋寮義民祭祀圈內客家人，各州別祖籍漢人比例較為平均，不像「淡北」或「淡南」兩地粵庄多以嘉應州裔（操四縣腔客語）為主。故在枋寮祭祀圈區，強調「粵東」的另一歷史背景原因，很可能就因清代本區粵人之州別祖籍成分更多源，粵東三州後裔相對較平均，區內各粵庄所操客語口音各異，有「海陸腔」、「饒平腔」、「四縣腔」，故更需強調「粵東」原鄉認同以利團結、淡化差異，共同對抗清中後期竹塹城附近的優勢閩族。

二、同治 10 年枋寮義民廟花紅銀制度呈現的區域區別

　　「花紅銀制度」又稱「進泮花紅制度」，依學者研究，此為枋寮義民廟對考取秀才或取得生員入學資格者的獎勵金，而枋寮義民廟這一「進泮花紅制度」，多少類似當前的獎學金制度。清代枋寮義民廟提供粵籍書生獎勵讀書的

〔註132〕枋寮義民廟義民爺的顯靈傳說很多，不一一舉述，可見黃榮洛，〈義民爺〉，《渡臺悲歌——臺灣的開拓與抗爭史話》（臺北：臺原出版社，1992），頁 272～274 等文。甚至到日本時代以及戰後初期，桃竹苗地區客家人在臺灣島內二次移民到臺灣東部、南部一帶，義民信仰也隨之被當成客家人守護神，由枋寮大量分香到東部、南部一帶為新義民廟，但後者已超過本文時代斷限，茲不再敘。

此制度，對激勵當時粵人士子讀書風氣具有功效〔註133〕。這制度在道光 15
年（1835）〔註134〕時記載如下：

> 一議：(枋寮義民祭祀圈) **十三庄內**〔註135〕，若有**中式者**到義（民）**祠**
> 掛匾，（賞）花紅銀**拾貳元**：**內地來者花紅銀肆元**，在台中考
> 者花紅銀**捌元**，至貢生等，不能支花紅，永爲定例議，立議
> 是實。
>
> 一議：所有新舊科秀才、廩、貢們，前來義（民）亭拈香者，給金花
> 紅，請永爲定例，立議是實〔註136〕。

由這份〈道光 15 年議約〉史料可看出，凡當時枋寮義民祭祀圈十三庄內士子
考中「進士及第（中式）」後至義民祠〔註137〕掛匾額的，義民祠方面會賞花紅
銀 12 元；至於大陸內地的士子（可能以粵東人居多）若進士及第後也至祠內掛
匾，只賞花紅銀 4 元；又枋寮義民祭祀圈十三大庄以外的臺灣粵人，若進士
及第後也來祠內掛匾，則給 8 元。至於功名只到「貢生」這一階層乃至以下
的秀才，所有粵人的新舊科秀才、廩生、貢生等來祠內掛扁者，不給花紅銀；
但若是前來義民「亭」燒香者，也給花紅銀，但這項就沒說清楚給多少錢。
這份道光年間的花紅銀制度，針對「掛匾」者，只獎勵考中進士及第的粵人，
然也大致分爲：十三庄內的，賞花紅銀較高；十三庄外的其他地區臺灣粵人，
相對較低；對大陸內地的粵人，相對更低。然爲何只對進士及第來掛匾者給
花紅銀之因，可能在於此際的枋寮義民祠方初步成型，該祠的經費該相對不
多，故只能對當時粵人獲得清代士紳階級功名中最高榮譽，同時也是人數較
少的進士及第而來「掛匾」者，才能有所獎勵。

然枋寮義民祠這個獎勵制度，到了約 36 年後的同治 10 年（1871）後，其
獎勵面開始擴及其下的舉人、貢生乃至生員（秀才、入泮生、童生）階級，但同

〔註133〕羅烈師，〈臺灣客家之形成──以竹塹地區爲核心的觀察〉，頁 262。

〔註134〕依羅烈師，〈臺灣客家之形成──以竹塹地區爲核心的觀察〉，頁 263 所訂年
分。

〔註135〕此引文年代，到下引文同治 10 年，枋寮義民廟祭祀圈共都爲十三大庄，即扣
除光緒年間才加入的「大隘聯庄」外之十三庄。

〔註136〕〔清〕道光 15 年〈議約〉，《褒忠亭義民廟祀典簿（一）》影本，〔清〕林六吉
（存）‧黃卓權（提供），未刊行。又「一二三四」、「壹貳叄肆」寫法，皆按
原影本。以下稱〈道光 15 年議約〉

〔註137〕〈道光 15 年議約〉史料中是記載爲義民「祠」而非義民「廟」。故本文在論
述道光 9 年者，依之稱枋寮義民祠；其後到同治 10 年，因當時史料中是自稱
爲「廟」方，故本文論該年時，稱之爲枋寮義民廟。

時也對枋寮義民祭祀圈十三庄內與外的粵人有不同的區隔，甚至十三庄的北境的「淡北」、和南境「淡南」兩者，又有不同程度的區別。茲以如下（以下簡稱〈同治 10 年議約〉）：

> 一當議：自同治拾年以後，十三莊內進文泮、武泮辦豬羊致祭者，賞花紅銀捌元；淡北之外莊致祭者，銀肆元。
>
> 一：進文泮、武泮詣廟行祭並辦牲祭者，賞花紅銀肆元；淡北之外莊銀壹元；淡南及南路進泮，概出貢者，著不准領。
>
> 一：恩、拔、副、歲、廩、附貢（等貢生），登區者，賞花紅銀壹拾陸元；淡北之外莊銀壹拾貳元。
>
> 一：文武舉人，登區者，賞花紅銀參拾貳元；淡北之外莊銀壹拾陸元；淡南及南路銀捌元。
>
> 一：文武進士及第，登區者，賞花紅銀伍拾元；淡北之外莊銀貳拾肆元；淡南及南路銀壹拾陸元。
>
> 一：施主嫡派子孫進中者，賞花紅銀加拾三莊內壹倍；同姓非嫡派者，與十三莊一體。
>
> 一：內地進中來台者，概不准領。
>
> 　　　　　同治十年拾貳月，林、劉施主，暨十三庄內諸紳士同立。
>
> 補議：文武生員係拾參庄內者，詣廟行香，未辦牲祭者，賞花紅銀貳元〔註138〕。

上引〈同治 10 年議約〉文為當時枋寮義民廟方對花紅銀制度之規定，概有以下：

　　一、文、武生員方面：該廟祭祀圈十三聯庄內的文、武學子童生，若只來廟裡祭拜卻沒有貢獻牲品祭祀的，至少可賞花紅銀 2 元 （見補議條），又若有獻豬羊等品級較好貢品以祭祀者，可賞花紅銀達 8 元；可是若是在「淡北以外庄」人也同樣如此奉獻豬羊等級祭拜，廟方卻只賞花紅銀 4 元。引文中「淡北以外庄」是指淡水廳北境各街庄，且很可能僅指粵庄。但究竟當時所指「淡北以外（粵）庄」係何處？見「表 5-1」，可知當時淡水廳北境在歷經嘉、道、咸年間數次閩粵大械鬥後，今大臺北乃至北桃園一帶，已幾無粵庄分佈，

〔註138〕〔清〕同治 10 年，〈同治十年十二月年林劉施主暨十三庄內諸紳士同立議約〉，《褒忠亭義民廟祀典簿（一）》影本，〔清〕林六吉（存）·黃卓權（提供），未刊行。又「一二三四」、「壹貳參肆」；「台」、「臺」等簡繁寫法皆按原影本。

當地粵人原墾地也爲閩人侵占，原墾粵人大多也已南移到今南桃園以南之粵庄。又因「南桃園西側」仍屬枋寮十三大庄範圍，故引文中所指同治 10 年「淡北之外（粵）庄」，該是指今「南桃園東側」之粵庄。由這幾項議決，可見在當時枋寮義民廟方眼中，「南桃園東側」之粵人，較諸十三庄內粵人，已不被視爲等同十三庄內的親密鄉親。此外，若這些文、武童生來廟祭祀並且也辦了牲禮獻祭（但不若前項有豬羊獻祭之高貴牲禮），如果是十三庄的，可賞花紅銀 4 元；但若是「淡北之外庄」也就是今「南桃園東境」的粵庄童生同樣也如此獻祭，廟方也不過只賞紅花銀 1 元；又如果是「淡南」與「南路」的童生也如此獻祭，廟方就不給賞銀。又引文中「淡南」與「南路」指何處？「淡南」即當時淡水廳竹南一堡、二堡、三堡、四堡之粵庄；「南路」則指當時臺灣府治（今臺南市）以南境，當地最大粵庄即是今日「六堆」客家庄。這些童生雖同樣都是粵人，但在枋寮義民廟眼中，究竟不是十三庄內之鄉親。而「淡南」與「南路」的，又略較「淡北」的更差些，花紅銀也相對少些，這可見下項對文、武進士、舉人方面的花紅銀也如此區分。

二、諸貢生等級方面：清代諸貢生地位較前項童生爲高，故枋寮義民廟方面對諸貢生賞花紅銀元也較多。〈同治 10 年議約〉中說：如果是十三庄內的諸貢生來廟方祭拜並獻懸匾額，廟方可賞花紅銀達 16 元；可是「淡北之外庄」的粵籍諸貢生，便減少到 12 元。至於「淡南」與「南路」方面，本項未說清楚。

三、文、武舉人方面：〈同治 10 年議約〉中說，如果是十三庄內文、武舉人來廟方祭拜並獻懸匾額，可賞花紅銀達 32 元；可是若是「淡北之外庄」的粵籍文、武舉人也如此，花紅銀卻減少一倍只剩 16 元；又若是「淡南」與「南路」文、武舉人也來獻匾，則花紅銀又再減半只剩 8 元。

四、文、武進士及第方面：進士及第向是唐宋以降士人最高榮譽，〈同治 10 年議約〉中說，如果是十三庄內有人能進士及第並懸匾者，義民廟方面會給最高金額花紅銀 50 元；但若是「淡北之外庄」文、武進士也如此，花紅銀卻減少幾超過一倍，只剩 24 元；又如果是「淡南」與「南路」的文、武進士及第者也來獻匾，則花紅銀又再減到只剩 16 元。上述這些對進士、舉人的花紅銀制度，「淡南」粵人地位顯不如「淡北」，「淡北」又顯不如「十三庄」來的親。又前引〈道光 15 年議約〉中，曾規定十三庄內粵籍鄉親，若中進士同時也到當時枋寮義民廟掛匾者，可賞花紅銀 12 元。但是約 36 年後的同治 10

年十三庄鄉親也考中進士並懸匾，花紅銀已高達 50 元。由此可推估約 36 年間，枋寮義民廟香火規模愈趨旺盛，花紅銀經費也增加約 4.17 倍。

五、推崇兩姓施主嫡系子孫：〈同治 10 年議約〉中說，如果是廟方施主的林家跟劉家的嫡系子孫考中進士，則廟方獎勵的花紅銀，是高於其他十三庄的鄉親一倍之多，也就是 100 元整；但若是兩姓施主非嫡系的子孫，則視作與十三庄鄉親一樣只有 50 元。

六、對大陸內地粵籍人考中進士後才來臺灣的，廟方不給花紅銀之排外條款，這是較諸〈道光 15 年議約〉所沒有的。

又由〈道光 15 年議約〉與〈同治 10 年議約〉兩史料相比較，可對枋寮義民廟花紅銀制度歸納出以下歷史演變：

一、深化對竹塹「郊區」十三庄粵人的照顧：〈道光 15 年議約〉花紅銀制度明文將考中進士者，依十三庄粵人、其他臺灣粵庄人、大陸內地分三等級給賞花銀；其他秀才與廩生貢生等，雖不分區域的可賞花紅銀，但並沒有分區域。但到〈同治 10 年議約〉中，已經清楚將賞花紅銀制度分為：（一）文、武泮生有辦豬羊品級之較高級牲祭者、（二）文、武泮生辦一般牲祭者、（三）諸貢生、（四）文、武舉人、（五）文、武進士、（六）該廟劉林兩姓施主嫡系子孫等階級。又在大多數階級內，再分「十三庄」、「淡北」、「淡南」及「南路」等三類四區域，賞花紅銀也依次遞減幾半倍，有些階級如「泮生只辦一般牲祭者」，若是「淡南」與「南路」粵庄人，甚至尚不准請領。此外，此時廟方的花紅銀制度同時又排除了大陸內地考中進士再來臺者。又廟方在十三庄內也特別尊崇劉林兩姓施主嫡系子孫考上進士者，花紅銀是比同樣十三庄人考上進士者多一倍。又當時義民廟方面也補議：十三庄內的生員就算未辦牲祭，只要來廟行香也可給花紅銀 2 元。這些制度演變，實是廟方深化了對十三聯庄鄉親的照顧，也相對對十三聯庄以外粵人、特別是「淡南」與「南路」兩地者較疏薄。

二、對非十三庄之外庄「淡南」、「淡北」粵人的區別：由〈道光 15 年議約〉到約 36 年後〈同治 10 年議約〉，可見枋寮義民廟方面，不只對「南路」的今日六堆粵庄已有區域性區分，甚至對今日桃竹苗地區的粵庄，也有所區分。後者方面，其中「淡南」粵人地位顯不如「淡北」，「淡北」又顯不如「十三庄」來的親，各階級中花紅銀，概多按「十三庄」、「淡北」、「淡南」依序遞減約半倍。

　　依前引林玉茹研究，清代中後期整個竹塹地區市鎮體系，是包含「淡南」的中港堡在內。然第三章已言，就清代北臺灣粵庄空間分佈與交通便利度而言，直到大隘地區為金廣福號拓殖完畢前，竹塹「郊區」粵庄與中港堡的粵庄間，交通相對不便利。尤其在嘉、道、咸、同、光各朝，當地閩粵械鬥氛圍較激烈時，兩邊粵庄間交通往來也有一定程度風險。相對地，竹塹「郊區」到「南桃園東側」粵庄間交通線離閩庄較遠，這類「易受閩人侵襲」的交通風險就較少。若如是，則「淡北」的「南桃園東側」粵庄人，與「淡南」中港堡、苗栗堡粵庄人，雖可能因嘉應州籍比例偏高，所操口音很可能也以「四縣腔」居多，而因此略異於竹塹「郊區」主要通行客語腔「海陸腔」，但因「南桃園東側」粵庄人與竹塹「郊區」交通相對較便利，兩邊粵人即令所操主要客語腔調不同，很可能因較常往來，相對仍較有「鄉親感」；而「淡南」那邊，至少在大隘地區完全墾成前，竹塹「郊區」粵人與「淡南」粵人間，可能相對沒那麼多「鄉親感」。故由上引〈同治 10 年議約〉中，「淡南」粵人在花紅銀制度上被對待的地位不如「淡北」，很可能與此有關。

　　又學者曾謂花紅銀制度或「進泮花紅制度」有助於枋寮義民信仰往南傳播到「淡南」的「苗栗三郡」〔註139〕，若放諸清代臺灣竹塹「郊區」與中港堡粵庄間交通便利度演變的歷史脈絡上，此說法論理似有不足。相反地，至少在同治 10 年（1871）時的花紅銀制度，就矮化了「淡南」粵人，如此反更不利枋寮義民信仰往南邊播。枋寮義民信仰真正能傳播到中港堡的頭分街附近，該待金廣福號完全拓殖大隘地區，使竹塹「郊區」與中港堡兩地粵庄間交通風險降低後，枋寮義民信仰才遲至光緒 11～13 年（1885～87），為當時頭分街人引進並創建頭份義民廟。

　　綜合以上可知讓枋寮義民信仰在道光年間形成十三聯庄規模的社會動機，乃在竹塹「城／郊」、「閩／粵」社會條件下，於嘉、道、咸、同之際粵閩關係緊張時，竹塹「郊區」粵人菁英〔註140〕希望藉由區域宗教，產生該區粵人凝聚力、動員力之歷史產物。故乾隆末林爽文事件時，當地粵人為朝廷出義民兵，只是此信仰之源頭事件，真正的歷史性觀察不該僅於限於該時該事件，去探討枋寮義民信仰根源〔註141〕，而是該就嘉慶朝以降，當地粵人菁

〔註139〕羅烈師，〈臺灣客家之形成——以竹塹地區為核心的觀察〉，頁 262～268。
〔註140〕如林家劉家兩施主、姜家、十四大庄公號等。
〔註141〕羅烈師，〈歷史、記憶與族群：1786 年冬季究竟發生什麼事？〉，《客家文化

英如何透過建構此信仰，來團結同胞保護鄉親。又清代對建構此區域信仰貢
獻卓越眾家族之一的林家，正位於閩粵交界的六張犁庄（今竹北六家），這個地
理位置可能使林先坤公以降歷代林家先人，常親歷嘉慶以降當地數次閩粵大
械鬥，親見粵人同胞死難，而興起建構此區域信仰，凝聚粵人鄉親團結力量，
以對抗頭前溪對岸竹塹城一帶閩人勢力。

三、頭份義民廟與中港堡客閩族群關係

清代中港堡地區客閩關係比客原關係來得緊張，嘉、道、咸以來數次閩
客械鬥，也都波及清代中港堡，乃至光緒朝仍有之。除道光 6 年李通、黃斗
乃案之大械鬥外，早在嘉慶朝的淡水廳閩客械鬥，部分原因即肇因於中港堡
內客閩兩族群間矛盾。到了道光年間數次閩客械鬥事件，中港堡境幾乎都爲
之波及，爾後咸豐朝閩客械鬥，同樣又肇因於中港堡，可見中港堡內客閩族
群緊張氛圍，並不遜色於竹塹「郊區」。

但中港堡客家人卻並非一開始就選擇接受義民信仰，在清晚期光緒 11～
13 年頭份義民廟建成之前，清代中港堡田寮、頭分地區最主要的客家人區域
信仰，應該是田寮庄內主祀媽祖的「永貞宮」。永貞宮創建年代，依《新竹縣
志初稿》載是建於同治 3 年（1866）；依日本時代《寺廟調查書‧新竹廳》載
是建於同治元年〔註 142〕，此二說都可見創建該廟年代，正承續道、咸時期本
堡閩客械鬥緊張關係後之不久。

至於田寮永貞宮沿革史略記如下：「合港田寮永貞宮」又稱做「田寮媽祖
廟」，向爲今頭份鎭境內客籍居民信仰中心。該廟創廟緣由概可溯及咸豐初
年，原先中港堡客、閩先民，同祀閩庄中港街慈裕宮媽祖，後因客、閩不睦
分類械鬥，爲進香之事而時有糾紛傷害，雙方遂控案告上淡水廳衙。當時淡
水廳分憲張啓煊爲息事寧人，遂想在粵庄另建媽祖廟，作爲粵人祭拜之所。
新廟香火本應分靈於慈裕宮，而因當年慈裕宮閩籍眾執事諸多阻撓，乃轉向
今竹南鎭草店尾龍鳳宮割火而創建此廟〔註 143〕。由以上概可知，清代中港堡

研究通訊》，7（桃園中壢），2005，頁 211～229。

〔註 142〕 （清末日初）鄭鵬雲、曾逢辰（輯修）‧（戰後）臺灣銀行經濟研究室（重輯），
《新竹縣志初稿》，卷三，〈典禮志‧祠祀‧頭分堡廟宇〉，頁 121：「永貞宮：
在頭分街管下田寮莊，同治三年建。」；〔日〕《寺廟調查書‧新竹廳（手寫稿）》，
頁 085118。

〔註 143〕 以上依范玉玲，〈義民信仰在頭份地方社會脈絡下的轉變〉（新竹：國立交通

田寮、頭分地區的客家人區域信仰「永貞宮」，其創建緣由亦是自嘉、道、咸以來數次閩客械鬥，導致當地緊張族群關係而來。

中港溪一帶客閩關係較為緊張之氛圍與歷史記憶，延續到清後期光緒 18 年（1892）〈頭分庄義民廟慶成福醮記〉一文中亦載之，該文中也同枋寮義民廟般，將清代在臺粵人面對閩人壓力時求生存之困難，與「粵人」的「忠義報國」精神相結合。茲載該文如下：

> 嘗思臺灣海島之區，地屬褊小，萃聚鄉民，<u>非閩即粵</u>，<u>然究之於閩者居多，粵者最寡焉</u>……（林爽文亂，略）……獨見<u>粵東忠義諸公</u>及<u>資雲陳先生</u>者，無官守，無言責，<u>矯矯焉創大義而統鄉親，挺身出首</u>，迎刃而解；有韜略，有籌謀，振振焉奮英雄而集諸眾。露膽披肝，瀝血以為。由是掃除群賊，<u>皇路重獲清夷</u>，國泰而民安也。
>
> 雖然古今忠臣義士不無其人者……<u>若夫草野間布衣人士，有如我粵東忠義諸公</u>，必少聞焉。概其<u>明大義報皇恩而殉身有不反顧者也</u>……
>
> 光緒拾捌年……頭分義民廟建醮公局總理監生春龍陳國用敬題〔註144〕。

引文中認為：當時的臺灣人不是閩籍人就是粵籍人，但終究還是閩人佔優勢的多數，粵人佔弱勢的少數……當林爽文事件時，只見廣東省（粵東）忠義之前輩與陳資雲公等人，雖都是無官銜言責之布衣草民，仍本著忠孝大義，率鄉民挺身而出……所以最後掃除林爽文等勢力，國泰民安。

上引文反映了光緒 18 年時，頭分附近〔註145〕客家仕紳陳國用對當時義民信仰的概念。頭份義民廟乃此際自枋寮分香而來的新建廟，故引文中也可見頭份義民廟強調的信仰核心精神，同枋寮義民信仰般結合了「粵東」或「粵」的原鄉記憶符號，與粵人「忠義」性之信念。故此際可視為枋寮義民信仰，真正「傳播」到中港堡客庄核心城鎮頭分街之時。而前述枋寮義民廟花紅銀制度，與枋寮義民信仰「傳播」到中港堡，可能無太大關係。枋寮義民信仰能傳播到頭分地區並為該區客家人所接受之因，主要在約此際之前，大隘聯庄已完全拓殖成功，使竹塹「郊區」和中港堡兩地客庄間交通，不致同時受

大學客家社會與文化碩士在職專班，2009），頁 30 引自《合港田寮永貞宮沿革》而改寫。

〔註144〕〔清〕陳國用（敬題）‧收入陳運棟（主編），《頭份鎮志》，頁 258～259。

〔註145〕乃至頭分總理聯庄區（清代以閩人為主的土牛與蘆竹湳則例外）之客庄，以下簡稱頭分地區。

到閩人跟原住民之騷擾，交通風險相對降低，才有助於義民信仰傳播到頭分地區。而當時頭分地區客庄中殘留對客閩間不悅之族群關係，更有助於頭分地區客家人接受枋寮義民信仰。故此際之前，至少同治朝到光緒初，頭分地區客家人主要信仰尚是主祀媽祖的田寮永貞宮；此際之後，頭份義民祭祀圈便逐漸與田寮永貞宮的「四大庄」祭祀圈重疊〔註146〕。又據連紅口述：以往頭份義民廟信眾，也曾仿效枋寮那邊一樣，有「挨擔奉飯」以祭奉義民爺之舉，但近年來規模已大不如以往。換言之，清代頭份義民信仰一定程度而言，是積極仿效地鄰地新竹枋寮義民祭祀圈之祭祀行為。

〔註146〕據連紅先生口述：「四大庄」都為今頭份鎮轄區內四個分區，但鎮內蘆竹里（清代蘆竹湳庄）與土牛里（清代土牛庄）本就是閩庄，故此兩里不在頭份義民廟祭祀圈內，可見本文第一章。又見范玉玲，〈義民信仰在頭份地方社會脈絡下的轉變〉，頁23～35。又頭份「四大庄」祭祀圈範圍，可見許碧雲，〈頭份永貞宮媽祖信仰的社會文化意義〉（新竹：國立交通大學客家社會與文化碩士在職專班碩士論文，2008），頁39之「表3.9」。

結　論

　　客家話俗諺謂：「鬼生鬚，人湊个（鬼長鬍子，人去黏的）」，其原來意思是指鬼的鬍鬚，是人給他「湊」上去的。而通俗信仰中神明如何指示顯靈，也可以用這種方式來說明之。然而每個地方性廟宇主事者，爲何要如此「湊鬍鬚」，往往是反映該時該地多數「信眾」們的需求，也就是反映其社會結構之需要。而研究這些「人」爲什麼要如此去「湊鬼个鬍鬚」，也就是爲什麼該信眾們處於當時社會結構下，會有這種宗教性與社會性之需求，而這種需求背後所代表的社會背景原因是什麼，才可以讓「人」藉此「湊鬍鬚」，來滿足多數信眾們的需求；同樣，若另個地方的另批「人」，若不如此「湊」那「鬍鬚」，同樣也是反映該批「人」沒有「湊」那「鬍鬚」的社會需求與其歷史背景因素。

　　故本文以清代苗栗堡爲觀察中心，探討清代桃竹苗內部義民信仰區域差異，但切入的角度並不是純就宗教本身來探討宗教史，而是從清代桃竹苗不同區域內，當地客家人在該區歷史環境下，所產生的族群關係經驗史爲基本角度，去探究清代桃竹苗地區義民信仰之區域差異。因爲就目前義民信仰相關研究成果，多是對義民爺的神格問題，或義民信仰在不同客家庄間的傳播問題，做更進一步研究。而本文是從清代桃竹苗各區域內的客庄，在個別區域歷史環境下，針對該區客家人對族群緊張關係感受程度的歷史變遷，來看各區域對義民信仰需求的不同，此乃本文跟多數研究義民信仰學者的不同所在。以下將分就「苗栗堡核心區」之苗栗社寮崗義民廟，和「後龍溪上游區」的獅潭、大湖、南湖等義民廟；與枋寮、平鎮、頭份三義民廟，分別做結論如下：

一、清代苗栗堡核心區的義民信仰方面

　　光緒 15 年前後的「竹苗分縣」，劃分了清代新竹縣與苗栗縣兩縣縣界，同時也是官府對清代中港堡與苗栗堡兩區客庄的「生活圈」與拓殖勢力範圍做一釐清。雖然中港堡與苗栗堡兩地客庄，同樣多以操「四縣腔」客語的嘉應州裔客家人為主，但自乾隆朝漢人入墾以來到 1895 年以前，兩地客庄人在客閩族群關係的百餘年歷史經驗上，畢竟有所差別。故「竹苗分縣」一方面是反應了兩地客庄對當時造橋地區的現實地盤利益之爭，另方面也是反映出因為中港堡客家人在客閩族群關係方面上歷史經驗與竹塹「郊區」客庄較類似，反而與苗栗堡客家人有所不同。所以在「竹苗分縣」後不久，再加上前述大隘地區交通風險變小後，中港堡客庄當地人就傾向接受了枋寮義民信仰，並成為當地一大信仰，做為自己與中港街附近閩人的區別符號。此外，也因此使頭分街聯庄包圍下的「閩方言島」土牛庄，有了「閩人沒拜義民爺」的概念，做為該閩庄人與頭分聯庄內客家人之區別。而苗栗堡核心區客家人，對客閩接觸經驗史的感受氛圍，便不是如此。

　　細究清後期苗栗堡所轄範圍，約當今苗栗縣之苗栗市、後龍鎮、銅鑼、三義、西湖、頭屋、公館、造橋、獅潭、大湖等鄉共十鄉鎮之範圍，以傳統中國定義一縣級政區該「縣大率方百里」之空間概念，單以清後期苗栗堡面積，實當半個到一個縣份，也與「竹」地的枋寮義民十四大庄面積，兩者皆可謂是「準縣級政區空間」之區域。清後期苗栗堡轄區面積會擴張至如此廣，與清代臺灣漢人拓殖後龍、西湖兩流域歷史中，對該兩溪流域的「認知空間」越來越大有關。在本文已分別詳論後龍、西湖兩溪流域地理環境時，便已論述清代漢人對此兩溪流域之「空間認知」也不斷改變。故清前期的竹南二堡，概僅止今後龍平原一帶，若再往東到新港、嘉志閣、貓裏等社原住民勢力範圍附近，在清初期尤其康熙年間，可能還屬官方認知的「平地原住民保留區」一部分。但約自乾隆朝漢人開始大量往「苗栗堡核心區」入墾，到清後期漢人又越過「牛鬪口峽谷」，東往「後龍溪上游區」拓殖，這一百餘年來，漢人逐漸認知到原來兩溪的發源處，遠比清前期的「空間想像」還來得遠。故清代臺灣方志中，記載兩溪的發源山，也不斷的往東（後龍溪）、往南（西湖溪）不斷「再定義」與「再認知」，遂使清代「竹南二堡」轄區面積，在這百餘年來不斷增長。

　　本文將面積寬廣的清代苗栗堡客庄區，再依族群關係歷史經驗之不同，

區分為以「後龍溪中游區」和「西湖溪流域」為主的「苗栗堡核心區」；以及「關刀山山脈（關刀山脈+八角崠山脈，以下仍合稱「關刀山山脈」）」以東的「後龍溪上游區」，分述兩區義民信仰又有其不同處。此處先總結對清代「苗栗堡核心區」的族群關係史，與該地義民信仰程度之研究如下。

「苗栗堡核心區」在地理形勢上，與「中港堡」和竹塹「郊區」最大不同處，即是「苗栗堡核心區」地理形勢相對封閉，與「海外線」的閩庄後壠街做族群接觸的機會相對較少。此處所謂「地理形勢相對封閉」，是「相對」的「族群關係空間」概念。若假設清代苗栗平原上是形成：其中一個以閩人為主之城鎮；另一個卻是以粵人為主之城鎮，則日後苗栗平原的分類械鬥，很可能仍會傾向「以祖籍為依歸」的閩粵械鬥性質。但因清代「苗栗堡核心區」，自乾隆朝客家人入墾此區後至 1895 年間百餘年來歷史，是當地客家人越發呈現區域優勢，閩人越呈區域弱勢乃至衰微之型態，故對清代「苗栗堡核心區」的客家人而言，其與閩人接觸的族群歷史經驗，便與「上背客」之與閩人有緊張關係的歷史經驗有所不同。

「苗栗堡核心區」的自然地理形勢，在東、西側，都有南北走向的山脈，西側有「北大肚山系」，有後龍溪與西湖溪等二溪切割其中，也都可沿該二溪流，通往清代閩庄後壠街。「苗栗堡核心區」東側則有「關刀山山脈」，有後龍溪切割其中，造成形勢險要的「牛鬥口峽谷」。本文詳細論述「北大肚山系」各山的標高與山勢走向，主要是在論述此山系相對隔絕了清代「苗栗堡核心區」客家人與「海外線」閩南人做族群接觸的機會。而兩邊客閩族群接觸之最可能地點，是在後龍溪中游「尾段」，與西湖溪下游的清代頭湖、二湖庄附近。其次，則是清代苗栗附近西山莊之西緣，山勢已較低的該段「北大肚山系」（俗稱「西山」，以下簡稱此），與再西側的麻園坑、後壠底等庄。

首先在後龍溪中游段的苗栗平原方面，本文已論證在後龍溪流域中游「尾段」中，因為清代新港社平地原住民「番頭家」勢力與其所在地理位置，相對有效減少了苗栗平原客家人與後龍溪下游的後壠街閩人做族群接觸之機會。後龍溪中游「尾段」，在清代時分為北側的北勢溪，與南側的崩山河，而介於兩河之間沙埔地，又因河道常變化等水患因素，相對不容易使漢人向新港社贌耕並發展為漢人聚落。此由日本時代初期 1904 年《臺灣堡圖》可知，至少在新港社正南方的北勢溪與崩山河兩溪之間沙埔地「西側」，至日本時代初期尚未能真正形成一聚落，更遑論清代時該處該也如此。

是故貌似頗為寬廣的後龍溪中游「尾段」平原，僅能在北勢溪北岸的新港社附近狹窄之地可發展為聚落，而此附近大抵為新港社之基本勢力區，形成「新港空間」。此「新港空間」可看「附圖1-5」，其北面擁牛屎嶺山險之固，南面因時前述兩河間沙埔地在清代時未能成一庄，故從新港社往南向看，是一片沙埔平野，可直視崩山河與崩山（田寮尾山），也可使新港社居於其中，「番丁」巡視其間，頗有形勢之固。而「新港空間」的「番頭家」收「番大租」養「番丁」成為一區域勢力，又因新港社勢力在空間上相對優勢，加之該社也向與東、西兩側的客、閩庄漢人勢力都保持相對良好之關係，也相對使「北大肚山系」東、西兩側的客、閩兩庄漢人較不易直接做族群接觸。這至少在清中期乃至咸豐朝，可使其東南側的苗栗平原客家人在開發時，較能免於當時北臺灣閩客械鬥風氣，而逐漸使苗栗平原之客庄也越來越多。

後約到了清中後期之際，苗栗平原客家人，已在該區形成區域族群優勢。是故綜合以上原因，再由〈羅華五文書〉可知，這些歷史條件，至少使道光6年（1826）那次淡水廳史上最嚴重的閩客大械鬥，「海外線」閩人勢力往東入侵苗栗平原客庄時，卻幾乎僅止於新港社附近則止。而道光13年苗栗平原東南側蛤仔市發生過一場閩客械鬥，應該是代表「苗栗堡核心區」上正逐漸形成區域優勢的客家人，對當地漸趨弱勢的閩人勢力，所做的一次族群打壓。此後，越到清後期，整個苗栗平原客家人的區域族群優勢更加明顯。加之，隨著清後期「苗栗堡核心區」客家人勢力，覬覦「後龍溪上游區」樟腦與出磺坑石油等龐大利益，而想越過「牛鬪口峽谷」拓殖「後龍溪上游區」的大湖、獅潭之原住民區域之際，這整個龐大的利益固然加強了「內山」對「苗栗堡核心區」客家人的拉力，但本區客家人也因為相關利益，做客家人之間的內部分類械鬥，使客家人或粵人意識，隨世代交替而相對逐漸降低。

而清後期往「內山」拓殖的拉力，也相對使當時苗栗街的區域經濟優勢逐漸超過閩庄後壠街，清代竹南二堡的俗稱，也逐漸由清中期的「後壠堡」改稱為「苗栗堡」。此股內山經濟拉力，相對提升清代苗栗平原在後龍溪流域的經濟地位後，也更加吸引清後期乃至日本時代初期的閩人來較具商機的苗栗平原。此可藉《1926年漢籍調查》得知，1926年當時的「苗栗」大字（清代苗栗街、今「南苗」），與「社寮崗」大字（清代社寮崗庄、今「北苗」），仍承襲清代苗栗平原上的區域經濟優勢，而此兩地的閩人比例，皆恰好只佔約17%左右之弱，這顯示該兩地能吸引閩籍人能到此落籍之社會結構空間概也僅此。而 1926 年時的

「後龍」大字（清後壠街、今後龍鎮之市中心）廣東籍人比例之低，也顯示清中後期以來，後壠街能吸引客家人入居的社會結構空間就少了非常多。

　　此外在苗栗平原西緣的「西山」，與該山在西側的「麻園坑山」和「南勢坑溪」，也很可能在道光 6 年對苗栗平原的客家人發生過屏障作用。由〈羅華五文書〉可知，該次大械鬥，「海外線」閩人勢力，在此處只能入侵到當時還是「客庄」的後壠底庄。由本文第一章引《清代臺灣大租調查書》的〈番大租・番社給墾字（六）・乾隆四十一年二月〉一文，亦得知後壠底庄本是以西山、社寮崗等庄之苗栗平原客家人所墾。而在地理位置上，乾、嘉以來的「客庄」後壠底庄，尚位於「麻園坑山」之北和「南勢坑溪」下游，也與西鄰的另一客庄「十班坑」連爲一片。然按《1926 年漢籍調查》，當時「後壠底」大字已是閩籍居多數，但往東過了「麻園坑山」和「南勢坑溪」的「南勢坑」大字，當時尚爲廣東籍居多數，推估至少在道光 6 年該次閩客大械鬥時，由西而東依序爲「麻園坑山」、「南勢坑溪」、「西山」等三個地理屏障防線，都對苗栗平原客家人發揮作用，但這三條地理屏障之外的後壠底庄，在該次或可能在陸續幾次閩客械鬥過程中，就變成了閩庄。

　　西湖溪流域的客家族群開發史，與當地客家人和閩人之族群接觸經驗史，也大致同於苗栗平原客家人。由〈羅華五文書〉亦可知，道光 6 年那次閩客大械鬥，「海外線」閩人勢力，同樣也難能越過「北大肚山系」，大致只到頭湖、二湖、三湖庄，就可能已被「北大肚山系」以東的客庄團練鄉勇勢力殲滅。本文也同樣詳細論述了西湖溪流域的東、西兩側各個山系走向，尤其此流域西側的「北大肚山系」段，各山標高幾乎比苗栗平原上的那段「北大肚山系」還來得高，其主旨也是在描述西湖溪流域，至少在下游處的今西湖鄉境，是地勢相對狹長的峽谷地形，「海外線」閩人勢力若想入侵，也只能沿著西湖溪溪谷，但如此，反有陷入谷地縱深之險。故道光 6 年閩客大械鬥，「海外線」閩人勢力概只能攻到三湖庄而止，對再之後的四湖、五湖、高埔，與今銅鑼鄉境與三義鄉境各客庄與客家人而言，本段地勢更高的「北大肚山系」，對清代西湖溪流域的客家人，是更良好的地理屏障。故當清晚期當地客家名儒曾肇楨，想修築越過本段「北大肚山系」的「虎頭崁道」時，便感嘆該段山系之險與修路之難，而著有「修虎頭崁路記」。

　　又介於西湖與後龍溪之間「老雞隆溪流域」，是老雞隆溪於「關刀山山脈」切割出的小峽谷地。本文細論此流域東、西兩翼山系各山標高與走向，主旨

在描述其地勢之險要，而此處也是「苗栗堡核心區」著名的「吳阿來事件」發生地。當時吳阿來勢力窩居於此，使光緒朝時官方兵力加上本區其他客家勢力，圍剿吳阿來人馬達十餘日之久，此事件也是清代「苗栗堡核心區」客家人各系勢力間恩怨所導致。此外苗栗鄉里常傳聞的清代「椿柄賊」燒殺擄掠傳說記憶中，據說「椿柄賊」之根據地也在此。如此再呼應第二章第二節所談數件「苗栗堡核心區」客家人內部分類械鬥事，如「吳阿來事件」、「五湖賴屋與苗栗謝屋人械鬥」、「新雞隆吳家跟出磺坑邱家械鬥」、「張瓊榮爭三汴圳水權」、「邱苟與吳姓人爭出磺坑油礦權」與「芎中七十隘吳姓人與蛤仔市隘首張順生勢力數十年不合」等事件，即是反映了清乾隆朝已降至 1895 年以前百餘年間，以客家人為主的勢力拓殖「苗栗堡核心區」百餘年來，當地客家人的客家認同意識逐漸降低之歷史趨勢。

然而早在乾隆年間方入墾的客家人，其本來的「粵人意識」，原本並不弱於其他客庄地區，當時開發苗栗平原的漢人拓殖者，可能以客家人居多數，但由《清苗栗縣志》也可知同樣有少數閩人隨之入墾。故當時苗栗平原上客家人仍具一定程度的「粵人意識」或「粵人屈居弱勢之危機感」。而林爽文事件爆發，這種危機感也是使入墾本區之粵籍人鍾瑞生、劉維紀、謝尚杞等，會發動苗栗義民兵響應朝廷平亂，而其動機該與前述當時臺灣粵人發動義民軍之三點動機大致相同。這次由苗栗堡客家人鍾瑞生，先響應壽同春號召，後又追隨徐鼎士征討林爽文勢力，戰功亦顯赫。

也因鍾瑞生是清代淡水廳竹南二堡之「七十分庄」人，而該庄正位於後龍溪中游「頭段」；而日後「苗栗義民祀」之祀田，也同樣位於該溪中游「頭段」的「中小義」(中車路+小圍牆+義民埔) 附近，地緣關係非常巧合。但可惜經筆者田調，暫未發現「義民祀」祀田，是否與當年發起苗栗義民軍的鍾瑞生等人，有前後因果關係，筆者目前亦暫尋無鍾瑞生之後裔。但本文第一章中詳文論述後龍溪中游「頭段」之河道歷史變遷，首要目的即是在為此做歷史背景交代。此外，另一原因是：按「苗栗義民祀」耆老江漢仁、或「苗栗義民廟」方面相關耆老等人口述說法指出：今日所能見日本時代昭和 17 年 (1942) 之「苗栗義民廟祀典不動產土地表示」史料中，所顯示義民祀田面積共計約十六甲餘 (詳附錄一·「附錄圖 1-9」、「附錄圖 1-10」)，實非清代「苗栗義民祀」祀田之原有實際面積。前者其實比後者之面積還來得大，主要就是因為日本時代後龍溪中游「頭段」的「後龍溪東道」改道，使「後龍溪西道」成今後龍

溪該段之主幹道，而舊有的「東道」河道縮小爲圳溝後，新多出的河埔新生地，在鄰近清代舊有義民祀田之部分，也被改爲義民祀田的一部份。據云：當時苗栗義民祀田，可能因此還多出約十甲地左右〔註1〕。

而苗栗義民信仰，就並非如枋寮那邊一樣，同時強調集合了「『褒忠‧忠義』加上『粵東』」的信仰符號。由目前苗栗義民廟方主祀神牌位，是「褒忠義士眾姓諸公之神位」、「淡防分憲忠烈程公之神位」、「淡防幕府忠義壽公之神位」，可看出苗栗義民廟方，還是較重視實際在林爽文事變殉難的「眾姓諸公」、淡水廳同知程峻、與幕友壽同春之壯烈犧牲。但該廟所顯示的宗教性符號概也只於此，並未發展出需特別強調「粵東」以區隔閩人族群。又非僅此，苗栗平原也未有這類強調「粵東」或「客家」等族群符號之清代傳統廟宇，此亦可參戰後以來所修方志可證。究其因，還是因清代「苗栗堡核心區」客家人的「客家意識」，概在林爽文事變後到1895年前，是隨世代而逐漸淡薄。而在約清晚期時，「苗栗堡核心區」的客家人區域族群優勢已成熟，此可見本文第三章引清晚期光緒朝入墾本區的泉州籍閩人郭金海之嘆：「奈（我）泉籍插居（苗栗平原）粵庄，眾寡莫敵」一語可知。

此外，苗栗義民祀方面也因這種歷史氛圍下，並未如枋寮義民廟方那樣，發展出強有力的「廟方大姓施主」階級集團，來統領當地粵人，抵抗同時兼具行政與經濟核心都市竹塹城附近閩人勢力之壓力。枋寮義民廟方面，可見該義民廟方所存之嘉慶7年（1802）〈同立合議規條簿約字〉〔註2〕（學界俗稱「四姓規約」）中，載當時竹塹「郊區」有王廷昌、黃宗旺、林先坤、吳立貴等四大姓領導者；又到本文引〈同治10年議約〉之花紅銀制度中，更可由尊崇林、劉兩姓「施主嫡派子孫進中者，賞花紅銀加拾叁庄內壹倍」一語，得知該二姓施主在當時階級地位的崇高。此外又加上道光年間十三大庄制度成熟後的十三聯庄公號家族，與光緒初年加入枋寮第十四大庄「大隘聯庄」的北埔姜家等，這些家族都是當地粵人的領導階級。清代竹塹「郊區」當地，需要這些強有力領導階級之背景原因，還是跟當地粵人能藉著這些大姓家族來

〔註1〕　日本時代後龍溪河流改道使「義民祀」祀田面積增加的說法，非僅江漢仁先生如此口述，另外「義民祀」現役員謝炎輝先生，又「苗栗義民廟」方相關者老謝發萬、鍾贊育等諸先生亦曾如此說法，但增加多少面積方面，或沒詳說；或所說之大約面積也不一，但可知清代苗栗義民祀田，並沒有大到十六甲餘之面積。於此感謝以上諸位者老接受筆者口訪。

〔註2〕　〔清〕嘉慶7年（1802），〈同立合議規條簿約字〉，影本，黃卓權（提供），未刊行。

領導，以發揮最大團結力量，共同抵抗竹塹城閩人勢力有關。

但「苗栗堡核心區」尤其苗栗平原一帶，因客閩關係相對不緊張下，當地領導階級、家族、或「擬制血親」性質的同姓宗親會，也較不會傾向刻意發展「粵」的符號來區別「閩」族群。而在清代苗栗義民廟方面，還發展出林爽文事件後百餘年來，「苗栗堡核心區」當地地方菁英，可藉由出資金來加入「義民祀會友」之組織模式，且每位會友身分既可以世襲，同時又不斷有新會友加入，不斷替廟方歷史注入新血，最終到清末時，成為「義民祀典三百二十七位會友」制度。由此，亦可見清代苗栗義民廟，是呈現相對鬆散性的宗教性組織。是故，苗栗義民信仰並沒像枋寮那邊突顯「粵人加上忠義」的信仰模式，是因為清代「苗栗堡核心區」當地人**沒有歷史需求，去發展有關區別客閩族群的符號**。所以，苗栗義民信仰，是呈現祭拜真正殉難於林爽文事件的「壽公師爺（同春）」、「淡水同知程公（峻）」，以及「義士眾姓諸公」之模式；至於百餘年來參與該廟事務之三百餘位「會友」，也沒有區分「會友」們之階級高低、個別神牌位序差異、或個別財富差別之歷史社會需求，他們都在該廟方左偏殿以一面木牌「會友神位」陪祀之，即可代表三百餘位「會友」在該廟信仰者心中之歷史貢獻。

也因此，苗栗義民廟在歷史上乃至今日，都不需要為苗栗堡核心區客家人凸顯為重要信仰，以彰顯自己的粵人或客家人身分，甚至該廟也並非當地主要廟宇了。久之，該廟香火相對變成不興盛，其同樣也是為保鄉衛土的義民塚內之英靈們，也逐漸為苗栗堡核心區人所遺忘，是故本文名之為：「被遺忘的大清『忠魂』」。

二、後龍溪上游區的義民信仰方面

大致在清中期時，「苗栗堡核心區」東側的「關刀山山脈」以東，尚是山地原住民的傳統領域，使拓殖「苗栗堡核心區」的漢人，須在該山脈西側佈防隘寮與隘丁，如「嘉志閣隘」、「南北河隘」等來「防番」。然約到清中後期之際，概因西方人眼中的龐大樟腦利益，對漢人造成一股入墾拉力，使「苗栗堡核心區」以客家人為主之漢人，逐漸越過數公里長、地勢險峻的「牛鬥口峽谷」，向「後龍溪上游區」拓殖，所以漢人佈防隘線也不斷往東移動。以上，是為清代苗栗堡漢人拓殖本區之大概歷史過程。

本文第二章詳述本區的「獅潭地區」與「大湖地區」之自然地理概況，

依《大湖鄉誌》，此二區又可合稱為「獅湖縱谷」，其西側為「關刀山山脈」；東側為「八卦力山脈」，後者為日本時代以後的之漢原兩族之自然地理界線。本文詳述兩山脈走向與標高，旨在以下：一、描述出「獅湖縱谷」是個南北走向的峽谷地形，清後期到日本時代初，漢人東拓勢力僅能推到此峽谷；二、「關刀山山脈」山勢其實比「苗栗堡核心區」西側「北大肚山系」來得高些，而「關刀山山脈」對清代當地的族群關係演變作用，將在後論述。此處先述「後龍溪上游區」的義民信仰概況，與清代乃至日本時代初期該區漢原關係（實乃客原關係，以下同）之關聯。

對本區引進義民信仰並創建大湖、南湖、獅潭三間義民廟者，分別為吳定新與黃南球兩拓殖勢力，前者勢力開拓出清代大湖庄而建大湖義民廟；後者則開拓出位於今獅潭鄉北境之清代獅潭庄，與位於今大湖鄉境之清代南湖庄，而分別建立獅潭、南湖二間義民廟。在當時緊張的漢原關係氛圍下，兩者所引進的義民信仰，其實大多伴隨著漢原武裝械鬥之痕跡。大湖義民廟由吳定新所創建，而吳定新家族來自「苗栗堡核心區」之「老雞隆溪流域」。但因吳定新年幼時在竹塹「郊區」之「大隘地區」長大，故吳定新家族入墾大湖後，與該庄人齊建清代大湖義民廟時，該廟便雜揉了苗栗堡核心區常見的萬善爺信仰，與竹塹「郊區」的義民信仰，使該廟義民信仰模式獨樹一格。大湖義民廟石製主神牌位上書：「褒忠義民・萬姓同歸之神位」，前者「褒忠義民」四字，係代表源自枋寮的褒忠義民信仰；後者「萬姓同歸」四字，則概屬萬善爺或有應公之類性質。而此後到日本時代數十年間，或因大湖庄民多數來自「苗栗堡核心區」，對發源自竹塹「郊區」的義民信仰，並沒有歷史條件上的深刻認知，加之萬善爺有應公之類道教信仰向為人視為「陰廟」，故大湖庄民概在日本時代之際，已逐漸遺忘該廟有「義民」信仰之部分，而泛稱為「下廟仔」。在「下廟仔」中，有祭祀死於清代漢原械鬥、日人「征番」、或田中挖出之無名骸骨，而為清代乃至日本時代該庄庄民，視為祭祀孤魂野鬼之陰廟。且此廟，直至今日也非當地最主要之廟宇。（以上詳見「附錄二」）。

又本區之獅潭、南湖兩間義民廟，則可見黃南球家族拓殖本區之歷史痕跡，首先述獅潭義民廟。黃卓權依日本時代《寺廟調查書・新竹廳》記載，認為該廟乃黃南球於日本時代明治 40 年（1907）自枋寮義民廟分香所創建，因為《寺廟調查書・新竹廳》是目前對該廟歷史記載之原始史料，故本文暫依之。不過依今日該廟方對建廟年代之記載，則是早在清光緒 21 年（1895）。但本廟創建之歷史背景，實延續清晚期當地緊張的漢原關係而來，亦即本廟係

該庄民懼於原住民的「出草番害」下，有「殺人劫貨，庄民常患瘟疫」等氛圍之歷史產物。故該廟又另祀奉藥劑先師，是為庄民有病痛時求藥籤所用，其可能也是因為清代該庄恐於「番害」氛圍下因為「瘟疫肆虐」的產物。又依該廟耆老何恭成，與黃家後裔黃卓權說法，獅潭義民廟建廟以來，一直都具有是黃南球家族的「家廟」性質，故也因為在獅潭這一房黃家後裔中衰後，當地庄民也甚少打理之。是故約自戰後以來，舊的獅潭義民廟又破又小，腐朽不堪，且在下雨天易漏水，連藥劑先師神牌位上神明姓名也已模糊不清。要到約 1990 年前後，才有當地鄉民與黃卓權倡議下重修。但本廟至今也非獅潭鄉北四村之最主要廟宇。

南湖義民廟也是黃南球家族所創建，清代時，該廟本也有祀奉死於漢原械鬥或「開山撫番」政策下的戰死骨骸。依廟方現有記載，該庄庄民至今還留有關於清代南湖庄「經常發現幽靈出崇等怪事」的歷史記憶，這很可能也跟當時「番害」的緊張氛圍下有關。不過本文第四章已述，該廟義塚骨骸跟大湖義民廟所祭祀的骨骸般，在日本殖民政府「寺廟整理」政策下被迫拆遷，南湖義民廟義塚骨骸，有部分就被遷往今卓蘭鎮的竹橋頭萬善祠義塚中。至於南湖義民廟創建歷史，依該廟文獻記載為清晚期光緒 3 年。不過若依黃南球拓墾史來看，至少要到光緒 14 年黃南球集資成立「廣泰成」號後才可能入墾南湖，故本廟創建歷史該不可能早於光緒 14 年之前。又依南湖耆老彭阿喜先生提供該廟庫藏「忠義成欽」匾，書有「民國拾年（1921）重修」（當時可能是寫為大正拾年）一語，推估一廟若要「重修」，保守估計概也須經歷約廿年左右才須為之。故南湖義民廟建廟年，至晚也不太可能到 1901 年，則該廟可能是介於 1888～1901 年間所建，此之際，黃南球尚在世。

「後龍溪上游區」的三間義民廟，皆是反映清晚期到日本時代初期，該區緊張的漢原族群關係下之歷史產物。但是，這三間義民廟，也並非當地最主要的道教廟宇。至少在大湖庄，同樣也是反映清代當地緊張的漢原關係下，主祀關聖帝君之大湖萬聖宮，才是當地最重要道教信仰廟宇。大湖萬聖宮主祀「苗栗堡核心區」常見的關帝爺信仰，而關帝爺的神格，才真正是為清代皇帝屢次正式加封，具有道教系統之正當性，而被該庄庄民，乃至清代「苗栗堡核心區」客家人，視為真正正統的祈福廟宇。此外，在「後龍溪上流區」三間義民廟沒有發展成類似枋寮義民廟那種「區隔（漢原）族群」之模式，除了本區「沒有閩人威脅」的因素外，也可能因清代乃至日本時代時，本區漢

人相對於原住民，是具有攻略優勢又具威脅性的民族，即原住民對漢人之威脅，相對沒有漢人對原住民那麼大〔註3〕，加上「祈福保安・避免番害」性質的宗教功用，至少在大湖庄已被關帝爺信仰替代，故本區義民信仰，並未成為當地主流之宗教信仰。

　　此外，介於「苗栗堡核心區」與「後龍溪上游區」間的「關刀山山脈」之山勢，實比「北大肚山系」還來得高些，尤其在苗栗平原上，前述兩山脈（系。以下略）在此平原段的高度，都是「關刀山山脈」相對高些。又此兩山脈高度造成的形勢阻隔，亦可由後龍溪在此兩山脈所切割出之地形可看出。後龍溪在「關刀山山脈」切割出數公里長之「牛鬥口峽谷」，其地理形勢之險峻，已在第一章論述；而該溪在「北大肚山系」切割之處，反而為後龍溪中游「尾段」的平原地，而該平原在清代，是以新港社原住民勢力為主的「新港空間」。然則，在觀察苗栗堡客家人開發史與族群關係史上，不可忽視在整個清代臺灣的客閩關係，實際上仍緊張。而對於「苗栗堡核心區」特別是苗栗平原而言，即令相對沒有「關刀山山脈」那麼高的「北大肚山系」，仍在清代臺灣緊張的客閩關係氛圍下，對苗栗堡客家人發揮了一定程度的保護作用。這也使清代時本堡客家人，即令會耳聞其他客庄有關閩客械鬥之事件，但畢竟因為相對缺少真正能遇到大規模械鬥，目睹同胞死難之歷史經驗，故在當地區域信仰，並沒有特別發展出區分客閩的族群符號。至少在「苗栗堡核心區」的義民信仰上，發展歷程是如此。

　　又本堡中地勢相對更高的「關刀山山脈」，在清代不同時期也扮演過不同的地理作用。在約清中期客家人尚未越過「牛鬥口峽谷」東拓原住民傳統地域時，「關刀山山脈」是當時本區客家人眼中，是非常明顯的漢原兩族之區隔界線。此可由當時漢人隘線佈於該山之西側可知，該山脈險峻之形勢，相對使了漢原兩族勢力對峙許久。但約在清晚期，客家人已往東拓殖到「後龍溪上流區」後，本山脈就不會對東、西兩側的客家人，造成明顯的「族群性」的地理區隔作用。相反地，至少因清代臺灣整體而言都是「閩人優勢而客家弱勢」的族群氛圍下，苗栗堡客家人多少也會聽聞到此類客閩接觸時之不悅事情；且本區客家人也會在相對少量機會下，與「海外線」閩人做客閩族群

〔註3〕因為清晚期到日本時代初期，在漢人往內山拓殖這方面，另有清廷或日本總督府介入，幫助當地漢人出兵「撫番」，而當時的原住民部落社會尚缺乏此功能，所以漢人對原住民威脅性更大。

接觸時，多少也會感受到這種客閩族群關係上的微妙關係。也因此，清代的「粵人弱勢氛圍」，在苗栗堡客家人百餘年史上，**並不會完全消失**，**而只是相對降低**。故本區客家人多少還是自知自己還是祖源廣東省的客家人，「客家認同感」在清代苗栗堡客家人心中，一樣會存在，只是相對沒「上背客」那麼明顯。故這座自然形勢上很高的「關刀山山脈」大山，至少在清後期苗栗堡客家人眼裡的空間認知感，也相對容易將之忽視，而將該山脈東、西兩側客家人都視爲「己族」。故當時「關刀山山脈」東、西兩側，已形成以苗栗街爲區域核心城鎮的一個體系，連「海外線」或其他地區的閩人，也需來苗栗街或社寮崗追求相關利潤。這也會使苗栗堡核心區乃至後龍溪上流區客家人，在經濟面上相對於「海外線」閩人，又更呈現區域族群優勢。同時這也使當時苗栗堡客家人，對地勢本已高聳的「關刀山山脈」之空間認知，從清中期的防隘前線、漢原分界；轉變成清後期時，只是本區客家人心中認知的一種需要克服之交通障礙，但已非造成族群阻隔的人文空間界線〔註4〕。

三、枋寮、頭份、平鎮等三間義民廟之義民信仰方面

　　清代竹塹「郊區」枋寮義民信仰的出現，就外部條件而言，實是反映清代嘉、道、咸以降，竹塹「郊區」粵庄，在當地粵閩族群緊張關係較強烈的氛圍下，所產生的一種區域信仰，其本身兼具了宗教性的信仰層面，與族群關係的粵人認同層面之一種區域文化符號。在本文第四章，也將竹塹「郊區」分爲「桃園台地西南區（含「溪南」、「溪北」、「大湖口」、「楊梅壢」等四大聯庄)」、「竹塹東側粵庄區（含「枋寮」、「新埔」、「五分埔」、「大茅埔」、「石崗子」、「鹹菜甕」、「六家」、「下山」、「九芎林」等九大聯庄)」，以及最後才加入枋寮祭祀圈的「大隘聯庄」地區。又依學者研究，上述竹塹「郊區」三地，在清代中晚期時，都逐漸與竹塹城結合爲同一市鎮體系，彼此在這市鎮體系上「各取所需」。此亦可見日本時代初期當地閩人陳朝龍《新竹縣采訪冊・客庄風俗志》中所謂「（客庄所須大宗貨物）皆轉販自縣城」、「（當地客庄）大抵小本經營，巨商大賈蓋寥寥矣」；或當地附近客家人林百川等人所修《樹杞林志・風俗考》記載，至少在

〔註4〕　同樣之情景，也當出現在介於竹塹「郊區」的頭前、鳳山兩溪中游段之「犁頭山系」，清代以來，該山南、北兩邊「粵人」，在面對竹塹城優勢閩人壓力下，儼然已形成同一個「命運共同體」。對當地「粵人」而言，「犁頭山系」該只是個需要克服的交通障礙，但並非族群阻隔的人文障礙。

竹塹「郊區」的樹杞林堡是：「無港口往來船隻，故無郊」、「然該地所出之（土產）等項，商人擇地所宜，雇工裝販，由新竹配船運大陸者甚夥」亦可證。

又見「附圖 3-1」到「附圖 3-3」，可知在交通路線上，竹塹「郊區」主要交通幹線，大多可與竹塹城相往來。首先在「桃園台地西南區」，清早期以來就有往來於竹塹和艋舺的南北向兩條官道，是爲本區主要道路，尤其在東側官道上，逐漸產生大湖口街與楊梅壢街等城鎮；其次在「竹塹東側粵庄區」，其地勢當頭前溪與鳳山溪兩流域，清早期已有沿此兩溪之東西向兩條道路，其一是沿鳳山溪，由鹹菜硼向西經竹塹新社可往竹塹城；另一是從九芎林沿頭前溪可西往竹塹城；此後到清後期，延著該兩溪流域，陸續產生了新埔街、鹹菜甕街、九芎林街、樹杞林街等城鎮；最晚開發的大隘地區，在清後期也形成了北埔街一城鎮，除北經樹杞林街可往竹塹城外，亦有西北向的道路可直達竹塹。

因此，清代中晚期時的竹塹地區，在藉由交通網絡形成的一整體竹塹市鎮體系中，「城區」閩人與「郊區」粵人相對較常有機會族群接觸，雖然彼此會因利益需求而相互合作，但同樣也會因族群接觸而造成誤會與矛盾。故當地粵、閩兩大族群間的矛盾誤會或刻板印象，日積月累造成恩怨，只要有一兩件導火線，就容易釀成大規模械鬥。此即清代嘉、道、咸年間竹塹地區乃至中港堡地區數次閩客大械鬥的重要背景原因之一。此後自嘉、道時起，竹塹城「郊區」粵庄人士，逐漸傾向藉由乾隆末年林爽文事變時死難的義民，和乾隆御賜褒忠匾，做爲當地區域信仰，並強化「粵東」字眼，作爲區別自己與他族群的符號；同時以「忠義」做爲勉勵當地粵族團結的精神象徵，故竹塹「郊區」的枋寮義民信仰也日漸強化。又枋寮義民信仰最重要的兩大制度，即「十三大庄」與「四外庄經理」兩制度，都是在道、咸之際逐漸成型或成熟，這也是反映了該時當地閩粵大械鬥下之歷史產物，其時間點之巧合並非無原因。

又本文也已論證，竹塹「郊區」客庄與「南桃園東側」和中港堡、苗栗堡最大不同處之一，就是竹塹「郊區」客庄內所通行之客語腔調較爲複雜，不若後三者大都以通行「四縣腔客語」爲主。這乃因竹塹「郊區」客家人的祖籍州別本來就較複雜，來自惠州府籍（多操海陸腔客語）或潮州府（多操饒平腔客語）籍者比例略偏高，而嘉應州籍者（多操四縣腔客語），除今關西鎮附近外，大多相對偏低。而其他桃竹苗地區客庄，除今西湖鄉一地外，嘉應州籍者比

例大多偏高許多。尤其竹塹「郊區」的「嘉應比」低於 20% 以下者，有新屋、觀音、六家、寶山四街庄〔註5〕，其中新屋、觀音、寶山之「惠州比」更高達 80～90% 之強，而這種「嘉應比」低於 20% 以下者，是「南桃園東側」與清代「中港堡」乃至「苗栗堡」各客家街庄中所未能見，是爲竹塹「郊區」之區域特色；又竹塹「郊區」十四街庄中，「嘉應比」介於 20～50% 間次低比例者也佔多數，共有湖口、芎林、新埔、北埔、竹東、橫山、峨眉等七街庄，佔全部十四街庄中之半，而其他桃竹苗地區客庄同樣介於 20～50% 的「嘉應比」者，僅見於清代苗栗堡地區的今西湖鄉一地。故若以此角度來看，竹塹「郊區」客語通行腔調遠較桃竹苗地區其他客庄複雜，並非是「社會同質性很高」的客家區〔註6〕。

　　竹塹「郊區」粵人之所以不分祖籍地，共同認同「粵東」之現象，誠如本文緒論藉由黃卓權看法：「清代臺灣客家人所操口音略異，但對人口佔絕對優勢的福建省漳、泉兩州閩南人而言，根本無從分辨，閩、客兩造一旦發生爭執，這些不同府州籍的粵籍人，往往被優勢的閩籍人歸類爲同一群體」之看法般，清代竹塹「郊區」各個不同祖籍別之粵人，在面對「城區」優勢閩人競爭壓力下，逐漸藉由枋寮義民信仰來建構：一、強調「忠義」精神以祈使粵人都能忠義於自己同胞，凝聚共識；又二、強調「粵東」原鄉認同，以區隔「郊區」之粵東客家人和竹塹「城區」附近閩人之不同，以及三、藉「忠於國順於朝」來祈求清廷能對當時處於弱勢的北臺灣客家人多點垂青。清代竹塹「郊區」的枋寮義民信仰，包含以上諸點特徵的內在精神下，外在又透過十四大聯庄組織，讓本區粵庄「被組織」於各大聯庄的公號頭家，與枋寮義民廟方各大姓家族之領導下，又藉由義民信仰逐漸形成「挍（挑）擔奉飯」儀式，以展現萬一遇到閩粵械鬥須動員鄉勇時，各大聯庄可動員多少庄民之能力。故「粵東」、與「忠義」或「褒忠」，至今仍是枋寮義民廟常見字眼，舉凡該廟義塚附近、甚至最重要的主神牌位亦主祀「勅封　粵東褒忠義民位」之道理即在此。而枋寮義民廟的義民骸骨，也在清代竹塹「郊區」粵庄中閩

〔註5〕　本段的「街庄」，指日本大正 9 年（1920）後之街庄制度，並非清代的街庄制度。以下本段所指皆同，但僅止於本段落。

〔註6〕　吳學明，〈金廣福大隘地區發展史〉，收入黃卓權（總編輯），《義魄千秋──褒忠亭義民節大隘聯庄祭典專輯》，頁 35～54，頁 54：「大隘地區……墾民祖籍地多屬惠州與嘉應州，<u>因此社會同質性相當高</u>」。然兩州客家人所操客語腔調不同，實不下於閩人的漳、泉之異。

粤關係緊張的社會氛圍需求下，逐漸爲當地人神化爲義民爺，還有該神不斷顯靈庇佑鄉民的傳說，並成爲當地人信仰寄託。加之清代時，對建構此區域信仰有所貢獻之六張犁林家，或許因爲六張犁庄（今竹北六家）之地理位置正位於閩粤交界，使林先坤以降歷代林家先人，曾親歷過嘉慶以降當地數次閩粤大械鬥，與見過粤人同胞死難，遂興起建構此區域信仰之念，來凝聚鄉親團結力量，以對抗距林家其實並不遠的竹塹「城區」附近優勢閩人勢力。

要之，清代臺灣林爽文、戴潮春等兩次大規模政治民變，都是由漳州籍閩人發動，尤其林爽文事件，該時不論泉州閩人、粤籍人、乃至漳州閩人或「熟番」，都曾組織義民軍幫助朝廷平定動亂。然而之於林、戴兩次民變而言，竹塹城「城區」附近泉人，與粤人組義民軍的動機有很大不同。在泉人動機方面，雖泉人與漳人同樣屬閩籍，但在清代臺灣，漳、泉兩州人向不合，故對泉人而言，當漳人做亂時，泉人自需發義民軍自衛。

但在粤人動機方面，卻至少有以下三點：一、因清代臺灣屬福建省一部分，臺灣粤人在「福建省臺灣府」閩人眼中，是來自「廣東省」的「外人」，平時遇到有糾紛時，漳人泉人都可能憑藉多數優勢而欺侮粤人，此即所謂「治時閩欺粤」。是故在弱勢的臺灣粤人眼中，不管漳人或泉人做亂，都可能會趁亂殺粤人，故當有閩人發動大亂事時，居人數弱勢的臺灣粤人更須要團結自保，以避免漳、泉人趁亂入侵。又往往最佳的防禦即是主動攻擊，所以粤人也會攻擊閩庄，順便報平時受閩人欺侮之心情，此即「亂時粤侮閩」之因。（二）、在清廷眼中的臺灣，不管漳、泉、粤等各籍人，只要動亂規模大到已算是政治問題，朝廷就得平亂，而朝廷定案的「政治犯」，即是「朝敵」。林爽文參予會黨，號稱「反清復明」，便已算朝敵，對臺灣粤人而言，閩人林爽文勢力一樣可能趁亂殺非我己類之粤庄，所以粤人更需要團結組義民軍自我防衛。又（三）、平時粤人若受閩人欺壓時，即使要告官，往往又因衙門內衙役是閩人居多，不見得能伸張正義。因爲清代臺灣時期，在光緒朝未設苗栗縣之前，所有府州級、縣級衙門都設在閩人大街，臺灣客家人並沒有屬於自己的「縣城」過。故清代臺灣各級衙門內，衙役往往多是閩人勢力，其或常蒙蔽朝官，使粤人較難伸張正義。但一旦臺灣有「政治性民變」，出現朝敵，而這朝敵又是閩人的話，則臺灣粤人發義民兵，也是基於身爲在臺弱勢者，祈望能藉出義民兵助朝廷，使官方能對粤人多點垂青，能多替粤人伸張正義之心理。以上是清代臺灣粤人與泉人發起義民軍動機最大不同處。

　　此外，枋寮義民祭祀區域內的客語族群所操腔調，跟「淡北」的「南桃園東側」、與「淡南」的中港堡與苗栗堡比起來，相對複雜了些。故在枋寮義民祭祀區，強調「粵東」的另一歷史背景原因，很可能係因清代本區粵人之州別祖籍成分更多源，所操客語口音各異，有「海陸腔」、「饒平腔」、「四縣腔」，故當地粵籍菁英更需強調「粵東」原鄉認同以利團結、淡化差異，共同對抗竹塹城附近優勢閩族。

　　此外有學者亦曾謂清代枋寮義民廟「花紅銀制度」（又稱「進泮花紅制度」）是讓枋寮義民信仰往南「傳播」到「苗栗三郡」的重要因素之一。然本文也論證至少同治年間的「花紅銀制度」相關獎賞規定，已對「淡北」和「淡南」以及「南路」客家（今「六堆」）有差別待遇。故同治年間的「花紅銀制度」，反映了清中後期道、咸、同之際的枋寮義民廟「十三聯庄」時代，該廟方深化了對「十三庄」鄉親之照顧；但對此之外的客家人，就沒那麼多「鄉親感」，而有所差別待遇。此可由當時「花紅銀制度」獎賞規定，可知該廟方花紅賞銀對「淡南」與「南路」客家人給的金額，明顯不如「淡北」，而「淡北」又不如「十三庄」客家鄉親，如此，同治年間的「花紅銀制度」，反更不利枋寮義民信仰南向傳播到中港堡與苗栗堡。且若放諸清代臺灣竹塹「郊區」與中港堡客庄間交通便利程度的演變脈絡上，其論理亦不甚充分。因為對北臺灣客家人而言，直到大隘地區為金廣福號完全拓殖成熟之前，竹塹「郊區」與中港堡的客庄間，交通相對不便利。這是因為「獅頭山系」以北的大隘地區，「到處皆丘陵起伏」、「無數的小山起伏，平地幾少」是為該區地貌重要特色之一，本就較不易為漢人農耕之丘陵地，故漢人入拓此地甚晚。直到道光年間，仍有山地原住民出沒其間，向漢人「出草」。加之在嘉、道以降淡水廳閩客械鬥氛圍較激烈時，竹塹「郊區」粵庄與中港堡客庄間之交通，同樣也可能受閩人勢力所侵擾，故兩邊客庄交通往來上也具一定程度風險。枋寮義民信仰真正能向南傳播到中港堡境內最大客庄的清代頭分街附近，該待金廣福墾號拓墾大隘地區已趨成熟〔註7〕，使竹塹「郊區」與中港堡兩地客庄間交通風險降低後，枋寮義民信仰至光緒 11～13 年（1885～87），才為當時頭分街人引進並創建（即「分香」）頭份義民廟。

　　清後期光緒年間，中港堡最大客庄之頭分街人，會在此時接受了枋寮義

〔註7〕 較明顯時間指標該是光緒 3 年，大隘地區加入枋寮義民祭祀圈成為「第十四聯庄」時。

民信仰，也是反應出清代中港堡客閩關係緊張之歷史背景，因為當地也跟竹塹「郊區」同樣，都曾歷經嘉、道以來閩客械鬥的歷史經驗。中港堡以頭分街為區域核心城鎮的各客庄，因距閩人大庄中港街頗近，又無地勢阻礙。此可見「附圖 3-2」到「附圖 3-3」，當客家人拓墾勢力往中港溪中上游拓殖後，主要交通幹線還是沿著東西向的中港溪為主即可知。所以嘉、道以來北臺灣閩客械鬥風氣感染中港堡時，也造成當時頭分街聯庄附近客庄，乃至三灣南庄一帶，都對中港街附近閩人有不悅之心。故在大隘地區為客家人墾畢後，中港堡境各客庄就很容易接受枋寮那種訴諸「粵東」、「忠義」的「藉忠義於朝、藉粵東原鄉認同以凝聚粵人」之宗教性信仰與族群性認同符號，這是中港堡各客庄陸續接受枋寮義民信仰的重要背景原因之一。是故，枋寮義民信仰能南傳到中港堡，在交通因素演變上，與金廣福成熟拓殖完大隘地區，交通風險大幅降低有密切關係；在族群經驗上則是中港堡與竹塹「郊區」都有共同的閩客械鬥時之歷史記憶有關，卻該與枋寮義民廟方「花紅銀制度」的獎勵金制度無太大關係。

　　不過，中港堡各客庄接受這種信仰的強弱度，也恰與「距中港街遠近」成正相關關係。在距中港街最近的客庄「頭分街聯庄」一帶，除「土牛庄」這種以閩人為主的「方言島」仍以「閩人不拜義民爺」做為自己族群的信念外，其餘各庄都加入了頭份義民廟祭祀圈，使該義民廟祭祀圈幾乎泛及整個清代「頭分街聯庄」（今扣除蘆竹里外之頭份鎮轄區）。但「頭分街聯庄」以東的三灣、南庄一帶，除永和山與大銅鑼圈兩庄，各有一小間獨立義民祠外，其他各客庄的義民信仰都是呈「陪祀」於其他廟宇之模式，且各個廟宇祭祀圈多以清代的一、兩街庄為主，故當地廟宇祭祀範圍，幾乎散呈點狀分佈，並未像頭分街聯庄般整合為一大片，也使三灣、南庄當地義民信仰亦同之。

　　然則在光緒初期之前的頭分街聯庄一帶，即已出現田寮永貞宮，其位於田寮庄，主祀媽祖，並以當地客家人為主要信眾。該廟建廟歷史，或如《新竹縣志初稿》與《寺廟調查書・新竹廳》記載般是在同治初年；抑或如該廟方記載般是早在咸豐年間，不管何者，其正承嘉、道以來當地閩客械鬥氛圍之後不久，而成為以頭份街聯庄附近客家人為主要信眾之廟宇。而光緒年間頭分街聯庄客家人引進枋寮義民信仰後，頭份義民信仰在日後便與田寮永貞宮，逐漸結合為兩祭祀圈空間幾乎重疊的信仰模式。

　　這種空間重疊信仰模式不但見於竹塹「郊區」正南方「郊外」之頭分街

聯庄，同樣也見於竹塹「郊區」東北方的「郊外」之「南桃園東側」北境客庄。學界對此稱爲「中壢十三庄輪祀圈」，即是指「南桃園東側」北境當地客家人，結合了以主祀觀音、媽祖的中壢仁海宮，和安平鎮庄的平鎮褒忠祠，兩者祭祀圈逐漸融合爲重疊合一的信仰模式。依學界研究，中壢仁海宮也是「南桃園東側」閩客械鬥下的一歷史產物，其建廟時代正是北臺灣閩客械鬥最兇烈之道光年間，該廟可能也是代表當地十三庄客家人的凝聚勢力與勝利象徵。日後可能在清晚期或日本時代初期，在中壢當地人與平鎮宋屋人士努力下，兩廟祭祀圈終重疊合而爲一，成爲「中壢十三庄輪祀圈」。但此輪祀圈空間分佈也僅止於「南桃園東側」北境客庄，未能往南至今平鎮市南境與龍潭鄉境，而後者可能也是另個值得研究的客家史個案研究對象，但本文暫未能詳之。

又本文藉光緒初年「淡新分縣」時兩縣劃分之縣界，發現恰與枋寮義民祭祀圈的東北界有非常長的重合線。比較「附圖3-4」與「附圖1」，可發現未加入枋寮義民祭祀圈的「南桃園東側」客家區，恰被清廷官方認爲當地較屬於「淡水縣生活圈」而非「新竹縣生活圈」，故劃入清代淡水縣境（三洽水庄例外）；而已加入枋寮義民十四大庄的「桃園台地西南區」，就被官府劃入清代新竹縣境。這顯示清代光緒朝初期，官方在劃分淡、新兩縣界線時，是以兩縣轄區盡量能「符合當地民情需要」以便治理地方，而找尋合理的政區空間界線。由官方選擇以楊梅壢街東境的「頭前溪」與北側的「土牛溝」做爲基本座標，做爲官府眼中的「淡新分縣」區劃上最好界線，此線也恰與枋寮義民祭祀圈東北界相符。故由此可推知在當時官方眼中，雖已知悉此線之東、西兩側，都同屬臺灣之客庄，但彼此民情還是略有不同處。這也顯示出清晚期，至少在官方眼中，清代竹塹地區，已經不包含桃澗堡在內了。

然學者記載在今日褒忠義民廟與平鎮褒忠祠方面，有所謂平鎮褒忠祠在乾隆56年（1791）「分香」於枋寮義民廟之歷史記憶，此可能係屬於日後建構之記憶，還原諸清代當時可能非如此。這可由咸豐10年（1860）〈重修廣興庄褒忠亭碑〉碑文中，並未見當時平鎮褒忠祠方面有相關記載可推知。本文第四章已據清代官方史料，推論「褒忠」御區原始區，很可能就是由乾隆下御旨命福康安直接到今六堆客庄頒給當地客家人（「山豬毛」粵人）。由官方史料也可看出，在粵籍義民軍方面，今六堆客家人義民軍與粵籍義民首曾中立，在林爽文戰事的表現軍功，遠勝於淡水廳的義民軍，故有是舉。所以，咸豐 10

年〈重修廣興庄褒忠亭碑〉中寫「時在鳳南既立亭祀，而淡北缺焉」一句，
顯示出即令到咸豐 10 年當時，宋屋人記憶還是比較在乎今六堆客家地之「鳳
南」已有褒忠亭祀，而「淡北‧南桃園東側」的他們卻沒有，故他們記憶中
約六十餘前的宋屋人宋廷龍當初會倡議創建當地褒忠義民亭，重點是在此。
而乾隆 56 年廣興庄「褒忠匾」，是宋廷龍遠到「鳳南」，以當地原始匾「鉤摹
複刻」成；還是就近到竹塹「郊區」之枋寮，以當地之「褒忠匾」再行「鉤
摹複刻」，就〈重修廣興庄褒忠亭碑〉碑文內容來看，已難以考證。然就〈重
修廣興庄褒忠亭碑〉碑文並無紀錄宋廷龍是否曾到枋寮那邊「鉤摹複刻」褒
忠匾或是「分香」，顯示這些事情，對林爽文事變約六十年後的宋屋人他們，
尚不代表是個重要歷史意義。

　　綜合以上，乃為本文以清代臺灣族群關係為角度，以苗栗堡為主要觀察
中心，對桃竹苗地區義民信仰區域差異之研究成果。本文針對此問題做個案
研究，其實也是在呼應本文緒論中所提出的問題，即是何為客家文化？實則
就以往相關研究成果來看，可知清代臺灣與廣東族群關係史上，客家人這個
概念，無論在臺灣或廣東，同樣都是與外族群漢人（閩人與廣府人）做大規模激
烈族群接觸過程後，開始逐漸自我認知為：原來「我們」是為「閩人」或「廣
府人」歸類的「另一種」族群。在這種「被歸類」的過程中，客家人也逐漸
自我認知為：原來「我們」被歸類為客家人，且還必須要當客家人，才能團
結在一起，共同對抗來自「閩人」或「廣府人」的競爭壓力。而客家這名稱，
也從外族群的「他稱」，逐漸變成客家人的「自稱」〔註 8〕。但是，無論在臺
灣或廣東，發生這種激烈族群接觸過程之處，還是會因個別小地區，而有不
同程度的「對族群關係氛圍感受度」之強弱差別。以清代北臺灣客家地區為
例，竹塹「郊區」、中港堡、南桃園東側，對此種族群接觸感受氛圍相對很強，
而在竹塹「郊區」，也是最早藉由塑造義民信仰，來團結並動員當地粵人，以
對抗鄰近不遠的區域政經中心竹塹城附近閩人之壓力；但在「苗栗堡核心
區」，因「北大肚山山系」相對阻隔，與新港社勢力居於該堡閩、客之間，使
本區客家人對該堡「海外線」閩人直接大規模激烈接觸的機會相對較少。故
本區客家人的褒忠義民廟，歷史與枋寮那邊同樣悠久，但是清代時本區客家
人並不需要刻意將之發展為「區別粵閩」與「強調忠義」，以及藉由「核擔奉

〔註 8〕　〔日〕飯島典子，《近代客家社會の形成──「他稱」と「自稱」のはざまで》
　　　　（東京：風響社，2007）。

飯」來動員庄民的區域宗教信仰。此為北臺灣兩個歷史最悠久的義民廟,因個別族群關係史上之區域差異,而發展出不同路線的走向。

　　故未來要探究客家文化史方面有關「客家認同」如何被形塑之歷史過程中,無論其研究個案係在何處之客家庄,可能尚須精細到「縣級政區」空間以下,做更細部的當地客家人歷史經驗個案研究,才能將整體客家認同之形成史,做更完整地描述,與更宏觀之認識。

徵引書目

一、未出版史料

（一）古文書、碑匾等史料

1. 〔清〕乾隆 12 年（A.D.1747），〈貓閣社總頭目八系米那貓呅干等立杜賣盡根斷契字〉，中央研究院民族所藏古文書，原件編號：ET2807。

2. 〔清〕嘉慶 7 年（A.D. 1802），〈同立合議規條簿約字（學界俗稱「四姓規約」）〉，影本，黃卓權（提供），未刊行。

3. 〔清〕道光 15 年（A.D.1835），〈議約〉，《褒忠亭義民廟祀典簿（一）》影本，〔清〕林六吉（存）‧黃卓權（提供），未刊行。

4. 〔清〕道光 21 年，〈敕封粵東義民祠典簿序〉，《褒忠亭義民廟祀典簿（一）》影本，〔清〕林六吉（存）‧黃卓權（提供），未刊行。

5. 〔清〕同治 4 年（A.D.1865），〈（枋寮）褒忠廟記〉，《褒忠亭義民廟祀典簿（一）》影本，〔清〕林六吉（存）‧黃卓權（提供）。

6. 〔清〕同治 10 年，〈同治十年十二月林劉施主暨十三庄內諸紳士同立議約〉，《褒忠亭義民廟祀典簿（一）》影本，〔清〕林六吉（存）‧黃卓權（提供），未刊行。

7. 〔清〕同治 11 年 9 月，〈立接贌合約字人金合成〉，收錄於《大湖鄉誌》，苗栗大湖：大湖鄉公所，1999，頁 140～141。

8. （清末日初）明治 38 年（A.D.1905），〈重建（枋寮）褒忠廟碑記〉，收入《會心室印藏同治乙丑四年端月吉日抄錄契約簿》影本，會心室（印藏）‧黃卓權（提供），未刊行。

9. 〔日〕《寺廟調查書‧新竹廳（手寫稿）》，無出版項，臺北：中央研究院臺灣史研究所影印特藏資料，由內文判讀概是 1915 年後不久所做。

10. 〔日〕「忠義成欽」匾，苗栗大湖：南湖義民廟（護安祠）庫存匾額，1921年纂刻。

11. 〔日〕「志冠群英」匾，苗栗大湖：南湖義民廟（護安祠）庫存匾額，1924年纂刻。

12. 〔日〕「褒忠義民」石碑，苗栗大湖：南湖義民廟（護安祠）壁上石碑，1924 年纂刻。

13. 「（苗栗）義民廟（義塚）古跡」，苗栗：苗栗義民廟正後方石牆面上碑文，1984，6 月。

14. 大湖義民廟管理委員會（編印）《大湖褒忠義民廟・革命先烈羅福星烈士簡介》，苗栗大湖，無出版項，由大湖義民廟廟方贈。

15. 不知撰人，《南湖義民廟沿革》，苗栗大湖：南湖義民廟正面二樓牆上文，不知年代但當在 1993 年之後。

16. 不知撰人，《獅潭義民廟簡史》，苗栗獅潭：獅潭義民廟廟方提供，不知年代但當在 1994 年以後。

17. 苗栗社寮岡義民祀典，《苗栗義民廟歷史及會友名簿並土地表示書》，苗栗：苗栗社寮岡義民祀典，1946 年鉛印本，未刊行，陳運棟氏藏贈。

18. 苗栗義民廟管理委員會（謹錄），《苗栗義民廟簡史》，苗栗：苗栗義民廟左側牆面文，1998 年正月。

19. 頭份義民廟第一屆管理委員會，《頭份義民廟記》，纂刻於頭份義民廟牆上石碑，1979 年 3 月。

（二）淡新檔案

1. 〔清〕咸豐 5 年，〈銅鑼灣附近佃欠清單〉，《淡新檔案》，案號：17405-004-1。

2. 〔清〕咸豐 6 年，〈芎中七等庄生員劉青史等為人逃隘懸懇恩准給諭戳以專責成事〉，《淡新檔案》，案號：17307-001。

3. 〔清〕咸豐 9 年，〈淡水分府恩為諭飭督帶壯勇隨同挐究事〉，《淡新檔案》，案號：22202-112。

4. 〔清〕咸豐 11 年，〈芎中七石圍牆等庄隘首四和成為懇恩吊銷隘戳以杜越界爭收而安農業事〉，《淡新檔案》，案號：17312-016；與本案其他卷。

5. 〔清〕咸豐 11 年，〈竹南二保隘首張益安暨眾佃鍾永麟吳乾德等僉稟芎中七等庄原隘首邱福興廢弛隘務保舉金福安接充請給示戳由〉，《淡新檔案》，案號：17312-000。

6. 〔清〕同治 11 年，〈竹南二保四湖庄廩生劉廷珍□□□□□疊限抗延懇恩飭差押追統領事〉，《淡新檔案》，案號：21401-003。

7. 〔清〕同治 11 年，〈淡水分府周，造送淡水廳屬各保總理、董事姓名清

冊〉，《淡新檔案》，案號：12213-4。

8. 〔清〕同治 13 年，〈書辦熊飛稟明淡水廳同知陳星聚墾業來歷及陳阿琳指東爲西瞞抵抗霸情形〉，《淡新檔案》，案號：22501-11。

9. 〔清〕同治 13 年，〈造橋庄監生陳標輝爲借名借契無□□業事〉，《淡新檔案》，案號：22501。

10. 〔清〕同治 7 年，〈蛤仔市等庄同治七年分佃欠清單〉，《淡新檔案》，案號：17416-009-1。

11. 〔清〕光緒 5 年，〈後壠新港社屯丁劉什班鍾阿興等爲恃勢橫吞串謀盜賣乞拘訊究追事〉，《淡新檔案》，案號：17205-013。

12. 〔清〕光緒 5 年，〈郭金海爲踞地欺寡愈佔愈多呈乞飭拘訊究追還事〉，《淡新檔案》，案號，22416-01 號。

13. 〔清〕光緒 5 年，〈新港社土目每年現收租佃並用費清單〉，《淡新檔案》，案號：17205-26。

14. 〔清〕光緒 6 年，〈貓裏街監生張瓊榮庄耆陳阿珠等爲怒甲扯乙僉懇分別扣除以免株累事〉，《淡新檔案》，案號：17205-29。

15. 〔清〕光緒 8 年，〈臺北府新竹縣竹南二保貓裡出磺坑庄民邱細厯爲事經官諭有案可查恩懇乞核案保釋以全蟻命事〉，《淡新檔案》，案號：14408-41；與本案其他卷。

16. 〔清〕光緒 8 年，〈新竹縣正堂徐（錫址）爲特飭密查防護事〉，《淡新檔案》，案號：14408-43。

17. 〔清〕光緒 8 年，〈新竹縣正堂徐（錫址）爲移請派兵防護事〉，《淡新檔案》，案號：14408-44。

18. 〔清〕光緒 9 年，〈代理新竹縣正堂周爲諭飭派丁隨往勘運事〉，《淡新檔案》，案號：14410-18。

19. 〔清〕光緒 11 年，〈謝泰傳爲串佃混收挾恨阻撓懇恩諭止拘訊以重隘務而專責成事〉，《淡新檔案》，案號：17327-003-1。

20. 〔清〕光緒 12 年，〈秉爵撫憲劉（銘傳）〉，《淡新檔案》，案號：15110-1。

21. 〔清〕光緒 14 年，〈劉銘傳札飭新竹縣辦理廣泰成墾務事宜〉，《淡新檔案》，案號：17339-21。

22. 〔清〕光緒 15 年，〈大湖廣泰成四界圖〉，《淡新檔案》，案號：17339-79。

23. 〔清〕光緒 15 年，〈新竹縣各堡分區圖〉，《淡新檔案》，案號：11714-10。

24. 〔清〕光緒 15 年，〈臺北府查核新苗分界應以中港大溪爲界，飭新竹縣會同苗栗知縣，履勘定界，繪圖具覆〉，案號：11713-3。

25. 〔清〕光緒年間，〈光緒元年至五年爲止土目解潘鍾侵吞口糧租穀數額清單〉，《淡新檔案》，案號：17205-16。

二、網站、已出版史料或專書

（一）網　站

1. 「中央研究院 GIS 臺灣歷史文化地圖」網站，網址：http://thcts.ascc.net/kernel_ch.htm。

2. 「內政部臺灣行政區域圖」網站，網址：http://taiwanarmap.moi.gov.tw/moi/run.htm，擷取時間，2010/03/02。

3. 「行政院客家委員會網站」，擷取網址：http://www.hakka.gov.tw/ct.asp?xItem=7809&ctNode=1619&mp=346，擷取時間：2008/10/9。

4. 「國立新竹生活美學館」網站：網址：http://www.nhclac.gov.tw/modules/wap/culture_3.php?id=96，擷取時間，2009/11/2。

5. 「臺灣大學數位典藏資源中心」網站：網址：http://www.darc.ntu.edu.tw/newdarc/。

6. 「臺灣原住民族歷史語言文化大辭典網路版」網站，擷取網址：http://citing.hohayan.net.tw/citing_content.asp?id=2488&keyword=%A9m%A4%F3，擷取時間：2010/8/24。

7. 「臺灣歷史數位圖書館」網站（或學界俗稱「THDL」網站），查詢網址：http://thdl.ntu.edu.tw/THDL/RetrieveDocs.phd。

8. 「臺灣歷史辭典」網站，擷取網址：http://nrch.cca.gov.tw/ccahome/website/site20/contents/020/cca220003-li-wpkbhisdict004591-1345-u.xml，擷取時間：2010/3/22。

（二）中文部分

1. 〔漢〕班固，《漢書》，北京：中華書局，2000。

2. 〔明〕羅貫中（原著）‧饒彬（校訂），《三國演義》，臺北：三民書局，1989。

3. 〔清〕丁曰健（輯），《治臺必告錄》，臺北：臺灣銀行經濟研究室‧臺灣文獻叢刊第 17 種，1959。

4. 〔清〕丁紹儀，《東瀛識略》，臺北：臺灣銀行經濟研究室編‧臺灣文獻叢刊第 2 種，1957。

5. 〔清〕尹士俍（纂修）‧李祖基（點校），《臺灣志略》，北京：九州出版社，2003。

6. 〔清〕王瑛曾（編著），《重修鳳山縣志》，臺北：臺灣銀行經濟研究室‧臺灣文獻叢刊第 146 種，1962。

7. 〔清〕余文儀，《續修臺灣府志》，臺北：臺灣銀行經濟研究室‧臺灣文

　　獻叢刊第 121 種，1962。

8. 〔清〕吳子光，《一肚皮集》，臺北：龍文出版、萬億圖書總經銷，2001。

9. 〔清〕吳子光，《臺灣紀事》，臺北：臺灣銀行經濟研究室編・臺灣文獻
　　叢刊第 36 種，1959。

10. 〔清〕沈茂蔭（輯）・洪燕梅（點校），《苗栗縣志・臺東州采訪冊（合本）》，
　　臺北：行政院文化建設委員會，2006。

11. 〔清〕沈茂蔭，《臺灣省苗栗縣志》，臺北：臺灣銀行經濟研究室・臺灣
　　文獻叢刊第 159 種，1962。

12. 〔清〕周鍾瑄（主修）・陳夢林（總纂），《諸羅縣志》，臺北：臺灣銀行
　　經濟研究室・臺灣文獻叢刊第 141 種，1962。

13. 〔清〕周璽（主修），《彰化縣志》，臺北：臺灣銀行經濟研究室・臺灣文
　　獻叢刊第 156 種，1962。

14. 〔清〕林師聖，〈閩粵分類〉，錄於〔清〕陳國瑛（采集）・臺灣銀行經濟
　　研究室（編），《臺灣采訪冊》，臺北：臺灣銀行經濟研究室・臺灣文獻叢
　　刊第 55 種，1959，頁 35。

15. 〔清〕婁雲，〈莊規禁約〉，收入（清末日初）鄭鵬雲、曾逢辰（輯修）・
　　（戰後）臺灣銀行經濟研究室（重輯），《新竹縣志初稿》，卷六，〈文徵〉，
　　臺北：臺灣銀行經濟研究室・臺灣文獻叢刊第 61 種，1959，頁 234～235。

16. 〔清〕陳國用，〈頭分庄義民廟慶成福醮記〉，轉引自陳運棟（主編），《頭
　　份鎮志》，苗栗頭份：頭份鎮公所，1980，頁 258～259。

17. 〔清〕趙翼，〈平定臺灣述略〉，收入臺灣銀行經濟研究室（編），《海濱
　　大事記》，臺北：臺灣銀行經濟研究室・臺灣文獻叢刊第 213 種，1965，
　　頁 73～80。

18. 〔清〕藍鼎元，〈粵中風聞臺灣事論〉，收入《平臺紀略》，臺北：臺灣銀
　　行經濟研究室・臺灣文獻叢刊第 14 種，1958。

19. 〔清〕覺羅滿保，〈題義民效力議效疏〉，《重修鳳山縣志》，臺北：臺灣
　　銀行經濟研究室・臺灣文獻叢刊第 146 種，1962。

20. 〔清〕姚瑩，《東槎紀略》，臺北：臺灣銀行經濟研究室，臺灣文獻叢刊
　　第 7 種，1957。

21. 〔清〕胡傳，《臺灣日記與稟啓》，臺北：臺灣銀行經濟研究室・臺灣文
　　獻叢刊第 71 種，1960。

22. 〔清〕范咸・六十七（纂修），《重修臺灣府志》，臺北：臺灣銀行經濟研
　　究室・臺灣文獻叢刊第 105 種，1961。

23. 〔清〕郁永河，《裨海紀遊》，臺北：臺灣銀行經濟研究室・臺灣文獻叢
　　刊第 44 種，1959。

24. 〔清〕夏獻綸（著），《（光緒）臺灣輿圖》，臺北：臺灣銀行經濟研究室・

臺灣文獻叢刊第 45 種，1959。

25. 〔清〕乾隆皇帝（五十三年敕撰），《欽定平定臺灣紀略》，臺北：臺灣銀行經濟研究室・臺灣文獻叢刊第 102 種，1961。

26. 〔清〕陳國用（敬題）・收入陳運棟（主編），《頭份鎮志》，苗栗頭份：頭份鎮公所，1980，頁 258～259。

27. 〔清〕陳培桂（等纂），《淡水廳志》，臺北：臺灣銀行經濟研究室・臺灣文獻叢刊第 172 種，1963。

28. 〔清〕陳國瑛（采集）・臺灣銀行經濟研究室（編），《臺灣采訪冊》，臺北：臺灣銀行經濟研究室・臺灣文獻叢刊第 55 種，1959。

29. 〔清〕陳朝龍，《新竹縣采訪冊》，臺北：臺灣銀行經濟研究室・臺灣文獻叢刊第 145 種，1962。

30. 〔清〕陳壽祺（纂）・（戰後）臺灣銀行經濟研究室（編輯），《福建通志臺灣府》，臺北：臺灣銀行經濟研究室・臺灣文獻叢刊第 84 種，1960。

31. 〔清〕黃釗，《石窟一徵》，臺北：臺灣學生書局，1970，據清宣統元年（A.D.1909）重印本影印。

32. 〔清〕劉良璧・錢洙・范昌治（纂修），《重修福建臺灣府志》，臺北：臺灣銀行經濟研究室・臺灣文獻叢刊第 74 種，1961。

33. 〔清〕蔣毓英（纂），《臺灣府志》，南投：臺灣省文獻委員會，1993。

34. 〔清〕鄭用錫，《淡水廳志稿》，南投：臺灣省文獻委員會，1998。

35. 〔清末日初〕林百川（等），《樹杞林志》，臺北：臺灣銀行經濟研究室・臺灣文獻叢刊第 63 種，1960。

36. 〔清末日初〕連橫，《臺灣通史》，南投：臺灣省文獻委員會，1996。

37. 〔清末日初〕蔡振豐，《苑裏志》，臺北：臺灣銀行經濟研究室・臺灣文獻叢刊第 48 種，1959。

38. 〔清末日初〕鄭鵬雲、曾逢辰（輯修）・（戰後）臺灣銀行經濟研究室（重輯），《新竹縣志初稿》，臺北：臺灣銀行經濟研究室・臺灣文獻叢刊第 61 種，1959。

39. 丁光玲，《清代臺灣義民研究》，臺北：文史哲出版社，1994。

40. 中國社會科學院・澳大利亞人文科學院（編），《中國語言地圖集（Language Atlas of China）》，香港：香港朗文出版社（Longman），1987。

41. 中國唐代學會編輯委員會（編），《唐代文化研討會論文集》，臺北：文史哲出版社，1991。

42. 戶外生活出版社地理臺灣資訊庫，《桃竹苗全覽百科地圖》，臺北：戶外生活出版社，2005。

43. 尹章義，《臺灣客家史研究》，臺北：臺北市政府客家事務委員會，2003。

44. 王東,《那方山水那方人——客家源流新說》,上海:華東師範大學出版社,2007。

45. 王明柯,《羌在漢藏之間——一個華夏邊緣的歷史人類學研究》,臺北:聯經出版社,2003。

46. 王明柯,《英雄祖先與弟兄民族——根基歷史的文本與情境》,臺北:允晨文化,2006。

47. 王明柯,《華夏邊緣——歷史記憶與族群認同》,臺北:允晨文化,1997。

48. 古木賢(主持)‧陳運棟(總編),《西湖鄉誌》,苗栗:西湖鄉公所,1997。

49. 司徒尚紀,《廣東文化地理》,廣東韶關:廣東人民出版社,1993年。

50. 古鴻廷‧黃書林,《臺灣歷史與文化(三)》,臺北:稻鄉出版社,2000。

51. 行政院客家委員會(編印),《行政院客家委員會委託研究報告——全國客家人口基礎資料調查研究》,臺北:行政院客家委員會,2004.12。

52. 行政院客家委員會,《客家文化學術研討會論文集》,臺北:行政院客家委員會,2002。

53. 何培夫(主編),《臺灣地區現存碑碣圖誌——苗栗縣篇》,臺北:中央圖書館臺灣分館,1998。

54. 何培夫(主編),《臺灣地區現存碑碣圖誌——臺北市‧桃園縣篇》,臺北:中央圖書館臺灣分館,1999。

55. 吳學明,《金廣福墾隘研究》,新竹縣:竹縣文化局,2000。

56. 吳學明,《金廣福墾隘與新竹東南山區的開發(1834～1895)》,臺北:國立臺灣師範大學歷史研究所‧專刊(14),1986。

57. 周振鶴‧游汝杰,《方言與中國文化》,臺北:南天書局,1990。

58. 周雪香,《明清閩粵邊客家地區的社會經濟變遷》,福州:福建人民出版社,2007。

59. 周錦宏(總編),《苗栗縣獅潭鄉竹木村誌》,苗栗:苗栗縣文化局,2005。

60. 周錦宏(總編輯),《2003再現百年客家風雲系列活動——客家先賢淡水同知李慎彝與內山開發研討會論文集》,苗栗:苗栗縣文化局,2004。

61. 周錦宏,《貓貍的寶藏:二〇〇三苗栗縣地方文化館家族巡禮》,苗栗:苗栗縣文化局,2003。

62. 房學嘉,《客家源流探奧》,臺北:武陵出版社,1996。

63. 林正慧,《六堆客家與清代屏東平原》,臺北:遠流出版社‧曹永和文教基金會,2008。

64. 林玉茹,《清代竹塹地區的在地商人及其活動網路》,臺北:聯經出版,2000。

65. 林光華(主編),《義民心,鄉土情——褒忠義民廟文史專輯》,新竹縣:

竹縣文化局，2001。

66. 林修澈，《日阿拐家藏古文書》，苗栗：苗栗縣國際文化觀光局，2007。

67. 林修澈，《賽夏族的名制》，臺北：唐山出版社，1997。

68. 林桂玲，《家族與寺廟──以竹北林家與枋寮義民廟爲例（1749～1895）》，新竹縣竹北：竹縣文化局，2005。

69. 明新科技大學客家文化研究中心‧新竹縣政府文化局‧新埔枋寮義民廟等單位，《義民祭文化學術研討會》，新竹縣：私立明新科技大學客家文化研究中心，2005。

70. 邱文光（主持）‧呂榮泉（主編），《苗栗縣地名探源》，苗栗：苗栗縣地名探源編輯委員會，1981。

71. 邱彥貴‧吳中杰，《臺灣客家地圖》，臺北：貓頭鷹出版社，2001。

72. 邱瑞杰，《清末關西地區散村的安全與防禦》，新竹：新竹縣文化局，1999。

73. 施添福（總纂）‧陳國川‧翁國盈（編纂），《臺灣地名辭書‧卷十三‧苗栗縣（上）／（下）》，南投：國史館臺灣文獻館，2006。

74. 施添福，《清代在臺灣漢人的祖籍分和原鄉生活方式》，臺北：國立臺灣師範大學地理系，1987。

75. 施添福，《清代臺灣的地域社會：竹塹地區的歷史地理研究》，新竹縣：新竹縣文化局，2001。

76. 柯志明，《番頭家──清代臺灣族群政治與熟番地權》，臺北：中央研究院社會學研究所，2001。

77. 洪惟仁，《臺灣河佬話語聲調研究》，臺北：自立晚報出版‧聯經總經銷，1987。

78. 洪敏麟，《臺灣舊地名之沿革‧第二冊（上）》，南投：臺灣省文獻委員會，1984。

79. 胡家瑜（主編），《道卡斯新港社古文書》，臺北：國立臺灣大學人類學系，1999。

80. 苗栗市誌編纂委員會（編）‧黃鼎松（總主筆），《苗栗市誌（上）》，苗栗市：苗栗市公所，1998。

81. 苗栗義民廟創建兩佰週年紀念慶典籌備委員會（編印），《苗栗義民廟創建兩百週年紀念特刊》，苗栗：苗栗義民廟創建兩百週年紀念慶典籌備委員會，1991。

82. 苗栗縣南湖護安廟管理委員會（製），《護安廟簡介》，苗栗大湖：苗栗縣南湖護安廟管理委員會，2007。

83. 苗栗縣彭姓宗親會，《苗栗縣彭姓宗親會成立十周年特刊》，苗栗：苗栗縣彭姓宗親會，2002。

84. 唐立宗，《在「盜區」與「政區」之間──明代閩粵贛湘交界的秩序變動與地方行政演化》，臺北：國立臺灣大學出版委員會，2002。

85. 徐正光（主編），《第四屆國際客家學術研討會論文集・宗教、語言與音樂》，臺北：中央研究院民族學研究所，2000。

86. 張光宇，《閩客方言史稿》，臺北：南天書局，1996。

87. 張炎憲（主編），《竹塹古文書》，新竹：新竹市立文化中心，1998。

88. 張致遠，《苗栗縣客家風情》，苗栗：苗栗縣文化觀光局，2007。

89. 張瑞恭・陳運棟，《賽夏史話──矮靈祭》，桃園：華夏書坊，2000。

90. 張德南，《鄭吉利號古契約文書研究》，新竹：新竹市立文化局，2007。

91. 張雙旺（等編輯），《造橋鄉志》，苗栗造橋：造橋鄉公所，2009。

92. 梁召明（主持）・陳運棟（總編纂），《三灣鄉志》，苗栗：三灣鄉公所，2005。

93. 曹永和先生八十壽慶論文集編輯委員會，《曹永和先生八十壽慶論文集》，臺北：曹永和先生八十壽慶論文集編輯委員會，2001。

94. 梁宇元，《清末北埔客家聚落之構成》，新竹：新竹縣文化局，2000。

95. 曹逢甫・蔡美慧（編），《臺灣客家語論文集》，臺北：文鶴出版社，1995。

96. 莊吉發（等著），《義民心、鄉土情：義民廟貳百壹拾週年文史專輯》，新竹縣：新竹縣文化局，2006。

97. 莊英章（主持），《義魂千秋：義民客家文史系列研討會》，新竹：新竹縣文化中心，1998。

98. 莊英章，《田野與書齋之間──史學與人類學匯流的臺灣研究》，臺北：允晨文化，2004。

99. 莊英章，《家族與婚姻：臺灣北部兩個閩客社區的比較》，臺北：中央研究院民族所，1994。

100. 陳水木・潘英海（編），《道卡斯後壠社群古文書輯》，苗栗：苗栗縣文化局，2002。

101. 陳水木・潘英海（編），《道卡斯蓬山社群古文書輯》，苗栗：苗栗縣文化局，2002。

102. 陳支平，《客家源流新論》，廣西南寧：廣西教育出版社，1997。

103. 陳正祥，《臺灣地誌（下)》，臺北：南天書局，1993 年 2 版。

104. 陳其南，《臺灣的傳統中國社會》，臺北：允晨出版，1987。

105. 陳玲蓉，《日據時期神道統治下的臺灣宗教政策》，臺北：自立晚報出版部，1992。

106. 陳運棟（主編），《頭份鎮志》，苗栗頭份：頭份鎮公所，1980。

107. 陳運棟，《客家人》，臺北：聯亞，1978。

108. 陳運棟，《臺灣的客家人》，臺北：臺原出版：吳氏圖書總經銷，1989。

109. 陳運棟文教基金會（編纂），《三灣鄉志》，苗栗三灣：三灣鄉公所，2005。

110. 彭富欽（主編）‧苗栗義民廟管理委員會（編印），《歲次丁丑年苗栗義民廟沿革史》，苗栗：苗栗義民廟管理委員會，1998。

111. 彭富欽，《苗栗義民廟沿革史》，苗栗：苗栗義民廟管委會，1995。

112. 曾桂龍（總編），《獅潭鄉志》，苗栗獅潭：獅潭鄉公所，1998。

113. 黃卓權（總編輯），《義魄千秋──褒忠亭義民節大隘聯庄祭典專輯》，新竹：2005褒忠亭義民節委員會，2005。

114. 黃卓權，《進出客鄉──鄉土史田野與研究》，臺北：南天書局，2008。

115. 黃卓權，《跨時代的臺灣貨殖家──黃南球先生年譜（1840～1919）》，臺北：國家圖書館臺灣分館，2004。

116. 黃旺成（修）‧郭輝（等纂），《臺灣省新竹縣志（二）》，臺北：成文出版社，1983。

117. 黃芳椿（主持）‧黃鼎松（總纂），《銅鑼鄉誌》，苗栗銅鑼：銅鑼鄉公所，1998。

118. 黃鼎松（主編）、宋國英（編纂），《重修苗栗縣志‧卷十三‧交通志》，苗栗：苗栗縣政府，2005。

119. 黃鼎松（主編）、賴典章‧劉國賢（等編），《重修苗栗縣志‧卷二‧自然地理志》，苗栗：苗栗縣政府，2007。

120. 黃鼎松，《先民的足跡──苗栗縣史蹟概覽》，苗栗：苗栗縣政府，1996。

121. 黃鼎松，《苗栗的開拓與史蹟》，臺北：常民文化出版發行、吳氏總經銷，1998。

122. 黃鼎松，《重修苗栗縣志‧卷八‧宗教志》，苗栗：苗栗縣政府，2007。

123. 黃鼎松，《悠悠鄉土情》，苗栗：苗栗縣立文化中心，1992。

124. 黃榮洛，《渡臺悲歌──臺灣的開拓與抗爭史話》，臺北：臺原出版社，1992，頁272～274

125. 黃榮洛，《臺灣客家詞彙‧傳說‧俗諺由來文集》，新竹竹北：新竹縣文化局，2005。

126. 黃碧忠（主持）‧吳兆玉（總編纂），《大湖鄉誌》，苗栗大湖：大湖鄉公所，1999。

127. 黃應貴（主編），《空間、力與社會》，臺北南港：中央研究院民族學研究所，1995。

128. 楊景淋（主修），《竹南鎮志》，苗栗竹南：竹南鎮公所，1982。

129. 廖幼華，《歷史地理學的應用──嶺南地區早期發展之探討》，臺北：文

津出版社，2004。

130. 臺灣省文獻委員會，《苗栗縣鄉土史料》，南投：臺灣省文獻會，1999。

131. 臺灣省文獻會（編印），《新竹縣鄉土史料》，南投：臺灣省文獻委員會，1995。

132. 臺灣省苗栗縣文獻委員會，《（戰後初）臺灣省苗栗縣志》，苗栗：臺灣省苗栗縣文獻委員會，1968。

133. 臺灣區鍾姓宗親總會，《鍾姓大族譜》，桃園中壢：百姓族譜社，1999 重印版。

134. 臺灣銀行經濟研究室（編），《平臺紀事本末》，臺北：臺灣銀行經濟研究室‧臺灣文獻叢刊第 16 種，1947。

135. 臺灣銀行經濟研究室（編），《海濱大事記》，臺北：臺灣銀行經濟研究室‧臺灣文獻叢刊第 213 種，1965。

136. 臺灣銀行經濟研究室（編），《清一統志臺灣府》，臺北：臺灣銀行經濟研究室‧臺灣文獻叢刊第 84 種，1960。

137. 臺灣銀行經濟研究室（編），《淡水廳築城案卷》，臺北：臺灣銀行經濟研究室‧臺灣文獻叢刊第 171 種，1963。

138. 臺灣銀行經濟研究室（編），《清代臺灣大租調查書》，臺北：臺灣銀行經濟研究室‧臺灣文獻叢刊第 152 種，1963。

139. 臺灣銀行經濟研究室（編），《清高宗實錄選輯》，臺北：臺灣銀行經濟研究室‧臺灣文獻叢刊第 186 種，1964。

140. 臺灣銀行經濟研究室（編），《淡新鳳三縣簡明總括圖冊》，臺北：臺灣銀行經濟研究室‧臺灣文獻叢刊第 197 種，1964。

141. 臺灣銀行經濟研究室（編），《淡新檔案選錄‧行政編初集》，臺北：臺灣銀行經濟研究室‧臺灣文獻叢刊第 295 種，1971。

142. 臺灣銀行經濟研究室（編），《欽定平定臺灣紀略》，臺北：臺灣銀行經濟研究室‧臺灣文獻叢刊第 102 種，1961。

143. 臺灣銀行經濟研究室（編），《新竹縣制度考》，臺北：臺灣銀行經濟研究室‧臺灣文獻叢刊第 101 種，1961。

144. 臺灣銀行經濟研究室（編），《臺案彙錄‧丁集》，臺北：臺灣銀行經濟研究室‧臺灣文獻叢刊第 178 種，1963。

145. 臺灣銀行經濟研究室（編），《臺案彙錄‧壬集》，臺北：臺灣銀行經濟研究室‧臺灣文獻研究叢刊第 227 種，1966。

146. 臺灣銀行經濟研究室（編），《臺案彙錄‧甲集》，臺北：臺灣銀行經濟研究室‧臺灣文獻研究叢刊第 31 種，1959。

147. 臺灣銀行經濟研究室（編），《臺案彙錄‧庚集》，臺北：臺灣銀行經濟研

究室・臺灣文獻叢刊第 200 種，1964。

148. 臺灣銀行經濟研究室（編），《臺灣之樟腦》，臺北：臺灣銀行經濟研究室，1952。

149. 臺灣銀行經濟研究室（編），《臺灣私法物權編》，臺北：臺灣銀行經濟研究室・臺灣文獻叢刊第 150 種，1963。

150. 劉平，《被遺忘的戰爭──咸豐同治年間廣東土客大械鬥研究》，北京：商務印書館，2003。

151. 劉鎮發，《客家──誤會的歷史、歷史的誤會》，廣州：學術研究出版社，2001.10。

152. 潘朝陽，《明清臺灣儒學論》，臺北：學生書局，2001。

153. 賴玉玲，《褒忠亭義民爺信仰與地方社會發展：以楊梅聯庄為例》，新竹：新竹縣文化局，2005。

154. 賴澤涵（主編），《客家文化學術研討會論文集》，臺北：行政院客家委員會，2002。

155. 賴澤涵（主編），《義民信仰與客家社會》，臺北：南天書局，2005。

156. 頭份義民廟管理委員會（印贈），《頭份義民廟中華民國九十七年農民曆》，苗栗頭份：頭份義民廟管理委員會，2008。

157. 頭份鎮志編纂委員會（編纂），陳運棟（總編），《（新修）頭份鎮志》，苗栗頭份：頭份鎮公所，2002。

158. 謝重光，《客家源流新探》，臺北：武陵出版社，1999。

159. 謝重光，《閩臺客家社會與文化》，福州：福建人民出版社，2005。

160. 鍾壬壽（主編），《六堆客家鄉土誌》，屏東：常青出版社，1973。

161. 譚偉倫（主編），《粵東三州的地方社會之宗族、民間信仰與民俗（下）》，香港：國際客家學會・海外華人資料研究中心・法國遠東學院聯合出版，2002。

（二）日文部分

1. 〔日〕〈大湖街附近の蕃害詳報〉，《臺灣日日新報》（臺北），1899 年 1 月 14 日，2 版。

2. 〔日〕〈太湖の義民廟〉，《臺灣日日新報》（臺北），1904 年 9 月 6 日，5 版。

3. 〔日〕〈理蕃事業（一）〉，《臺灣日日新報》（臺北），1914 年 9 月 20 日，3 版。

4. 〔日〕《臺灣日日新報》，臺北：臺灣日日新報社。

5. 〔日〕小川尚義，〈漢民族移住の沿革〉，收入臺灣總督官房調查課（編），

《臺灣在籍漢民族鄉貫別調查》，臺北：臺灣時報發行所，昭和3年（1928）3月，頁1～2。

6.　〔日〕大日本帝國陸地測量部，《臺灣地形圖》，臺北：遠流出版社，1999。

7.　〔日〕日本樟腦協會（編），《樟腦專賣史》，東京：日本專賣公社，1956。

8.　〔日〕伊能嘉矩，《臺灣蕃政志》，臺北：臺灣總督府民政部殖產局，1904。

9.　〔日〕宮本延人，《日本統治時代臺灣における寺廟整理問題》，奈良：天理教道友社，1988。

10.　〔日〕宮崎直勝，《寺廟神の昇天——臺灣寺廟整理覺書》，東京：東都書籍株式會社臺北支店，1942。

11.　〔日〕桃園廳（編纂），《桃園廳志》，桃園：桃園廳，1906。

12.　〔日〕菅野秀雄，《新竹州沿革史（二）》，新竹：新竹州沿革史刊行會，1938。

13.　〔日〕飯島典子，《近代客家社會の形成——「他稱」と「自稱」のはざまで》，東京；風響社，2007。

14.　〔日〕新竹州（編），《新竹州第一統計書》，新竹：新竹州廳，1921。

15.　〔日〕新竹州（編），《新竹州第五統計書》，新竹：新竹州廳，1927。

16.　〔日〕新竹街役場（編），《新竹街要覽》，新竹：新竹街役場，1926。

17.　〔日〕臺灣經世新報社，《臺灣大年表》，臺北：南天出版社復刻本，1994。

18.　〔日〕臺灣總督官房調查課（編），《臺灣在籍漢民族鄉貫別調查》，臺北：臺灣時報發行所，昭和3年（1928）.3月。

19.　〔日〕臺灣總督府臨時臺灣土地調查局（編），《臨時臺灣土地調查局第一回事業報告》，臺北：臺灣總督府臨時臺灣土地調查局，1902。

20.　〔日〕臺灣總督府臨時臺灣土地調查局，《臺灣堡圖》，臺北：遠流出版社復刻本，1996。

21.　〔日〕臺灣總督府臨時臺灣戶口調查部，《臨時臺灣戶口調查諸法規問答錄》，臺北：臺灣總督府臨時臺灣戶口調查部，臺北：臺灣總督府臨時臺灣戶口調查部，國立臺灣大學總圖書館藏，無出版年代，但依書中內容判讀，很可能是1905下半年或1906左右。

22.　〔日〕蔡錦堂，《日本帝國主義下臺灣の宗教政策》，東京：同成社，1994。

23.　〔日〕蔡驎，《汀江流域の地域文化と客家——漢族の多樣性と一體性に關する一考察》，東京：風響社，2005，頁50～54。

三、單篇期刊論文

1.　尹章義，〈臺灣←→福建←→京師——「科舉社群」對於臺灣開發以及大陸關係之影響〉，收入尹章義，《臺灣客家史研究》，臺北：臺北市政府客

家事務委員會，2003，頁 527～583。

2. 尹章義，〈臺灣客家史研究的回顧與展望〉，收入尹章義，《臺灣客家史研究》，臺北：臺北市政府客家事務委員會，2003，頁 30～53。

3. 尹章義，〈臺灣移民開發史上與客家人相關的幾個問題〉，收入尹章義，《臺灣客家史研究》，臺北：臺北市政府客家事務委員會，2003，頁 1～29。

4. 尹章義，〈閩粵移民的協和與對立：以客屬潮州人開發臺北以及新莊三山國王廟的興衰史爲中心所作的研究〉，《臺北文獻直字》，74，1985.12，頁 1～27。

5. 王明珂，〈民族史的邊緣研究：一個史學與人類學的中介點〉，《新史學》，4:2（臺北），1993.06，頁 95～120。

6. 王明珂，〈羌族婦女服飾：一個「民族化」過程的例子〉，《中央研究院歷史語言研究所集刊》，69:4（臺北），1998.12，頁 841～885。

7. 王明珂，〈論攀附：近代炎黃子孫國族建構的古代基礎〉，《中央研究院歷史語言研究所集刊》，73:3（臺北），2002.09，頁 583～624。

8. 王德權，〈「廢郡存州」的再檢討〉，《國立政治大學歷史學報》，20（臺北），2003.05，頁 55～91。

9. 王德權，〈從「罷郡存州」到「改州爲郡」──隋代河北政區調整個案研究〉，《師大歷史學報》，26（臺北），1998.06，頁 43～93。

10. 王德權，〈隋代縣級政區的調整──初步的考察〉，《國立中正大學學報・人文分冊》，8：1（嘉義），1997.12，頁 343～380。

11. 朱政慧・胡逢祥，〈朱（政慧）、胡（逢祥）序〉，王東，《那方山水那方人──客家源流新説》，上海：華東師範大學出版社，2007。，頁 3。

12. 吳中杰，〈義民信仰與北臺灣客語分佈格局的形成〉，收入賴澤涵（主編），《義民信仰與客家社會》，臺北：南天出版社，2005，頁 229～243。

13. 吳中杰，〈廣東及浙江畬話之比較研究〉，《清華學報》，31：4（新竹），2001.12，頁 441～458。

14. 吳學明，〈金廣福大隘地區發展史〉，收入黃卓權（總編輯），《義魄千秋──褒忠亭義民節大隘聯庄祭典專輯》，新竹：2005 褒忠亭義民節委員會，2005，頁 35～54

15. 吳學明，〈客家的地域社會與宗教活動──楊梅地區的土地開墾與義民信仰之歷史考察〉，「客家地方比較研究工作坊研討會」，新竹：國立交通大學客家學院，2007.10.5，頁 1～19。

16. 吳學明，〈清代一個務實拓墾家族的研究：以新竹姜朝鳳家族爲例〉，《臺灣史研究》，2（臺北），頁 5～52，1995。

17. 吳學明，〈閩粵關係與新竹地區的土地開墾〉，《客家文化研究通訊》，2（桃園中壢），1997.06，頁 15～19。

18. 呂嵩雁，〈桃園永定客家話語音的特點〉，曹逢甫・蔡美慧（編），《臺灣客家語論文集》，臺北：文鶴出版社，1995，頁 55～78。

19. 李文良，〈清初臺灣方志的「客家」書寫與社會相〉，《臺大歷史學報》，31（臺北），2003.06，頁 141～168。

20. 李豐楙，〈功在家國，敕封成神〉，收入苗栗義民廟創建兩百週年紀念慶典籌備委員會（編印），《苗栗義民廟創建兩百週年紀念特刊》，1991，頁 24～28。

21. 李豐楙，〈臺灣中部「客仔師」與客家社會：一種社會變遷中信仰習俗的起伏與消失〉，見徐光中（編），《客家文化研討會論文集》，臺北：客家雜誌社，1994，頁 217～242。

22. 阮昌銳，〈義民爺的崇拜及其功能〉，《人文學報》，3（臺北：中華民國人文科學研究會），1978.04，頁 165～188。

23. 周建新・宋德建，〈梅縣松原縣郊王氏宗族與龍源王崇拜〉，收入譚偉倫（主編），《粵東三州的地方社會之宗族、民間信仰與民俗（下）》，香港：國際客家學會・海外華人資料研究中心・法國遠東學院聯合出版，2002，頁 362～403。

24. 林仁煥，〈新埔義民廟在鄉土教育之意義〉，《竹縣文教》，23（新竹），2001.07，頁 7～10。

25. 林正慧，〈從客家族群之形塑看清代臺灣史志中之「客」──「客」之書寫與「客家」關係之探〉，《國史館學術期刊》，10（臺北），2006.12，頁 1～61。

26. 林玉茹，〈閩粵關係與街庄組織的變遷──以清代吞霄街爲中心的討論〉，《曹永和先生八十壽慶論文集》，臺北：曹永和先生八十壽慶論文集編輯委員會，2001，頁 81～101。

27. 林吉銘，〈永邑祖考茂前公裔孫河應暨和麟公派下系文〉，「漂泊之格」部落格，擷取網址：http://tw.myblog.yahoo.com/fish-toro/article?mid=14&next=12&l=f&fid=8，擷取時間：2009/7/3。

28. 林秀幸，〈以社群概念探討祭祀組織和文化──以大湖鄉北六村的臺灣客家聚落爲例〉，《民俗曲藝》，142（臺北），2003，頁 55～102。

29. 林聖欽，〈清代淡水廳竹南一保街庄名的社會空間意涵──試論慈裕宮五十三庄宗教組織的形成〉，《地理研究》，50（臺北），2009，頁 21～46。

30. 林衡道，〈褒忠亭義民廟〉，《臺北文獻直字》，19/20，1971.06，頁 138～156。

31. 邱彥貴，〈從祭典儀式看北臺灣義民信仰──以枋寮褒忠亭丁丑年湖口聯庄值年中元爲例〉，收入林光華（主編）《義民心，鄉土情──褒忠義民廟文史專輯》，新竹：新竹縣政府文化局，2001，頁 150～185；或徐正

　　光（主編），《第四屆國際客家學術研討會論文集・宗教、語言與音樂》，
　　臺北：中央研究院民族學研究所，2000，頁 1～47 有更詳細版。

32. 侯怡泓，〈義民廟的社會功能：婚域的探討〉，《人類與文化》，17（臺北），
　　1982.06，頁 92～98。

33. 施添福，〈日治時代臺灣地域社會的空間結構及其發展機制──以民雄地
　　方爲例〉，《臺灣史研究》，8：1（臺北），2001.10，頁 1～39。

34. 施添福，〈社會史、區域史與地域社會──以清代臺灣北部內山的研究方
　　法論爲中心〉，擷取網址：www.nhlue.edu.tw/~native2/efiles/060601.doc，
　　擷取時間：2007/8/19。

35. 施添福，〈區域地理的歷史研究途徑：以清代岸裡地域爲例〉，收於黃應
　　貴（主編），《空間、力與社會》，臺北南港：中央研究院民族學研究所，
　　頁 39～71，1995。

36. 施添福，〈從臺灣歷史地理的研究經驗看客家研究〉，《客家文化研究通
　　訊》，1（桃園中壢），1998.10，頁 12～16。

37. 施添福，〈清代臺灣北部內山的地域社會及其區域化：以苗栗內山的雞隆
　　溪流域爲例〉，《臺灣文獻》，56：3（南投），2005.09，頁 181～242。

38. 施添福，〈清代臺灣竹塹地區的土牛溝和區域發展──一個歷史地理學的
　　研究〉，《臺灣風物》，40:4（臺北），頁 1～68。

39. 施添福，〈揭露臺灣島內的區域性：歷史地理學的觀點〉，《中等教育》，
　　45：4（臺北），1994.08，頁 62～72。

40. 施添福，〈歷史地理學與臺灣史的研究〉，《臺灣史田野研究通訊》，14（臺
　　北），1990.03，頁 3～9。

41. 施添福，〈蘭陽平原的傳統聚落及其人文生態意義〉，《空間》，62（臺北），
　　1994.09，頁 104～107。

42. 洪燕梅，〈（清苗栗縣志）點校說明〉，〔清〕沈茂蔭，《苗栗縣志・臺東州
　　采訪冊（合本）》，臺北：行政院文化建設委員會，2006，頁 13～15。

43. 胡家瑜，〈從古文書看道卡斯新港社〉，胡家瑜（主編），《道卡斯新港社
　　古文書》，臺北：國立臺灣大學人類學系，1999，頁 17～43。

44. 胡家瑜・林欣宜，〈南庄地區開發與賽夏族群邊界問題的再檢視〉，《臺大
　　文史哲學報》，59（臺北），2003.11，頁 177～214。

45. 范振乾，〈義民爺信仰與臺灣客家文化社會運動〉，收入賴澤涵（主編），
　　《義民信仰與客家社會》，臺北：南天出版社，2005，頁 361～410。

46. 張正田，〈由清代《苗栗縣志》看清末「苗栗堡」人的族群感與空間感〉，
　　「第三屆海峽兩岸客家高峰論壇」，行政院客家委員會主辦・中華海峽兩
　　岸客家文經交流學會協辦，2009.03.21（臺北）；《第三屆海峽兩岸客家高
　　峰論壇論文集》，頁 321～336。

47. 張正田，〈從 1926 年臺灣漢人籍貫調查資料看「臺灣客家傳統地域」〉，「2008 國際客家學研討會」，國立臺灣大學社會科學院客家研究中心，2008.11.30（臺北）；《2008 國際客家學研討會論文集》，2008.11，頁 5.1 ～ 5.26。

48. 張正田，〈贛州客家初體驗·見聞滿行囊（上／下）〉，《客家雜誌》（臺北），2009.02，224，頁 66～79；／2009.03，225，頁 30～32。

49. 曹永和，〈臺灣史研究的另一途徑——「臺灣島史」概念〉，《臺灣史田野研究通訊》，15（臺北），1990，頁 7～9。

50. 盛清沂，〈新竹、桃園、苗栗三縣地區開闢史（上）、（下）〉，《臺灣文獻》，31：4（南投），1980.12，頁 154～176；／32：1，1981.03，頁 136～157。

51. 莊吉發，〈從檔案資料看清代臺灣的客家移民與客家義民〉，賴澤涵（主編），《義民信仰與客家社會》，臺北：南天書局，2005，頁 13～38。

52. 莊吉發，〈鄉土情·義民心——清代臺灣義民的社會地位與作用〉，《故宮學術季刊》，19：1（臺北），2001 秋，頁 263～293+306。

53. 莊吉發，〈篳路藍縷——從檔案資料看清代臺灣粵籍客民的拓墾過程與社區發展〉，行政院客家委員會，《客家文化學術研討會論文集》，臺北：行政院客家委員會，2002，頁 263～284。

54. 莊英章，〈客家族群歷史與社會變遷的區域性比較研究——族群互動、認同與文化實作〉，《客家文化研究通訊》，4（桃園中壢），2001.12，頁 17～22。

55. 許達然，〈清朝臺灣福佬客家衝突〉，收入古鴻廷·黃書林，《臺灣歷史與文化（三）》，臺北：稻鄉出版社，2000，頁 47～123。

56. 陳哲三，〈清代臺灣地方行政中的「保」與「堡」考辯〉，《逢甲人文社會學報》，17（臺中），2008.12，頁 45～92。

57. 陳淑娟，〈瀕危語言及其語音變化：以臺灣的賽夏語為例〉，《語文學報》，13（新竹），2006.12，頁 53～69。

58. 陳雪娟，〈北臺灣客家義民廟信仰——以苗栗市義民廟為例〉，《史匯》（桃園中壢），頁 43～72，2007。

59. 陳運棟（譯），〈賽夏族的起源〉，張瑞恭·陳運棟，《賽夏史話——矮靈祭》，桃園：華夏書坊，2000。

60. 陳運棟，〈十九世紀苗栗內山的族群關係——以《淡新檔案》第一七三二二案及第三二六一一案為例〉，《苗栗文獻》，19:33，2005.09，頁 22～49。

61. 陳運棟，〈山城文獻初祖——芸閣山人吳子光舉人〉，《苗栗文獻》，1:15，2001.03，頁 80～82。

62. 陳運棟，〈五十年來的臺灣客家研究〉，《臺灣文獻》，49：2（南投），1998.06，頁 171～189。

63. 陳運棟，〈苗栗內山製腦事業發展史〉，《苗栗文獻》，19:33，2005.09，頁
    87～92。

64. 陳運棟，〈苗栗義民爺之由來與簡史〉，苗栗義民廟管理委員會（編印），
    《歲次丁丑年苗栗義民廟沿革史》，苗栗：苗栗義民廟管理委員會，1998。

65. 陳運棟，〈苗栗縣風土記（上）、（下）〉，《臺灣文獻》，34:3（南投），1983.09，
    頁 61～91；／34：4，1983.12，頁 59～82。

66. 陳運棟，〈桃、竹、苗地區早期族群關係與開發初探〉，《苗栗文獻》，8，
    1993.06，頁 90～121。

67. 陳運棟，〈黃南球先生軼事〉，收入黃卓權，《跨時代的臺灣貨殖家──黃
    南球先生年譜（1840～1919）》，臺北：國家圖書館臺灣分館，2004，頁
    379～383。

68. 陳運棟，〈黃祈英與黃南球〉，《東海大學歷史學報》，9（臺中），1988.07，
    頁 73～104。

69. 陳運棟，〈頭份義民廟簡史〉，《頭份義民廟中華民國九十七年農民曆》，
    苗栗頭份：頭份義民廟管理委員會，2008，頁 3～6。

70. 陳漢光，〈日據時期臺灣漢族祖籍調查〉，《臺灣文獻》，23：1（南投），
    1972.3 月，頁 85～104。

71. 陳漢初，〈石圍牆越蹟通鑑〉，《苗栗文獻》，6，1996.06，頁 156～180。

72. 勞格文（著）·鄭瑞貞（譯），〈客家的宗教〉，《民俗曲藝》，120（臺北），
    1999.07，頁 217～225。

73. 彭富欽，〈苗栗義民廟沿革史〉，收入苗栗義民廟創建兩佰週年紀念慶典
    籌備委員會（編印），《苗栗義民廟創建兩佰週年紀念特刊》，頁 20～23，
    1991。

74. 彭富欽，〈苗栗義民廟建廟兩百週年記盛〉，《苗栗文獻》，7，1992.06，
    頁 105～111。

75. 彭鈺明，〈彭朝寶公嘗之回顧與展望〉，《苗栗縣彭姓宗親會成立十周年特
    刊》，苗栗：苗栗縣彭姓宗親會，2002，頁 92～93。

76. 曾鈞敏·林文勝·蕭健雄，〈臺灣地區地下水現況與管理決策支援系統發
    展〉，《水文地質調查與應用研討會論文集》，臺北：經濟部中央地質調查
    所，2003。

77. 黃志繁，〈建構的「客家」與區域社會史──關于贛南客家研究的思考〉，
    《贛南師範學院學報》，2007：04（贛州），2007，頁 7～12。

78. 黃志繁，〈誰是客家人？〉，《中國圖書評論》，2008：03（北京），2008，
    頁 56～59。

79. 黃見初，〈苗栗縣大湖昭忠塔、卓蘭鎮軍民廟簡介〉，《臺灣文獻》，35：4
    （南投），1984.12，頁 167～169。

80. 黃卓權，〈内山開墾史的界定及其族群關係〉，《苗栗文獻》，33，2005.09，頁6～12。

81. 黃卓權，〈清代北臺内山開墾與客家優佔區的族群關係〉，《第六屆臺灣地理學術研討會暨陳國彦教授榮退紀念學術研討會——「臺灣沿山地帶的區域發展：過去、現在與未來」論文集》，臺北：國立臺灣師範大學文學院地理學系區域研究中心，2002，頁24～42。

82. 黃卓權，〈清代桃竹苗地區内山開墾史的族群關係〉，周錦宏（總編輯），《2003再現百年客家風雲系列活動——客家先賢淡水同知李慎彝與内山開發研討會論文集》，苗栗：苗栗縣文化局，2004，頁149～172。

83. 黃卓權，〈義民廟早期歷史的原貌、傳說與記載——歷史文本與歷史敘事的探討〉，《臺灣文獻》，59：3（南投），2008.9，頁89～128。

84. 黃卓權，〈義民廟沿革及聯庄祭典區概述〉，收入黃卓權（總編輯），《義魄千秋——褒忠亭義民節大隘聯庄祭典專輯》，新竹：2005褒忠亭義民節委員會，2005，頁12～34。

85. 黃卓權，〈臺灣内山開發史中的客家人〉，《歷史月刊》，134（臺北），1999.03，頁66～71。

86. 黃尚煃‧張民光，〈苗栗縣境内義民廟設置源起的研究〉，擷取網址:http://miaoli.nuu.edu.tw/MasterAdmin/Academic_forum/Memoir/file/1801.doc?PHPSESSID=16a504b1367abaa9cb6387d2377dbc82，擷取時間：2007/9/7。

87. 黃富三（撰），〈寶順洋行〉詞條，「臺灣歷史辭典」網站，網址：http://nrch.cca.gov.tw/ccahome/website/site20/contents/020/cca220003-li-wpkbhisdict004591-1345-u.xml，擷取時間：2010/3/22。

88. 黃鼎松，〈光緒二年的吳阿來事件〉，黃芳椿（主持）‧黃鼎松（總纂），《銅鑼鄉誌》，苗栗銅鑼：銅鑼鄉公所，1998，頁90～94。

89. 黃鼎松，〈西湖鄉通俗信仰的調查與研究〉，《苗栗文獻》，10，1995.06，頁178～190。

90. 黃鼎松，〈苗栗市的民間信仰〉，《苗栗文獻》，13，1998.11，頁117～141。

91. 黃鼎松，〈從古文書看苗栗市的早期拓殖〉，《苗栗文獻》，13，1998.11，頁99～110。

92. 黃榮洛，〈有關清代閩粵械鬥的一件民間古文書〉，《臺灣風物》，44：04（臺北），1990.12，頁139～143。

93. 馮爾康，〈擬制血親與宗族〉，《中央研究院歷史語言研究所集刊》，68.4（臺北），頁943～986。

94. 楊彦杰，〈臺灣北部汀州移民與定光古佛信仰——以淡水鄞山寺為中心〉，收入賴澤涵（主編），《義民信仰與客家社會》，臺北：南天出版社，

2005，頁 277～306。

95. 楊聰榮，〈從族群關係史看臺灣客家的分類範疇與獨特性〉，《臺灣史學雜誌》，1（臺北），頁 123～141。

96. 楊鏡汀，〈從「出土」史料探討新竹枋寮義民廟史〉，《臺北文獻直字》，92，1990.06，頁 51～66。

97. 廖幼華，〈三至九世紀鄴城鄰近渠道歷史地理研究〉，《國立中正大學學報‧人文分冊》，6：1（嘉義），1995.12，頁 211～233。

98. 廖幼華，〈丹州稽胡漢化的探討──歷史地理角度的研究〉，《國立中正大學學報‧人文分冊》，7：1（嘉義），1996，頁 281～313。

99. 廖幼華，〈正史與地理書中隋唐時期漳河之分流與斷流〉，收入中國唐代學會編輯委員會（編）《唐代文化研討會論文集》，臺北：文史哲出版社，1991，頁 843～906。

100. 臺灣風物，〈新竹縣新埔義民廟史〉，《臺灣風物》，21：2（臺北），1971.05，頁 44～45。

101. 劉天一，〈淺談三山國王與揭西河婆民間信仰〉，收入譚偉倫（主編），《粵東三州的地方社會之宗族、民間信仰與民俗（上）》，香港：國際客家學會‧海外華人資料研究中心‧法國遠東學院聯合出版，2002，頁 197～208。

102. 劉妮玲，〈清代臺灣民變事件中的義民問題〉，《臺灣風物》，32：3（臺北），1982.09，頁 3～21。

103. 潘英海，〈後壠社群的田野調查〉，收入陳水木‧潘英海（編），《道卡斯後壠社群古文書輯》，苗栗：苗栗縣文化局，2002，頁 24～56。

104. 潘朝陽，〈大湖地方性的構成─歷史向度的地理詮釋〉，《國立臺灣師範大學地理研究報告》，25（臺北），頁 1～42，1996。

105. 潘朝陽，〈石圍墻莊的建莊及其神聖空間〉，《第一屆臺灣本土文化學術研討會論文集》，臺北：臺灣師大人文教育中心，1995，頁 623～636。

106. 潘朝陽，〈宗教、寺廟、後龍溪谷地通俗信仰的區域特色〉，《地理教育》，6（臺北），頁 79～93，1980。

107. 潘朝陽，〈後龍溪谷地村落民房的形態〉，《臺灣風物》，30：3（臺北），頁 59～117。

108. 潘朝陽，〈苗栗嘉盛庄村廟的空間配置及其內涵〉，《國立臺灣師範大學地理研究報告》，16（臺北），頁 247～275，1990。

109. 潘朝陽，〈臺灣關帝信仰的文教內涵──以苗栗區域為例之詮釋〉，《國立臺灣師範大學地理研究報告》，28（臺北），頁 13～36，1998。

110. 潘朝陽‧池永歆，〈康熙時期臺灣社會文化空間：朱一貴事變為軸的詮釋〉，《國立臺灣師範大學地理研究報告》，27（臺北），頁 11～44，1997。

111. 蔡采秀，〈以順稱義——論客家族群在清代臺灣成爲義民的過程〉，《臺灣史研究》，11：1（臺北），2004.06，頁 1～41。

112. 蔡懋棠，〈褒忠亭義民廟的拜拜〉，《臺灣風物》，29：3（臺北），1979.09，頁 128～131。

113. 鄧曉華，〈論客家話的來源——兼論客畬關系〉，《雲南民族大學學報‧哲學社會科學版》，2006.04（昆明），頁 143～146。

114. 鄭錦宏，〈鯉魚潭內社潘姓家族〉，《苗栗文獻》，25：39，2007.03，頁 33～40。

115. 賴玉玲，〈楊梅的義民信仰聯庄與祭典〉，《民俗曲藝》，137（臺北），2002.09，頁 165～201。

116. 賴玉玲，〈義民廟的建立與信仰的傳佈〉，《臺灣宗教研究通訊》，4（臺北），2002.10，頁 55～86。

117. 賴玉玲，〈戰後臺灣義民信仰研究略述〉，《忠心憤發扶社稷，義氣浩流鼎綱常——義民祭文化學術研討會會議論文》，新竹：新竹縣政府‧明新科技大學客家文化研究中心，2005.09，頁 7～30。

118. 謝俊逢，〈臺灣客家老山歌與賽夏族矮靈祭歌研究〉，《復興崗學報》，43（臺北），1990.06，頁 359～384。

119. 謝穎慧‧莊英章，〈出生序、社經地位、婚姻與生育——日治時期竹山、峨眉，和竹北等四個閩客社區的例子〉，《人口學刊》，31（臺北），2005.12，頁 41～68。

120. 鍾靈秀，〈義民廟與地方發展〉，《人類與文化》，17（臺北），1982.06，頁 83～91。

121. 顏俊雄（劉俊雄），〈後龍圪仔客家聚落的史料整理〉，2003，「行政院客家委員會網站」，擷取網址：http://www.hakka.gov.tw/ct.asp?xItem=7809&ctNode=1619&mp=346，擷取時間：2008/10/9。

122. 羅烈師，〈義民信仰的傳播與形成——以臺灣平鎮褒忠祠爲例〉，收入賴澤涵（主編），《義民信仰與客家社會》，臺北：南天出版社，2005，頁 177～197。

123. 羅烈師，〈管窺江西客家研究未來趨勢——臺灣與粵東的經驗〉，《贛南師範學院學報》，2007：02（贛州），2007，頁 2～9。

124. 羅烈師，〈歷史、記憶與族群：1786 年冬季究竟發生什麼事？〉，《客家文化研究通訊》，7（桃園中壢），2005，頁 211～229。

125. 羅肇錦，〈客語祖源的另類思考〉，賴澤涵（主編），《客家文化學術研討會論文集》，臺北：行政院客家委員會，2002，頁 407～421。

126. 羅肇錦，〈客語異讀音的來源〉，《臺北師院學報》，7，1994.06，頁 305～325。

四、學位論文

1. 王興安，〈殖民地統治與地方菁英──以新竹、苗栗為中心〉，臺北：國立臺灣大學歷史研究所碩士論文，1998。

2. 江金瑞，〈清代臺灣義民爺信仰與下淡水六堆移墾活動〉，臺中：國立中興大學歷史學研究所碩士論文，1998。

3. 江敏華，〈客贛方言關係研究〉，臺北：國立臺灣大學中國文學研究所博士論文，2003。

4. 江瑞昌，〈臺灣客家族群民間信仰之研究──以新竹縣新埔鎮枋寮義民廟為中心〉，臺北：臺灣大學國家發展所碩士論文，2004。

5. 江權貴，〈苗栗市民間宗教之空間性〉，臺北：國立臺灣師範大學地理研究所在職進修班碩士論文，2005。

6. 呂嵩雁，〈閩西客語音韻研究〉，臺北：國立臺灣師範大學國文研究所博士論文，1998。

7. 李厚忠，〈臺灣永定客話研究〉，臺北：臺北市立師範學院應用語言文學研究所，2003。

8. 李彥霖，〈陂塘到大圳──桃園台地水利變遷（1683～1945）〉，臺北：東吳大學歷史研究所碩士論文，2004。

9. 李逢春，〈苗栗縣山地開發的地理研究〉，臺北：私立中國文化學院地學研究所碩士論文，1974。

10. 周怡然，〈終戰前苗栗客家地區鸞堂之研究〉，桃園中壢：國立中央大學客家社會文化研究所碩士論文，2008。

11. 林文凱，〈土地契約與地方治理──十九世紀臺灣淡新地區土地開墾與土地訴訟的歷史制度分析〉，臺北：國立臺灣大學社會學研究所，2006。

12. 林欣宜，〈樟腦產業下的地方與國家──以南庄地區為例〉，臺北：國立臺灣大學歷史研究所碩士論文，2002。

13. 林恩睦，〈清代苗栗大湖地區的土地開發（1861～1895）〉，新竹：國立新竹教育大學區域人文社會研究所碩士論文，2006。

14. 林桂玲，〈家族與寺廟──以竹北林家與枋寮義民廟為例（1749～1895）〉，新竹：國立清華大學歷史所碩士論文，2001。

15. 范玉玲，〈義民信仰在頭份地方社會脈絡下的轉變〉，新竹：國立交通大學客家社會與文化碩士在職專班，2009。

16. 徐雨薇，〈永定新舊移民之客家話比較─以楊梅鎮秀才窩與蘆竹鄉羊稠村為例〉，桃園中壢：國立中央大學客家語文研究所，2008。

17. 徐啟智，〈新埔褒忠亭義民爺的神格屬性〉，臺北：國立政治大學民族所碩士論文，2001。

18. 徐煥昇，〈臺灣苗栗通霄客話研究〉，新竹：國立新竹教育大學臺灣語言與語文教育研究所碩士論文，2006。

19. 張素蓉，〈臺中縣海線地區泉州腔的漸層分佈〉，新竹：國立新竹教育大學臺灣語言與語文教育研究所碩士論文，2006。

20. 莊芳榮，〈臺灣地區寺廟發展之研究〉，臺北：中國文化大學史學研究所博士論文，1987。

21. 許碧雲，〈頭份永貞宮媽祖信仰的社會文化意義〉，新竹：國立交通大學客家社會與文化碩士在職專班碩士論文，2008。

22. 陳雪娟，〈中壢十三庄輪祀網絡之研究〉，桃園中壢：國立中央大學歷史研究所碩士論文，2008。

23. 郭慈欣，〈清代苗栗地區的開發與漢人社會的建立〉，南投埔里：國立暨南國際大學歷史研究所碩士論文，2002。

24. 黃國峰，〈清代苗栗地區街庄組織與社會變遷〉，南投埔里：國立暨南國際大學歷史研究所碩士論文，2003。

25. 黃清漢，〈新埔義民廟祭祀圈結構之研究〉，臺北：中國文化大學地學研究所碩士論文，1986。

26. 廖文欣，〈聚落與宗教發展之研究：以桃園縣觀音鄉爲例（1684～1990）〉，桃園中壢：國立中央大學歷史研究所碩士在職專班碩士論文，2008。

27. 廖幼華，〈中古前期河北地區胡漢民族線之演變〉，臺北：中國文化大學史學研究所博士論文，1990。

28. 潘朝陽，〈臺灣傳統漢文化區域構成及其空間性——以貓裏區域爲例的文化歷史地理詮釋〉，臺北：國立臺灣師範大學地理研究所博士論文，1994。

29. 賴文慧，〈臺灣汀州客二次移民研究：以苗栗縣造橋鄉平興村謝姓家族爲例〉，新竹：國立交通大學客家文化學院客家社會與文化碩士在職專班，2008。

30. 賴玉玲，〈新埔枋寮義民爺信仰與地方社會的發展——以楊梅地區爲例〉，桃園中壢：國立中央大學歷史研究所碩士論文，2001。

31. 謝宏武，〈清代臺灣義民之研究〉，臺北：國立臺灣師範大學歷史研究所碩士論文，1993。

32. 簡志維，〈清代苗栗大湖墾隘的發展—國家與地方社會的互動〉，臺北：國立臺灣大學歷史所碩士論文，2004。

33. 羅烈師，〈臺灣客家之形成——以竹塹地區爲核心的觀察〉，新竹：國立清華大學人類學研究所博士論文，2005。

附錄一　苗栗義民祀相關資料

附錄圖 1-1　清代苗栗「義民祀典三百二十七位會友姓氏之神位」圖

此位於苗栗義民廟左偏殿。

附錄圖 1-2　陳運棟先生所藏《苗栗義民廟歷史及會友名簿並土地表示書》中，〈嘉盛庄　義民祀會友氏名〉冊部分

每年書七月二十四日

嘉盛庄　義民祀會友氏名

劉昌興　湯東麟　謝雲文　吳廷彩
謝國禮　徐有鳳　徐旺麟　湯義官
李尚義　張裕恩　劉景生　劉維綱
湯拔才　劉煥堂　謝宜己　湯泰星
涂洪德　彭雲仰　徐超俊　胡忠旺
吳海烈　胡德揚　劉明成　徐豪敏
巫開祿　湯達寶　劉玉榮　湯登元
謝義朋　巫犁成　湯步神　吳鳳來
張琳旺　吳德龍　謝長盛　湯泰星
謝德俊　李超福　湯玉明　李開歡
張仁琳　謝光朝　湯敏明　徐鼎文
謝子千　湯開魁　許連波　以上四拾七名

附錄圖 1-3　陳運棟先生所藏《苗栗義民廟歷史及會友名簿並土地
　　　　　　表示書》中，〈中心埔庄　義民祀會友氏名〉冊部分

每年舊七月二十五日 中心埔 義民祀會友氏名									
徐登獻	謝光榮	張宜陸	鍾阿興	饒孔仁	林長伯	吳桂振	鄧章文	徐悅麟	謝超儒	徐春桂	溫文增
徐喜官	連寶參	邱新德	陳娘淑	鄧國相	徐敬榮	吳斗壽	鍾阿興	謝啓拔	邱運興	古獻友	林臺伯
吳秀芳	林芹伯	邱子添	溫文運	邱其璧	孫永海	徐增伯	傅長桂	徐秀生	古秀德	吳立松	邱禍生
溫文揚	劉卓奎	古進伯	孫秀蘭	邱孟芹	謝承祥	謝在官	邱孟炳	謝孟璪	劉萬盛	徐李保	邱日儒

以上四拾八名

附錄圖 1-4　陳運棟先生所藏《苗栗義民廟歷史及會友名簿並土地表示書》中，〈芒埔庄 義民祀會友氏名〉冊部分

每年薦七月二十六日　芒埔 義民祀會友氏名

謝鳳藩　謝源文　傅清寧　謝智遠
劉有鼎　廖華春　謝峨賢　謝元煌
楊其注　楊卑春　賴芳偉　謝梅淑
田乃任　夏顯桂　謝觀榮　吳紹球
陳廷超　陳廷鳳　羅英可　謝魁賢
謝興文　宋來照　謝成江　郭亙文
謝方庚　謝萬里　李傳生　謝正連
李培榮　謝三玉　宋登全　徐國經
謝琳山　謝泰傳　謝作相　李朝榮
湯春福　吳辛瑞　湯春祿　李旺才
謝鵬賢　李奕桁　盧雲淮　謝良清
謝喬玉

以上四拾五名

附錄圖 1-5　陳運棟先生所藏《苗栗義民廟歷史及會友名簿並土地表示書》中，〈五谷岡庄　義民祀會友氏名〉冊部分

每年舊七月二十七日　五谷岡庄　義民祀會友氏名

羅阿統　高阿武　詹天祿　林德正　古阿珠　吳永貴　江接秀　劉振標　鍾永麟　劉羣山　溫承志　劉雅山

黃仁近　劉遜山　林阿羌　林德基　鍾達崑　劉清才　吳英才　范明富　劉桂娘　其桂娘　邱彰彥　德正興

溫阿進　薛區瑞　吳新貴　李國綱　傅聯堯　邱國煌　劉桂斯　詹阿忠　賴芳福　江羆秀　吳阿佑

劉集業　陳立富　湯玉連　劉集現　林娘進　李阿壬　劉俊山　劉蘭斯　劉東興　邱信厚　羅洪秀

以上四拾六名

附錄圖 1-6　陳運棟先生所藏《苗栗義民廟歷史及會友名簿並土地表示書》中,〈中車路庄　義民祀會友氏名〉冊部分

每年舊七月二十八日

中車路　義民祀會友氏名

黃阿應	黃壽興	梁壬生	梁水淑	邱尚發	黃登興	江仁春	邱東桂	曾仁發	藍貴華	謝元桂
朱捷周	徐超坤	徐超坤	鍾成瓊	吳友芳	江來興	張阿慶	吳學雲	馮應康	黃桂麟	彭纘政
黃富興	黃連興	梁慶淑	梁梅華	梁觀寶	張阿寶	吳奎新	余阿習	江阿元	藍福亮	葉奕軒
廖元清	徐三龍	劉元伯三	吳阿佑	江錫齡	鍾桂成	江賢才	涂春文	吳阿昌	古阿藏	藍秀其

彭朝輝

以上四拾六名

附錄圖 1-7　陳運棟先生所藏《苗栗義民廟歷史及會友名簿並土地表示書》中，〈大田庄（即田寮庄）義民祀會友氏名〉冊部分

每年齋七月二十九日　大田　義民祀會友氏名

鄒朝芳　羅智彩　徐仁昌　鄒鼎其　羅奕珠　江正仕　羅錦華　羅奕鳳　徐德生　葉隆華　羅啓芳　蔣連進

張綠英　羅義谷　黃應祖　羅煥千　黃登桂　湯玉生　何啓發　劉達隆　張阿友　羅奕瑋　羅良軒　吳連麟

黃秀有　黃秀孔　湯崇智　鄒維元　徐佳福　徐來坤　林英昌　栗遠號　羅乾山　羅有來　彭清德

吳欽盛　何肇穀　羅和中　謝德桂　謝可福　葉振蕊　徐朝常　彭朝助　傳鼎生　彭阿裕　林秉雲

以上四拾六名

附錄圖 1-8　陳運棟先生所藏《苗栗義民廟歷史及會友名簿並土地表示書》中，〈苗栗街 義民祀會友氏名〉冊部分

苗栗街 義民祀會友氏名

每年舊七月三十日八月初一日

黃任發　黃瑞彤　謝瑞通　陳瑠增　林玉開　廖煥全　江錫萬　林恩榮　劉官寶　黃煥桂　謝沐純　謝秀昌　謝泰傳

吳喜鱗　廖南生　宋隆振　邱元祿　邱麟才　徐訓才　鍾松柏　江萬春　謝金蓉　謝復朝　鍾芳乾　劉子康

黃阿秋　林阿探　吳春三　黃棗德　江來元　江來吉　江來亮　謝智振　宋昌坤　湯盛坤　邱亮千　湯宸先

黃石傑　陳石側　陳阿香　劉連伯　謝文棟　劉來球　劉佳屘　謝德龍　黃寶蘭　陳慶盛　謝鳳榮　劉來東

以上四拾九名

附錄圖 1-9　陳運棟先生所藏《苗栗義民廟歷史及會友名簿並土地表示書》中，日本時代昭和 17 年調查「苗栗義民祀」不動產土地面積冊第 1 頁部分

苗栗義民廟祀典不動產土地表示

位置	號碼	地目	自則數	甲數（甲數）	備考
苗栗街社寮岡	四二	建物	七　則	〇二七一五	
公館庒磺寮	二四三	田	〃	〇九一八	
中小義	二四四	田	〃	〇三二一〇	
〃	二四五	田	〃	二〇七〇〇	
〃	二五八	田	六一則	〇五四七〇	
〃	二六二	建物	〃	〇二五五五	
〃	二六四	建物	七　則	〇〇四〇〇	
〃	二六五	田	六一則	六九六六	
〃	二六六	建物	〃	〇〇四九〇	
〃	二六七	田	七　則	〇三一七〇	
〃	二六八	田	〃	一二四八五	
〃	二六九二	田	〃	〇三七〇五	
〃	二六九一	田	〃	〇二九〇五	
〃	二六九四	田	〃	〇一三三五	
〃	二六九一	田	〃	〇一七四五	
〃	四三二	田	〃	〇五六四一	

附錄圖 1-10　陳運棟先生所藏《苗栗義民廟歷史及會友名簿並土地表示書》中，日本時代昭和 17 年調查「苗栗義民祀」不動產土地面積冊第 2 頁部分

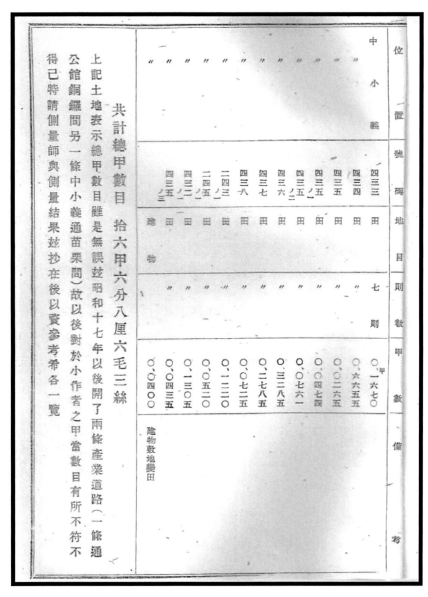

　　以上感謝陳先生提供。陳先生於所贈《苗栗義民廟歷史及會友名簿並土地表示書》書面，親書此史料來歷：「此冊爲苗栗吳保榮女士所贈送，係乃祖吳頌賢先生於民國三十五年所鉛印者，爲目前所發現有關苗栗義民廟唯一之史料，彌足珍貴。」

附錄圖 1-11　江漢仁先生提供之「95.8.1 苗栗義民祀役員名冊」

感謝江漢仁先生提供。但相關廿餘位役員聯絡資料，因未得所有當事人同意公布，爲維護當事人隱私，謹皆塗之。

附錄二　日本時代昭和 6 年（1931）
　　　　大湖庄舊照片

附錄圖 2-1　昭和六年大湖街景圖（1）

　　附錄二之兩圖，皆取至《大湖鄉誌》，頁 10～11。「附錄圖 2-1」中，標㊸號者，即日本時代大湖庄民口中之「下廟仔」，亦即清代吳定新所創建之「大湖義民廟」。該廟相對於大湖庄的詳細空間位置，可詳下圖「附錄圖 2-2」中黑色箭頭所標者。

附錄圖2-2　昭和六年大湖街景圖（2）

　　「附錄圖 2-2」中已用黑色箭頭，標出當時「下廟仔」位置，可見
其距離大湖庄甚遠。又由上圖概可看出：

　　一、大湖庄居大湖小高地上，照片中可見三面被水田包圍之街庄即是。這張昭和六年照片雖可見大湖庄居高地上，三面環著已被漢人「水田化」之田地，猶如「田」中一「島」。然當清代漢人未入墾之前，該如本文第四章引《大湖鄉誌》說法：四面環山成一盆地，平原中蘆葦花齊放，微風拂草，波動仿若湖面，故被吳定新命名為「大湖」。

　　二、昭和六年「下廟仔」所在地理位置也距大湖庄甚遠。依大湖耆老彭欽梅口述說法，清代吳定新創該廟之址即在此，可知清代大湖義民廟位於「下坪」之田地中，而不像香火較興盛的大湖萬聖宮（「附錄圖 2-1」中標㉛者），是位於大湖「街心肚」裏。由此可間接看出，清代吳定新與大湖庄人創建該廟時，該是將之視為「陰廟」，故將該廟位置，選置於「下坪」的田地中。

附錄三　南湖義民廟舊石碑與
　　　　兩舊區史料照片

附錄圖 3-1　「志冠群英」匾照

附錄圖 3-2 「志冠群英」區的年代部分照

附錄圖 3-3 　「忠義成欽」匾照

照片中人即南湖耆老彭阿喜先生。

附錄圖 3-4 「忠義成欽」匾的年代部分照

　　以上照片可見兩舊匾左右之小字，都是漆筆。這兩匾額是年邁的彭阿喜先生，親自帶領筆者進去南湖義民廟旁倉庫，翻箱倒櫃所找出。採訪當日，彭先生尚在感冒中，仍誠懇接受筆者口訪已約一小時後，又帶領筆者，到廟旁滿室塵埃的倉庫中翻箱倒櫃找資料，倉庫中舊匾額很多，但多是戰後所纂刻，唯此二匾是日本時代所遺留。筆者於此特別感謝彭老先生的好心善意。

附錄圖 3-5 大正 13 年（1924）所立南湖義民廟「褒忠義民」石碑照

　　本照片可見「大歲」（即太歲，客語同音）兩字中的「歲」字是寫成
異體字，似可見當時南湖庄民不太願意奉日本「大正」的年朔，故意用
這種異體字。

附錄四　黃榮洛，〈有關清代民間閩粵械鬥的一件古文書〉（內附〈羅華五文書〉原件影本）

139

臺灣風物　第四十卷第四期

有關清代閩粵械鬥的一件民間古文書　黃榮洛

新竹縣湖口鄉湖鏡村三鄰湖口路一四四號的羅景輝先生家中所留存的古文書中，有一件其十五世祖華五公的手稿，內容是有關閩粵分類械鬥的陳情書。據羅家族譜記載，十四世祖鵙申公、鵙明公兩兄弟，於嘉慶三年渡海來臺，在今苗栗縣竹南鎮中港登陸，初居住於今頭份鎮轄區內。道光元年遷至下橫坑（新竹縣關西鎮轄區），道光二十七年再還於新竹縣湖口鄉轄內。

華五公，據族譜資料，嘉慶元年（一七九六）出生，三歲時隨家人來臺，歿於光緒三年（一八七七），享壽八十二歲。據羅景輝先生（十八世）說，華五公從事農耕外，兼做代書之類的工作。

華五公所留下的這份手稿，是有關閩粵械鬥的陳情書，從其中所陳述，涉及的地區之瞭閩、械鬥之激烈來看，可推測似乎是道光六年所發生的閩粵大械鬥，而不似道光十四年的淡水竈境內的閩粵械鬥。其陳情對象可能是淡水竈官衙。該手稿，因為是初稿判讀稍為困難，玆整理如左以便大家閱讀，原稿內容列有地名和人名不少，不失為珍貴的史料——

為懇懇日月以照全淡粵寬事，切寃非訴而不明，事後查而明確，故用刑費，期于明慎情洵能悉平亥粁也。四月間嘉影兩邑賊匪焚粵庄，聲言滅粵燔及淡境，中港街頭人王大令、許得俊、甘騰駒、高誘等，遂通上下匪黨，起漳泉兄弟旗號，子五月初五初六初七，蚤攻打中港田寮粵莊三日，焚

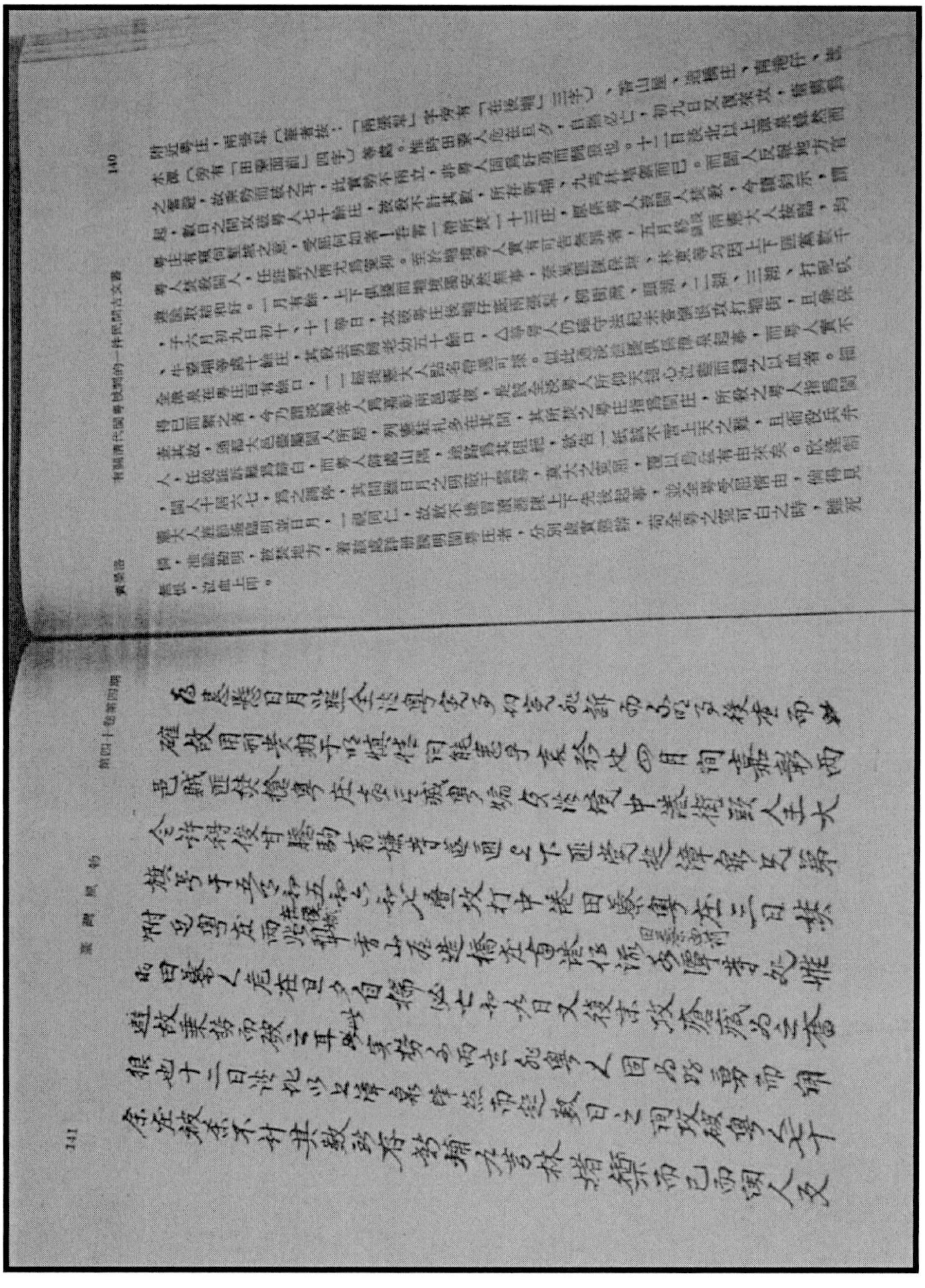

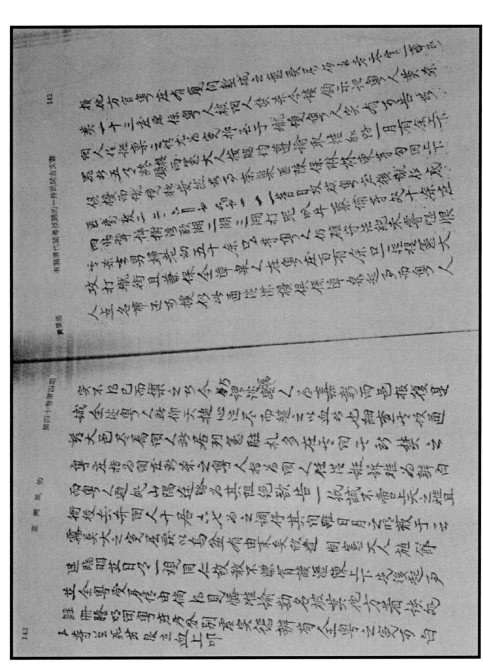

於茲感謝黃榮洛先生提供。